新时代乡村振兴路径研究书系

四川乡村振兴人才支撑战略研究

李俊霞／著

SICHUAN XIANGCUN ZHENXING RENCAI ZHICHENG ZHANLÜE YANJIU

四川·成都

图书在版编目(CIP)数据

四川乡村振兴人才支撑战略研究/李俊霞著．—成都：西南财经大学出版社，2020.8
ISBN 978-7-5504-4522-2

Ⅰ.①四… Ⅱ.①李… Ⅲ.①农村—社会主义建设—人才培养—研究—四川 Ⅳ.①F320.3

中国版本图书馆 CIP 数据核字(2020)第 162967 号

四川乡村振兴人才支撑战略研究
李俊霞 著

策划编辑：何春梅
责任编辑：李思嘉
封面设计：墨创文化
责任印制：朱曼丽

出版发行	西南财经大学出版社(四川省成都市光华村街 55 号)
网　　址	http://www.bookcj.com
电子邮件	bookcj@foxmail.com
邮政编码	610074
电　　话	028-87353785
照　　排	四川胜翔数码印务设计有限公司
印　　刷	四川五洲彩印有限责任公司
成品尺寸	170mm×240mm
印　　张	13.75
字　　数	227 千字
版　　次	2020 年 8 月第 1 版
印　　次	2020 年 8 月第 1 次印刷
书　　号	ISBN 978-7-5504-4522-2
定　　价	78.00 元

前　言

在快速推进城镇化进程中，“乡土中国”正在经历着前所未有的大变局。中国是农业大国，绝大多数的国土在乡村，传统文化的根基和国家治理的基石在乡村，城镇化和现代化发展的短板也在乡村。

我国的人口流动与其他国家的人口流动相比，所存在的一个最明显的差异就是我国的人口流动既有流出又有回流，但回流背后的原因主要是年轻力壮时外出赚钱，年纪大了就回乡。年轻、健康者流出，年老、健康状况变差者返回；教育程度高者流出，教育程度低者留守。人口大规模外流实质上是将人口红利贡献给了城市，将教育、医疗与养老的负担留在了农村，加大了城乡间的差距，加快了传统农村的瓦解。就整体趋势而言，人口大规模流出必然导致传统农村走向衰败，传统农民与传统小农生产方式必将走向终结。亨利·孟德拉斯在《农民的终结》中提出，农村大量青壮年人口流出意味着大量人力资源流失，留守务农的老年劳动力由于农耕技术和观念的老化落伍，只能够以传统的生产方式维持小农业；只有青壮年劳动力重拾对农村和农业的信心，才能抓住土地规模扩大、农业科技更新的机遇。法国正是通过这样的调整，在农业劳动力数量缩减了2/3的条件下依然实现了农业产出的大幅提高。孟德拉斯正是针对法国人口流动与农业发展的现实，得出了“农民的终结”的大胆结论。“农民的终结”仅仅只是小农生产方式的终结，而非农村与农业的终结；相反，旧的不去，新的不来，小农生产方式的终结为新的农业耕作模式和新型乡村社会的出现提供了可能。孟德拉斯在《农民的终结》一书出版20周年再版时所写的跋中是这样描述法国新型乡村社会的：城市人去乡村参加户外娱乐活动，乡村的生活环境和新鲜的农产品吸引城里人定居或短住。就总体趋势而言，农村人口大规模流出的村落终将走向衰败，“农民的终结”及新型乡村社会早晚会来临，但必须经过乡村振兴的过程。

党的十九大报告中首次提出要实施乡村振兴战略，要坚持农业农村优先发展，这是破解城镇化进程中乡村发展困境的根本途径。乡村振兴，人才是关键。习近平总书记强调，要把人力资本开发放在首要位置，强化乡村振兴人才支撑。四川作为农业大省，其省情与中国的国情一样，乡村社会的发展对城镇化的进程以及经济社会发展的全局都有着至关重要的影响。四川既是农业大省，也是人口流出大省。人口大规模流出对农村常住人口的总体人力资源状况具有重要影响。四川乡村地域广、面积大、人口多，经济与社会发展不平衡和不充分并存，实施乡村振兴战略的基础差、底子薄，人才总量不足、素质不高、分布不均衡、结构不合理，再加上常年有2 500万农民工外出务工，大量人才外流，与实施乡村振兴战略的需求相比，人才问题非常严峻，严重制约着乡村振兴战略的顺利推进。本书正是要通过系统调查和深入研究，摸清四川人口流出的状况、乡村振兴的形势以及人才需求和人才发展的现状，梳理四川农业农村人才队伍建设和作用发挥等方面存在的问题，紧扣实施乡村振兴战略的现实需求，研究并提出强化四川乡村振兴人才支撑的对策措施。

全书共分为7章，第1章是绪论，第2章是政策与文献综述，第3章是乡村振兴战略的逻辑起点，第4章是四川乡村振兴形势分析，第5章是四川乡村振兴的人才支撑，第6章是强化四川乡村振兴人才支撑的对策，第7章是贫困地区的乡村振兴及人才支撑。

曾佳、李志遥两位在读硕士研究生在书稿校改中做了大量辛苦的工作，也为研究提供了不少宝贵意见，在此表示诚挚的谢意。

由于笔者水平和时间有限，本书尚存一些不足之处，恳请读者及同行指正！

李俊霞

2020年5月18日

目　录

1 绪论

1.1 研究背景

“农，天下之大业也。”“三农”问题是关系国计民生的根本性问题。农业强不强、农村美不美、农民富不富，决定着小康社会的基石和社会主义现代化的质量，以及中华民族伟大复兴的进程。务农重本，乃国之大纲；乡村振兴，为邦之大计。党的十九大报告中首次提出要实施乡村振兴战略，并写入党章，这是党中央继社会主义新农村建设、农业供给侧结构性改革之后，关于“三农”工作的又一重大战略举措，是“三农”工作一系列方针政策的继承和发展，是着眼于党和国家事业发展全局、顺应亿万农村居民对美好生活的向往，针对“三农”工作做出的重大决策部署，是破解城镇化进程中乡村发展困境的根本途径，是新时期“三农”工作的总抓手，在我国农业农村发展史上具有划时代的里程碑意义。党的十九大报告明确提出，要坚持农业农村优先发展，这是在观念上、认识上以及工作部署上的重大创新，体现了党中央从根本上解决好“三农”问题的坚定决心。乡村振兴，人才是关键。习近平总书记强调，要把人力资本开发放在首要位置，强化乡村振兴人才支撑。

四川既是农业大省。2018 年，四川的第一产业增加值已达 4 426.7 亿元，农业经济体量位居全国第二名，农业是其经济社会发展的基础。据不完全统计，四川有 25 种农产品产量位居全国第一名，其中最主要的农产品有油菜籽、马铃薯、生猪等。全国每 10 头猪中就有 1 头来自四川，全国每

10杯茶中就有1杯产自四川的茶山，全国每10斤菜籽油中就有2斤菜籽油是由四川的油菜籽榨取的，全国每10只兔子中就有4只来自四川，全国每10袋泡菜中就有7袋来自四川，全国每10个柠檬、血橙中就有8个来自四川。作为我国农家乐的发源地，四川2018年该项的经济收入达1 600亿元，位居全国第一。四川农业所取得的辉煌成就与其发展不平衡的状况共存。四川虽是“天府之国”，但由于地理环境的差异以及历史的原因，各区域的经济社会发展并不平衡，而且差距非常明显，乡村振兴的难度非常之高、挑战非常之大。四川既是我国农村改革的发源地之一，也是全国统筹城乡综合配套改革的试验区之一。2018年2月，习近平总书记来四川视察时，对四川提出了着力实施乡村振兴战略、擦亮农业大省这块金字招牌、加快实现由农业大省向农业强省跨越的重要要求，为四川乡村振兴事业指明了道路。

四川的乡村振兴，人才支撑是关键。作为人口大省和农业大省的四川有9 121.1万农村户籍人口，同时作为劳务输出大省的四川常年有2 500万农民工外出务工，大量人才随之外流。近年来，四川不断创新农村人才工作思路，打出“乡情牌”“事业牌”和“乡愁牌”，先后出台一系列鼓励返乡下乡创新创业的优惠政策，吸引了一大批返乡农民工、企业家、大学生、科技工作者进入乡村投资创业，为乡村振兴注入了新的力量。目前，四川有1万余名农业企业经营者、9.9万余名农民合作社带头人、3.7万余名农技推广人员以及18.2万余名新型职业农民①，这些都是四川实施乡村振兴战略的宝贵人才资源。但与乡村振兴战略实施的需求相比，四川现有人才供给还远远不足，而且人才净流向城市的状况仍未改变，人才困境依然严峻。

四川乡村地域广、面积大、人口多，经济与社会发展不平衡和不充分并存，实施乡村振兴战略的基础差、底子薄，人才支撑总量不足、素质不高、结构不合理，这些问题严重制约着乡村振兴战略的顺利推进，值得深入研究。

---

① 刘佳. 2019四川乡村领军人才名单出炉[EB/OL].[2019-09-10].http://www.sc3n/News/detail/id/7206.

1.2　研究意义

习近平总书记在十九大报告中提出，要走中国特色的乡村全面振兴之路，坚持农业农村优先发展，按照“产业兴旺、生态宜居、乡风文明、治理有效、生活富裕”的总要求，建立健全城乡融合发展体制机制和政策体系，加快推进农业农村现代化。2018 年中央一号文件对乡村振兴战略做出全面部署，提出要让农业成为有奔头的产业，让农民成为有吸引力的职业，让农村成为安居乐业的美丽家园。实施乡村振兴战略，产业是根本、农民是主体、人才是关键。全面实现“农业强、农村美、农民富”，必须要有人才支撑和智力支持。2018 年中央一号文件提出，实施乡村振兴战略，必须突破人才瓶颈制约。习近平总书记在 2018 年两会期间参加山东代表团审议时指出，要激励各类人才在农村广阔天地大施所能、大展才华、大显身手，打造一支强大的乡村振兴人才队伍。2019 年中央一号文件明确指出，把乡村人才纳入各级人才培养计划并予以重点支持，培养懂农业、爱农村、爱农民的“三农”工作队伍。2019 年四川省委一号文件提出，推进返乡下乡人员创业，扎实做好服务农民工工作，探索建立新型职业农民制度，建立有利于乡村人才聚集的体制机制，全面促进乡村人才振兴。

四川既是农业大省，也是全国脱贫攻坚重点省份之一。党的十八大以来，四川坚持把“三农”工作作为全省工作的重中之重，农村发展新动能不断涌现，人居环境持续改善，现代农业产业竞争力明显增强，贫困人口数量显著下降，脱贫攻坚成效明显，农民收入和生活水平大幅提高，农业农村的吸引力不断增强，城乡融合发展体制机制不断健全，为实施乡村振兴战略奠定了坚实基础。但也应看到，四川农村地域广、人口多，农业农村基础差、底子薄，农村发展不充分、城乡之间发展不平衡的问题依然明显，特别是深度贫困地区贫困人口数量大、贫困涉及面广、贫困程度深、发展严重滞后的问题尤为突出。要确保贫困地区持续发展、贫困人口稳定脱贫，持续擦亮农业大省这块金字招牌，必须从根本上树立“人才是第一资源”的理念，充分认识农民在乡村振兴中的主体地位，把乡村人才振兴放在乡村振兴的重要位置，打造一支强大的乡村人才队伍。四川农业农村人才已有一定规模，但从实施乡村振兴战略和农业农村发展的现实需求来分析，全省农业农村存在人才总量不足、人才分布不均衡、人才结构欠合理、人才对乡村振兴和脱贫攻坚的支撑能力不强、人才培育制度不完善和供需不匹配、人才整体素质不高和后备力量不足、各类人才支持政策和激励机制不完善等问题。因此，通过系统调查和深入研究，进一步摸清四川农业农村人才发展现状，梳理农业农村人才队伍建设、作用发挥等方面存在的具体问题，紧扣实施乡村振兴战略的现实需求，研究并提出强化四川乡村振兴人才支撑的对策措施，具有十分重要的现实意义。

1.3 相关概念

1.3.1 人才

在《现代汉语词典》中，“人才”指“德才兼备的人”。《国家中长期人才发展规划纲要（2010—2020 年）》对“人才”给出了明确的界定（详见表 1-1）。

表 1-1 人才的概念

概念	出处
德才兼备的人	《现代汉语词典》
指具有一定的专业知识或专门技能，进行创造性劳动并对社会或国家做出贡献的人，是人力资源中能力和素质较高的劳动者，是我国经济社会发展的第一资源。人才分为党政人才、企业经营管理人才、专业技术人才、高技能人才、农村实用人才和社会工作人才六类	《国家中长期人才发展规划纲要（2010—2020 年）》

1.3.2 农村实用人才

农村实用人才的概念是逐步明确的，首先有这种提法，其次才有明确的概念界定，最后给出分类（详见表 1-2）。

表 1-2 农村实用人才的概念

时间	概念	出处
1999 年	首次出现“农村实用人才”的提法，但没有进行定义	人事部、农业部《关于加速农村人才资源开发加强农业和农村人才队伍建设有关问题的通知》
2007 年	明确概念，是指具有一定知识和技能，为农村经济和科技教育、文化、卫生等各项事业发展提供服务，做出贡献，起到示范或带动作用的农村劳动者，包括农村种植养殖能手、加工和捕捞能手、农村经纪人、各类能工巧匠和科技带头人等	中共中央办公厅、国务院办公厅《关于加强农村实用人才队伍建设和农村人力资源开发的意见》
2011 年	将农村实用人才分为生产型、经营型、技能服务型、社会服务型和技能带动型五类	《农村实用人才和农业科技人才队伍建设中长期规划（2010—2020 年）》

1.3.3 农村工作队伍

农村工作队伍主要包括乡（镇）干部、村“两委”干部、下派的“第一书记”、大学生“村官”、聘用干部以及村民小组干部（正副小组长、会计以及出纳等）。

1.3.4 新型职业农民

新型职业农民同样是先有这种提法，后有明确的概念界定（详见表 1-3）。

表 1-3 新型职业农民的概念

时间	概念	出处
2012 年	首次出现“新型职业农民”的概念，后在各正式文件中沿用，但没有明确定义	中央一号文件
2013 年	是指以农民为职业，具有一定的专业技能，收入主要来自农业的现代农业从业者，主要包括生产经营型人才、专业技能型人才和社会服务型人才	农业部办公厅《关于新型职业农民培育试点工作的指导意见》
2017 年	要就地培养更多爱农业、懂技术、善经营的新型职业农民	习近平总书记在参加全国“两会”四川代表团审议时指出

1.3.5 农业科技人才

农业科技人才的概念首次出现在《县乡村实用人才工程实施方案》中，后来在《农村实用人才和农业科技人才队伍建设中长期规划（2010—2020年）》中才有明确的概念界定（详见表1-4）。

表1-4 农业科技人才的概念

时间	概念	出处
2000年	首次出现“农业科技人才”的概念	人事部、农业部《县乡村实用人才工程实施方案》
2011年	明确概念，是指受过专门教育和职业培训，掌握农业行业的某一专业知识和技能，专门从事农业科研、教育、推广服务等专业性工作的人员	《农村实用人才和农业科技人才队伍建设中长期规划（2010—2020年）》
2013年	要适时调整农业技术进步路线，加强农业科技人才队伍建设	习近平总书记在山东农科院座谈会上提出

1.3.6 农业经营型人才

农业经营管理人才又被称为农业经营型人才，是指从事非农业经营、农村经纪、农村专业合作组织等生产活动，有一定规模并有一定经济收入、有较大示范带动效应或能吸纳一定数量的劳动力就业的农村劳动者①。具体来说，农业经营型人才主要包括农民专业合作社、农业企业、农业社会化服务组织、集体经济组织的负责人，农业职业经理人以及农业经纪人等。

1.3.7 能工巧匠

能工巧匠亦称工匠，在《现代汉语词典》中是指“工艺技能高明的人”。2000年，《县乡村实用人才工程实施方案》中有了“能工巧匠”的提法，直到2019年，农业农村部乡村产业发展司《关于报送乡村特色产

① 杨秀彬. 2019四川乡村人才发展报告［M］. 成都：四川师范大学电子出版社，2019：215.

品和能工巧匠的函》中才有了明确的概念界定（详见表 1-5）。

表 1-5 能工巧匠（工匠）的概念

时间	概念	出处
	工艺技能高明的人	《现代汉语词典》
2000 年	有“能工巧匠”的提法，但没有明确其定义	人事部、农业部《县乡村实用人才工程实施方案》
2017 年	提出要“建设知识型、技能型、创新型劳动者大军，弘扬劳模精神和工匠精神”	党的十九大报告
2019 年	明确概念，主要是指以手工制作为主，产品开发历史悠久、技艺精湛、工艺独特，对传统工艺传承发掘、保护发展、人才培养等有积极贡献的手艺能人，包括铁匠、铜匠、木匠、篾匠、陶艺师、剪纸工、年画工等	农业农村部乡村产业发展司《关于报送乡村特色产品和能工巧匠的函》

1.3.8 新乡贤

《汉语大辞典》对“乡贤”的解释是“乡里中德行高尚的人”。一些在乡里公共事务、乡村社会建设、风习教化中贡献力量的乡绅或者贤士，通常也被称为“乡贤”。2016 年，“新乡贤”的概念首次出现，2017 年，概念明确为“心系乡土、有公益心的社会贤达”（详见表 1-6）。

表 1-6 新乡贤的概念

时间	概念	出处
2016 年	相关代表提出“培育文明乡风、优良家风、新乡贤文化”，“新乡贤”的概念首次出现	全国“两会”、《“十三五”规划纲要（草案）》
2017 年	明确概念，指心系乡土、有公益心的社会贤达	第十三届中国农村发展论坛
2018 年	提出“研究引导和支持退休干部、知识分子和工商界人士等新乡贤返乡的扶持政策。正确引导和发挥新乡贤在乡村治理中的积极作用，在有条件的县（市、区）政协设立新乡贤界别”	四川省委一号文件

1.4 研究对象与研究思路

本书涉及的乡村人才并非只局限于当前流行的狭义的农村实用人才概念，而是涉及农业农村发展的广义人才概念，包含农业科技人才（将农业科技创新与技术推广人才归为一类）、新型职业农民、返乡下乡创新创业人才、农业经营型人才（主要是指农业产业化龙头企业、农民专业合作社、家庭农场等新型农业经营主体的骨干人才）、农村社会治理人才（农村工作队伍或“三农”工作队伍）、能工巧匠、新乡贤等。农业农村乡土人才绝大多数已包含在新型职业农民、新型农业经营主体骨干人才中，因此本书未将农业农村乡土人才单独分类。

本书主要以四川乡村振兴人才支撑问题为研究对象，侧重通过系统调查来分析四川省农业农村中各类人才的发展现状及其在乡村振兴战略实施过程中的支撑作用，探究其中存在的问题并提出对策（详见图1-2）。

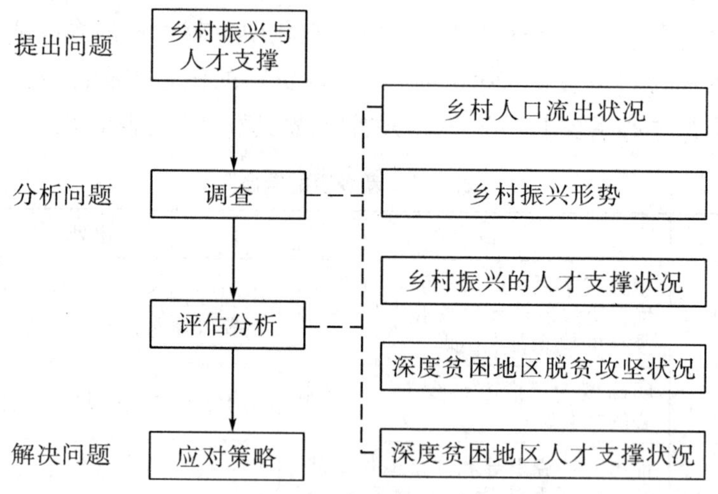

图1-2 本书研究的基本思路图

1.5 研究内容与研究方法

1.5.1 研究内容

四川乡村人口流出状况研究。农村人口大规模流出导致“空心村”会带来一系列问题，这既是乡村振兴战略实施的逻辑起点，也会给乡村振兴战略的实施带来挑战。本研究重点研究分析改革开放以来四川人口流出的发展历程、四川人口流出的总体状况、流出人口的结构以及人口大规模流出对农村家庭的生产功能、对农村居民的收入与财产结构、对农业生产以及农村居民生活所产生的影响。

（1）四川乡村振兴形势研究。本部分重点研究分析了现阶段四川农村产业发展（现代农业产业体系、生产体系、经营体系）、生态建设（农村生态环境保护、人居环境整治和建设）、乡村文化建设（乡村优秀文化传承、农民精神文明素质提升、农村乡风文明建设）、农村社会发展及社会治理（农村基层政权组织建设、法制建设、乡规民约遵守）、农村居民增收（收入水平、教育、医疗、社会保障等）的现状，同时分析了乡村振兴战略实施在这五个方面的具体要求。

（2）四川乡村振兴战略人才支撑状况研究。本部分分别就四川农业农村人才发展的总体状况以及农业科技人才、新型职业农民、农业经营人才、乡村社会治理人才等各支人才队伍建设的现状进行调查研究，分析了现有人才队伍对实施乡村振兴战略的支撑能力及存在的短板。

（3）强化四川乡村振兴人才支撑的对策研究。针对四川农业农村人才队伍建设的短板和乡村振兴的人才需求，本研究分别从基础性对策、综合性对策以及主要人才队伍建设的对策三个大的方面，提出强化四川乡村振兴人才支撑的对策建议。

（4）贫困地区乡村振兴人才支撑研究。本部分特别关注了贫困地区特别是深度贫困地区的乡村振兴人才发展战略。对贫困地区而言，脱贫攻坚是乡村振兴的前提。本研究梳理了贫困地区的扶贫历史、现阶段的扶贫手段、脱贫攻坚人才支撑的已有做法，提出了贫困地区乡村振兴人才发展的基本思路。

1.5.2 研究方法

本研究综合运用社会学、管理学、统计学等学科的相关理论和方法，坚持理论与实践相结合、定性与定量相结合、贯时性与现时性相结合，参考前人已有的研究成果，同时紧密结合政策文件，在对四川农业农村产业发展、乡村文化建设、生态环境保护和人居环境建设、乡村社会治理、人才支撑能力等现状进行深入调查的基础上，结合全省面上统计数据和乡村振兴省级各牵头部门工作进展情况，系统研究四川农业农村各类人才的发展现状以及对实施乡村振兴战略的支撑能力，分析现有农业农村人才队伍建设存在的短板，提出强化乡村振兴人才支撑的对策建议。具体方法包括：

访谈法：通过走访农业部门、组织部门和人社部门对四川乡村振兴及其人才支撑状况进行大致的了解，包括人才分类体系及其建设现状、已有的基本经验以及存在的问题，为进一步的深入调研设计提供基本的判断和依据。

问卷调查法：通过实地问卷调查的方式进行调研，从而获取大量一手数据，在此基础上深入分析四川人才的基本状况以及存在的问题。

案例分析法：是指对实践工作中的案例进行陈述和分析，并总结出经验与教训的一种方法。在关于乡村振兴及其人才支撑问题研究的过程中，结合典型案例来分析四川一些乡村的成功经验或者存在的问题。

1.6 数据来源

本研究的数据来源主要有两个：一个是通过资料收集所获取的各级政府部门关于四川乡村振兴及其人才发展的各种政策文件、统计数据和工作总结等；另一个是通过实地调研所得到的一手数据。

1.6.1 面上数据

面上数据从省委农工委、组织部（人才办）、省农业农村厅、人社厅、科技厅、文化厅、环保厅、扶贫移民局、省经信委、地方相关政府职能部门获取。收集的数据和信息涉及农业农村产业发展、乡村文化建设、生态环境保护和人居环境建设、乡村社会治理、各类人才储备和支撑能力、人才建设相关规划、激励和配套政策等。

1.6.2 调查数据

典型数据通过实地调查获得，调查了七大片区（成都平原区、川中丘陵区、攀西地区、秦巴山区、乌蒙山区、大小凉山彝族聚居区、川西高原藏族聚居区），每个片区调查了两个县，每个县实地调查了一个典型村、问卷调查了两个村，并收集了调查县面上数据。调查数据和信息重点放在乡村综合发展现状、农业技术推广人才、返乡下乡创新创业人才、乡镇村社基层干部队伍建设现状、乡村发展对人才的现实需求等方面，并收集了一批人才支撑乡村发展的典型案例。

本研究所涉及的面上收集数据、调查数据和统计数据等，未特别指明均为 2018 年年底的数据。

2　政策与文献综述

2.1　习近平关于“三农”和人才的重要论述

党的十八大之后，习近平总书记站在党和国家事业发展全局的战略高度，对于“三农”问题提出了一系列新的思想、新的论断和新的要求。党的十九大提出乡村振兴战略之后，习近平总书记又对乡村发展提出了“产业振兴、人才振兴、文化振兴、生态振兴以及组织振兴”五大振兴，同时对乡村人才问题十分关注，强调人才振兴是关键，多次就人才工作发表了重要论述，为强化乡村振兴人才支撑指明了方向。

2.1.1　习近平关于“三农”的重要论述

2.1.1.1　关于“三农”工作的重要性

党的十八大以来，习近平总书记坚持将解决好“三农”问题作为全党工作的重中之重，围绕“三农”工作发表了下述一系列重要论述，这对“三农”工作的推进与发展具有非常重要的指导意义。

> 把解决好“三农”问题作为全党工作重中之重，是我们党执政兴国的重要经验，必须长期坚持、毫不动摇。
>
> ——习近平在中央经济工作会议上的讲话（2012 年 12 月 15 日）

小康不小康，关键看老乡。一定要看到，农业还是“四化同步”的短腿，农村还是全面建成小康社会的短板。中国要强，农业必须强；中国要美，农村必须美；中国要富，农民必须富。农业基础稳固，农村和谐稳定，农民安居乐业，整个大局就有保障，各项工作都会比较主动。

我们必须坚持把解决好“三农”问题作为全党工作重中之重，坚持工业反哺农业、城市支持农村和多予少取放活方针，不断加大强农惠农政策力度，始终把“三农”工作牢牢抓住、紧紧抓好。

——习近平在中央农村工作会议上的讲话（2013 年 12 月 23 日）

任何时候都不能忽视农业、忘记农民、淡漠农村。必须始终坚持强农惠农富农政策不减弱、推进农村全面小康不松劲，在认识的高度、重视的程度、投入的力度上保持好势头。

——习近平在吉林调研时的讲话（2015 年 7 月 16 日—18 日）

重农固本，是安民之基。“十二五”规划时期，我国农业农村发展成果丰硕，为我们赢得全局工作主动发挥了重要作用。同时，必须看到，我国农业农村发展面临的难题和挑战还很多，任何时候都不能忽视和放松“三农”工作。“十三五”规划时期，必须坚持把解决好“三农”问题作为全党工作重中之重，牢固树立和切实贯彻创新、协调、绿色、开放、共享的发展理念，加大强农富农惠农力度，深入推进农村各项改革，破解“三农”难题、增强创新动力、厚植发展优势，积极推进农业现代化，扎实做好脱贫开发工作，提高社会主义新农村建设水平，让农业农村成为可以大有作为的广阔天地。

——习近平对做好“三农”工作做出的指示（2015 年 12 月）

改变农业是“四化同步”短腿、农村是全面建成小康社会短板状况，根本途径是加快农村发展。要紧紧扭住发展现代农业、增加农民收入、建设社会主义新农村三大任务，全力推动农村发展，不断提高农村发展水平，为广大农民谋取更多物质利益，让广大农民过上更加美好的生活。

——习近平在农村改革座谈会上的讲话（2016 年 4 月 25 日）

中华民族历来重视农业农村。“民不贱农，则国安不殆。”“民事农则田垦，田垦则粟多，粟多则国富。”“农，天下之大业也。”“贫生于不足，不足生于不农。”“务农重本，国之大纲。”自党的十八大以来，我们加强和改善党对“三农”工作的领导，提出并贯彻新发展理念，勇于推动“三农”工作理论创新、实践创新、制度创新，农业农村发展取得了历史性成就、发生了历史性变革，为党和国家事业全面开创新局面提供了有力支撑。

到 2020 年要全面建成小康社会，最突出的短板在“三农”，必须打赢脱贫攻坚战、加快农业农村发展，让广大农民同全国人民一道迈入全面小康社会。到 2035 年要基本实现社会主义现代化，大头、重头在“三农”，必须向农村全面发展进步聚焦发力，推动农业农村农民与国家同步基本实现现代化。到 2050 年把我国建成富强民主文明和谐美丽的社会主义现代化强国，基础在“三农”，必须让亿万农民在共同富裕的道路上赶上来，让美丽乡村成为现代化强国的标志、美丽中国的底色。我们要加快补齐“三农”短板，夯实“三农”基础，确保“三农”在全面建成小康社会、全面建设社会主义现代化国家征程中不掉队。

——习近平在中央农村工作会议上的讲话（2017 年 12 月 28 日）

> 我国是农业大国，重农固本是安民之基、治国之要。广大农民在我国革命、建设、改革等各个历史时期都做出了重大贡献。今年是农村改革40周年，40年来我国农业农村发展取得历史性成就、发生历史性变革。希望广大农民和社会各界积极参与中国农民丰收节活动，营造全社会关注农业、关心农村、关爱农民的浓厚氛围，调动亿万农民重农务农的积极性、主动性、创造性，全面实施乡村振兴战略、打赢脱贫攻坚战、加快推进农业农村现代化，在促进乡村全面振兴、实现“两个一百年”奋斗目标新征程中谱写我国农业农村改革发展新的华彩乐章！
>
> 坚持农业农村优先发展的总方针，就是要始终把解决好“三农”问题作为全党工作重中之重。我们一直强调，对“三农”要多予少取放活，但实际工作中“三农”工作“说起来重要、干起来次要、忙起来不要”的问题还比较突出。我们要扭转这种倾向，在资金投入、要素配置、公共服务、干部配备等方面采取有力举措，加快补齐农业农村发展短板，不断缩小城乡差距，让农业成为有奔头的产业，让农民成为有吸引力的职业，让农村成为安居乐业的家园。
>
> ——习近平在十九届中央政治局第八次集体学习时的讲话（2018年9月21日）

2.1.1.2 关于乡村振兴

乡村振兴战略是新时期“三农”工作的总抓手。实施乡村振兴战略，是以习近平同志为核心的党中央着眼党和国家事业全局、顺应广大人民对美好生活的向往做出的重大决策部署。习近平总书记对实施乡村振兴战略做出了许多下述重要指示，为实施乡村振兴战略提供了科学指导。

> 实施乡村振兴战略。农业农村农民问题是关系国计民生的根本性问题，必须始终把解决好“三农”问题作为全党工作重中之重。要坚持农业农村优先发展，按照产业兴旺、生态宜居、乡风文明、治理有效、生活富裕的总要求，建立健全城乡融合发展体制机制和政策体系，加快推进农业农村现代化。
>
> ——习近平在中国共产党第十九次全国代表大会上的报告《决胜全面建成小康社会，夺取新时代中国特色社会主义伟大胜利》（2017年10月18日）
>
> 我在党的十九大报告中提出要实施乡村振兴战略，这是党中央从党和国家事业全局出发、着眼于实现“两个一百年”奋斗目标、顺应亿万农民对美好生活的向往做出的重大决策。这是中国特色社会主义进入新时代做好“三农”工作的总抓手。我们要认真总结改革开放特别是党的十八大以来“三农”工作的成就和经验，准确把握“三农”工作新的历史方位，把党中央提出实施乡村振兴战略的战略意图领会好、领会透。
>
> 实施乡村振兴战略是从解决我国社会主要矛盾出发的。我国社会主要矛盾已经转化为人民日益增长的美好生活需要和不平衡不充分的发展之间的矛盾。社会主要矛盾的变化要求我们在继续推动发展的基础上，着力解决好发展不平衡不充分问题，更好满足人民日益增长的美好生活需要。
>
> 实施乡村振兴战略是有鲜明目标导向的。农业强不强、农村美不美、农民富不富，决定着亿万农民的获得感和幸福感，决定着我国全面小康社会的成色和社会主义现代化的质量。如期实现第一个百年奋斗目标并向第二个百年奋斗目标迈进，最艰巨最繁重的任务在农村，最广泛最深厚的基础在农村，最大的潜力和后劲也在农村。

实施乡村振兴战略，是我们党“三农”工作一系列方针政策的继承和发展，是亿万农民的殷切期盼。全党同志务必深刻认识实施乡村振兴战略的重大意义，把农业农村优先发展作为现代化建设的一项重大原则，把振兴乡村作为实现中华民族伟大复兴的一个重大任务，以更大的决心、更明确的目标、更有力的举措，书写好中华民族伟大复兴的“三农”新篇章。

——习近平在中央农村工作会议上的讲话（2017 年 12 月 28 日）

实施乡村振兴战略，要全面贯彻落实党的十九大精神，以新时代中国特色社会主义思想为指导，加强党对“三农”工作的领导，坚持稳中求进工作总基调，牢固树立新发展理念，落实高质量发展的要求，统筹推进“五位一体”总体布局和协调推进“四个全面”战略布局，坚持把解决好“三农”问题作为全党工作重中之重，坚持农业农村优先发展，按照产业兴旺、生态宜居、乡风文明、治理有效、生活富裕的总要求，建立健全城乡融合发展体制机制和政策体系，统筹推进农村经济建设、政治建设、文化建设、社会建设、生态文明建设和党的建设，加快推进乡村治理体系和治理能力现代化，加快推进农业农村现代化，走中国特色社会主义乡村振兴道路，让农业成为有奔头的产业，让农民成为有吸引力的职业，让农村成为安居乐业的美丽家园。

实施乡村振兴战略，要顺应农民新期盼，立足国情农情，以产业兴旺为重点、生态宜居为关键、乡风文明为保障、治理有效为基础、生活富裕为根本，推动农业全面升级、农村全面进步、农民全面发展。

——《走中国特色社会主义乡村振兴道路》（2017 年 12 月 28 日）

党的十九大提出实施乡村振兴战略，这是加快农村发展、改善农民生活、推动城乡一体化的重大战略，要把发展现代农业作为实施乡村振兴战略的重中之重，把生活富裕作为实施乡村振兴战略的中心任务，扎扎实实把乡村振兴战略实施好。

——习近平在春节前夕赴四川看望慰问各族干部群众时的讲话（2018 年 2 月 10 日—13 日）

各地区各部门要充分认识实施乡村振兴战略的重大意义，把实施乡村振兴战略摆在优先位置，坚持五级书记抓乡村振兴，让乡村振兴成为全党全社会的共同行动。

要坚持乡村全面振兴，抓重点、补短板、强弱项，实现乡村产业振兴、人才振兴、文化振兴、生态振兴、组织振兴，推动农业全面升级、农村全面进步、农民全面发展。要尊重广大农民意愿，激发广大农民积极性、主动性、创造性，激活乡村振兴内生动力，让广大农民在乡村振兴中有更多获得感、幸福感、安全感。要坚持以实干促振兴，遵循乡村发展规律，规划先行，分类推进，加大投入，扎实苦干，推动乡村振兴不断取得新成效。

——习近平对实施乡村振兴战略做出的指示（2018 年 7 月）

我在党的十九大报告中对乡村振兴战略进行了概括，提出要坚持农业农村优先发展，按照产业兴旺、生态宜居、乡风文明、治理有效、生活富裕的总要求，建立健全城乡融合发展体制机制和政策体系，加快推进农业农村现代化。这其中，农业农村现代化是实施乡村振兴战略的总目标，坚持农业农村优先发展是总方针，产业兴旺、生态宜居、乡风文明、治理有效、生活富裕是总要求，建立健全城乡融合发展体制机制和政策体系是制度保障。

乡村振兴是包括产业振兴、人才振兴、文化振兴、生态振兴、组织振兴的全面振兴，是“五位一体”总体布局、“四个全面”战略布局在“三农”工作的体现。我们要统筹推进农村经济建设、政治建设、文化建设、社会建设、生态文明建设和党的建设，促进农业全面升级、农村全面进步、农民全面发展。

——习近平在十九届中央政治局第八次集体学习时的讲话（2018 年 9 月 21 日）

> 产业兴旺、生态宜居、乡风文明、治理有效、生活富裕，“二十个字”的总要求，反映了乡村振兴战略的丰富内涵。21世纪初，我国刚刚实现总体小康，面临着全面建设小康社会的任务，我们党就提出了“生产发展、生活宽裕、乡风文明、村容整洁、管理民主”的社会主义新农村建设总要求，这在当时是符合实际的。现在，中国特色社会主义进入了新时代，社会主要矛盾、农业主要矛盾发生了很大变化，广大农民群众有更高的期待，需要对农业农村发展提出更高要求。产业兴旺，是解决农村一切问题的前提，从“生产发展”到“产业兴旺”，反映了农业农村经济适应市场需求变化、加快优化升级、促进产业融合的新要求。生态宜居，是乡村振兴的内在要求，从“村容整洁”到“生态宜居”反映了农村生态文明建设质的提升，体现了广大农民群众对建设美丽家园的追求。乡风文明，是乡村振兴的紧迫任务，重点是弘扬社会主义核心价值观，保护和传承农村优秀传统文化，加强农村公共文化建设，开展移风易俗，改善农民精神风貌，提高乡村社会文明程度。治理有效，是乡村振兴的重要保障，从“管理民主”到“治理有效”，是要推进乡村治理能力和治理水平现代化，让农村既充满活力又和谐有序。生活富裕，是乡村振兴的主要目的，从“生活宽裕”到“生活富裕”，反映了广大农民群众日益增长的美好生活需要。
>
> ——习近平在十九届中央政治局第八次集体学习时的讲话（2018年9月21日）

2.1.2 习近平关于人才的重要论述

习近平总书记高度重视人才工作，提出要树立强烈的人才意识，将增强各级党政主要负责人的人才意识放在首位，非常重视人才强国战略的实施，对乡村振兴战略实施中的人才问题也做出了指示（详见表2-1至表2-6）。

2.1.2.1 人才的重要性

习近平关于人才的重要性的论述如表2-1所示。

表2-1 习近平关于人才的重要性的论述

时间	场合	内容
2014年9月9日	同北京师范大学师生代表座谈时发表重要讲话	当今世界的综合国力竞争，说到底是人才竞争，人才逐渐成为推动经济社会发展的战略性资源，教育的基础性、先导性、全局性地位和作用更加突显
2015年3月5日	在参加十二届全国人大三次会议上海代表团审议时的讲话	“功以才成，业由才广。”人才是创新的根基，创新驱动实质上是人才驱动。谁拥有一流的创新人才，谁就有了科技创新的优势和主导权。引进一批人才，有时就能盘活一个企业，甚至撬动一个产业

表2-3(续)

时间	场合	内容
2016 年 4 月 19 日	在网络安全和信息化工作座谈会上的讲话	人才是第一资源。古往今来，人才都是富国之本、兴邦大计。我说过，要把我们的事业发展好，就要聚天下英才而用之。要干一番大事业，就要有这种眼界、这种魄力、这种气度……得人者兴，失人者崩……念好了人才经，才能事半功倍

2.1.2.2 吸引人才

习近平关于吸引人才的重要论述如表 2-2 所示。

表 2-2 习近平关于吸引人才的重要论述

时间	场合	内容
2014 年 5 月 22 日	在亚洲相互协作与信任措施会议上海峰会后召开的外国专家座谈会上的讲话	要实行更加开放的人才政策，不唯地域引进人才，不求所有开发人才，不拘一格用好人才，在大力培养国内创新人才的同时，更加积极主动地引进国外人才，特别是高层次人才
2014 年 8 月 18 日	主持召开中央财经领导小组第七次会议并发表重要讲话	为了加快形成一支规模宏大、富有创新精神、敢于承担风险的创新型人才队伍，要重点在用好、吸引、培养上下功夫。要用好科学家、科技人员、企业家，激发他们的创新激情。要学会招商引资、招人聚才并举，择天下英才而用之，广泛吸引各类创新人才，特别是最紧缺专业的人才
2016 年 4 月 19 日	在网络安全和信息化工作座谈会上的讲话	在人才选拔上要有全球视野，下大气力引进高端人才。不管属于哪个国家、哪个地区的，只要是优秀人才，都可以为我所用

2.1.2.3 人才使用

习近平关于人才使用的重要论述如表 2-3 所示。

表 2-3　习近平关于人才使用的重要论述

时间	场合	内容
2013 年 6 月 28 日	参加全国组织工作会议时的讲话	各级党委及组织部门要坚持党管干部原则，坚持正确用人导向，坚持德才兼备、以德为先，努力做到选贤任能、用当其时，知人善任、人尽其才。要树立强烈的人才意识，寻觅人才求贤若渴，发现人才如获至宝，举荐人才不拘一格，使用人才各尽其能
2013 年 7 月 17 日	在中国科学院考察时的讲话	要最大限度调动科技人才创新积极性，尊重科技人才创新自主权，大力营造勇于创新、鼓励成功、宽容失败的社会氛围
2013 年 9 月 30 日	在中共中央政治局第九次集体学习时的讲话	着力完善人才发展机制。要用好用活人才、建立更为灵活的人才管理机制，打通人才流动、使用、发挥作用中的体制机制障碍，最大限度支持和帮助科技人员创新创业
2014 年 6 月 9 日	在中国科学院第十七次院士大会、中国工程院第十二次院士大会上的讲话	要在全社会积极营造鼓励大胆创新、勇于创新、包容创新的良好氛围，既要重视成功，更要宽容失败，完善好人才评价指挥棒作用，为人才发挥作用、施展才华提供更加广阔的天地。
2016 年 5 月 6 日	就深化人才发展体制机制改革做出重要指示	要着力破除体制机制障碍，向用人主体放权，为人才松绑，让人才创新创造活力充分迸发，使各方面人才各得其所、尽展其长
2016 年 5 月 30 日	在全国科技创新大会、两院院士大会、中国科协第九次全国代表大会上的讲话	科技人才培育和成长有其规律，要大兴识才、爱才、敬才、用才之风，为科技人才发展提供良好环境。在创新实践中发现人才、在创新活动中培育人才、在创新事业中凝聚人才，聚天下英才而用之，让更多千里马竞相奔腾。 在基础研究领域，包括一些应用科技领域，要尊重科学研究灵感瞬间性、方式随意性、路径不确定性的特点，允许科学家自由畅想、大胆假设、认真求证。不要以出成果的名义干涉科学家的研究，不要用死板的制度约束科学家的研究活动

2.1.2.4　“三农”发展与人才

习近平关于“三农”发展与人才的重要论述如表 2-4 所示。

表 2-4 习近平关于“三农”发展与人才的重要论述

时间	场合	内容
2013 年 11 月 28 日	在山东农科院召开的座谈会上的讲话	我们必须比以往任何时候都更加重视和依靠农业科技进步，走内涵式发展道路。矛盾和问题是科技创新的导向。要适时调整农业技术进步路线，加强农业科技人才队伍建设，培养新型职业农民
2013 年 12 月 23 日	参加中央农村工作会议时的讲话	要提高农民素质，培养造就新型农民队伍，培养有文化、懂技术、会经营的新型农民，加大农业职业教育和技术培训力度，把培养青年农民纳入国家实用人才培养计划，确保农业后继有人。 要把加快培育新型农业经营主体作为一项重大战略，以吸引年轻人务农、培育职业农民为重点，建立专门政策机制，构建职业农民队伍，形成一支高素质农业生产经营者队伍，为农业现代化建设和农业持续健康发展提供坚实的人力基础和保障
2017 年 10 月 18 日	在中国共产党第十九次全国代表大会上的报告	培养造就一支懂农业、爱农村、爱农民的“三农”工作队伍
2018 年 9 月 25 日	在黑龙江北大荒建三江国家农业科技园区考察时的讲话	中国现代化离不开农业现代化，农业现代化关键在科技和人才。要把发展农业科技放在更加突出的位置，大力推进农业机械化、智能化，给农业现代化插上科技的翅膀

2.1.2.5 乡村振兴和人才

习近平关于乡村振兴和人才的重要论述如表 2-5 所示。

表 2-5 习近平关于乡村振兴和人才的重要论述

时间	场合	内容
2018 年 3 月 8 日	参加十三届全国人大一次会议山东代表团审议时的讲话	要推动乡村人才振兴，把人力资本开发放在首要位置，强化乡村振兴人才支撑，加快培育新型农业经营主体，让愿意留在乡村、建设家乡的人留得安心，让愿意上山下乡、回报乡村的人更有信心，激励各类人才在农村广阔天地大施所能、大展才华、大显身手，打造一支强大的乡村振兴人才队伍，在乡村形成人才、土地、资金、产业汇聚的良性循环

表2-5(续)

时间	场合	内容
2018年6月14日	在山东考察时的讲话	乡村振兴，人才是关键。要积培养本土人才，鼓励外出能人返乡创业，鼓励大学生村官扎根基层，为乡村振兴提供人才保障
2018年7月5日	全国实施乡村振兴战略工作推进会议召开前习近平就实施乡村振兴战略做出重要指示	要坚持乡村全面振兴，抓重点、补短板、强弱项，实现乡村产业振兴、人才振兴、文化振兴、生态振兴、组织振兴，推动农业全面升级、农村全面进步、农民全面发展
2018年9月21日	在十九届中央政治局第八次集体学习时的讲话	人才振兴是乡村振兴的基础，要创新乡村人才工作体制机制，充分激发乡村现有人才活力，把更多城市人才引向乡村创新创业

2.1.2.6 关于脱贫与人才

习近平关于脱贫与人才的重要论述如表2-6所示。

表2-6 习近平关于脱贫与人才的重要论述

时间	场合	内容
2017年2月21日	在中共中央政治局就脱贫攻坚形势和实施精准扶贫进行第三十九次集体学习时的讲话	要加强贫困村两委建设，深入推进抓党建促脱贫攻坚工作，选好配强村两委班子，培养农村致富带头人，促进乡村本土人才回流，打造一支“不走的扶贫工作队”
2018年2月11日	在四川凉山彝族自治州看望贫困户时的讲话	发展特色产业、长期稳定致富，都需要人才。要培养本地人才，引导广大村民学文化、学技能，提高本领，还要移风易俗，通过辛勤劳动脱贫致富

2.2 相关政策综述

自改革开放以来，我国各级政府对人才都非常重视，出台了不少政策文件。中央及各部委制定出台的主要是指导性和纲领性的政策，四川及其各市州、县是在中央政策文件的指导下和基础上制定相应的政策文件，对中央政策文件进行贯彻落实和细化。中央及各部委出台的政策文件功能主要在于通过理念的引导和强化明确人才工作的地位和重要性。2003 年，由中共中央和国务院联合颁布的《关于进一步加强人才工作的决定》提出，"人才问题是关系党和国家事业发展的关键问题"，明确了人才工作的重要地位。2010 年，中共中央和国务院联合发布的《国家中长期人才发展规划纲要（2010—2020 年）》明确提出"将人才作为经济社会发展的第一资源摆在突出位置"。2016 年，中共中央印发的《关于深化人才发展体制机制改革的意见》同样提出"人才是经济社会发展的第一资源"。2017 年，由教育部发布的《关于推动高校形成就业与招生计划人才培养联动机制的指导意见》指出，"当前我国经济已经由高速增长阶段转向高质量发展阶段，深化供给侧结构性改革、提高全要素生产率，离不开人才的支撑。"这些关于人才的政策规定成为乡村人才发展的重要依据。

2.2.1 关于乡村人才

中央和四川省陆续出台相关的政策文件，在明确人才对于乡村的重要性以及乡村人才发展的指导方针的同时，针对乡村人才的"引、育、用、留"形成了政策体系。

2.2.1.1 乡村人才的重要性

关于人才对于农业农村的重要性，2011 年，组织部、农业部等五部委联合发布的《农村实用人才和农业科技人才队伍建设中长期规划（2010—2020 年）》明确指出，"人才资源是第一资源，农业农村人才是强农的根本，是我国人才队伍的重要组成部分"。2018 年的中央一号文件《关于实施乡村振兴战略的意见》更是明确提出"要把人力资本开发放在首要位置"。

> 人才资源是第一资源，农业农村人才是强农的根本，是我国人才队伍的重要组成部分。只有加强农业农村人才队伍建设，才能加快农业科技进步，切实转变农业发展方式，确保现代农业发展有坚实基础；才能强化农村公共服务能力，促进农村社会全面进步，确保社会主义新农村建设有重要依靠；才能有效带动农村人力资源整体开发，促进农民全面发展，确保广大农民持续平等参与现代化进程，共享更多改革发展成果。农村实用人才和农业科技人才是农业农村人才中的骨干力量。加强农村实用人才和农业科技人才队伍建设，是农业农村人才工作的重点领域，是实施人才强农战略的关键环节。

> 重视农业农村人才就是重视“三农”事业的未来，培养农业农村人才就是打造“三农”发展的未来。按照中央关于加强农业农村人才队伍建设的一系列决策部署，大力推进科教兴农、人才强农，努力开创农村实用人才和农业科技人才工作新局面。
>
> ——2011年中共中央组织部、农业部、人力资源和社会保障部、教育部、科学技术部《农村实用人才和农业科技人才队伍建设中长期规划（2010—2020年）》

2.2.1.2 乡村人才发展的指导方针

《农村实用人才和农业科技人才队伍建设中长期规划（2010—2020年）》中明确给出了乡村人才发展的16字方针：“政府主导、服务发展、统筹兼顾、因地制宜”。

> （1）政府主导。政府必须把人才队伍建设作为基础性公益事业，承担起相应的责任和义务，做到人才资源优先开发、人才结构优先调整、人才投资优先保证、人才制度优先创新，加强领导、规范管理、强化服务；充分利用市场手段激励人才，利用市场机制配置人才，鼓励和引导社会力量参与人才开发。
>
> （2）服务发展。坚持面向生产一线、面向农业科技前沿，注重在实践中发现人才、培养人才、锻炼人才。着眼农业农村经济发展中长期目标，健全人才开发体系；着眼引领农业科技发展，培养高层次创新型科技人才；着眼农村经济结构调整，优化人才结构；着眼解决农业发展中的突出问题，增强人才素质。
>
> （3）统筹兼顾。要统筹城乡人才发展，培养农村用得上、留得住的人才，吸引城市人才到农村创业兴业；统筹区域人才队伍建设，加快欠发达地区人才培养，加强对贫困劳动力的培训；统筹人才梯队建设，提高现有人才的能力和水平，激活人才存量，扩大人才总量；统筹人才队伍建设各环节，实现人才培养、评价、使用、激励等工作相衔接。
>
> （4）因地制宜。政府要充分尊重各地实际，既对人才队伍建设提出总体要求，又为地方出台配套政策留下空间；发挥各自积极性和创造性，鼓励根据各地经济发展水平和人才需求情况确定人才队伍建设的目标、重点和具体政策措施；支持大胆探索，创新人才队伍建设体制机制，丰富人才队伍建设理论和实践经验。
>
> ——2011年中共中央组织部、农业部、人力资源和社会保障部、教育部、科学技术部《农村实用人才和农业科技人才队伍建设中长期规划（2010—2020年）》

2.2.1.3 乡村人才的“引、育、用、留”

（1）引才

关于乡村人才的政策导向非常明确，要引导人才向农村基层和艰苦边远地区流动，引导党政人才、专业技术人才、企业经营管理人才合理流动，要实施人才创业扶持政策等。

2016年，由国务院办公厅发布的《关于支持返乡下乡人员创业创新促进农村一二三产业融合发展的意见》从简化市场准入条件、创建创业园区、加大财政支持力度、改善金融服务解决融资问题、完善社会保障政策、强化信息技术支撑、落实用水用电支持措施等方面入手，引导人才下乡。2017 年，中共中央和国务院发布的《关于进一步引导和鼓励高校毕业生到基层工作的意见》则主要通过开发基层岗位、健全保障措施、畅通流动渠道等方式，引导和鼓励高校毕业生到基层工作。2019 年，由中共中央办公厅发布的《关于鼓励引导人才向艰苦边远地区和基层一线流动的意见》提出要从搭建创业平台、完善编制管理、人才招录、职称评审和柔性流动政策等方面着手，引导人才向乡村流动。

四川省近年来也出台了不少政策，为乡村“引才”制定相应的具体措施。2017 年，由四川省委办公厅和四川省政府办公厅联合发布的《关于实施深度贫困县人才振兴工程的意见》明确提出支持深度贫困县通过聘任制公务员的方式招录急需紧缺专业的高校毕业生，同时每年还将选派 1 500 名特岗计划、“三支一扶”计划、大学生志愿服务西部计划等人才深度服务贫困县，另外还将通过完善事业单位的考核招聘政策，同时充分发挥编制岗位的倾斜保障作用来畅通人才招引渠道。2018 年，四川省政府办公厅印发的《促进返乡下乡创业二十二条措施》明确提出，要通过设立各类投资基金和产业发展基金，利用各种扶持优惠政策等吸引人才下乡创业，鼓励各种人才返乡下乡领办（创办）农民合作社、家庭农场（林场）、农业社会化服务组织、农业企业等新型农业经营主体和服务主体。2018 年，四川省科学技术厅发布的《关于组织开展科技特派员对贫困村全覆盖工作的通知》明确提出，要采用“一县一团”的方式组建服务期限为三年的科技特派团，对全省 1 501 个贫困村实现科技服务全覆盖。2019 年，由四川省委办公厅发布的《四川省鼓励引导人才向基层流动十条措施》明确提出，要通过基层工作资格制度、公务员招录面向基层以及基层工作经历制度等方式引导人才流向基层。2019 年，四川省委一号文件明确提出要实施“引才回乡工程”，要引导专业技术人才直接服务乡村、服务基层等。在四川省委和省政府的政策指引下，各市（州）、县也纷纷出台政策文件，开展人才引进的具体工作。

（2）育才

政策强调要加强人才资源的能力建设，突出创新精神与创新能力的培养，创新人才培养模式，大幅提升各类人才的整体素质。《农村实用人才和农业科技人才队伍建设中长期规划（2010—2020 年）》部署了乡村人才培养的重点。2016 年，由国务院办公厅发布的《关于完善支持政策促进农民持续增收的若干意见》明确提出，要加强对新型职业农民的培育，为此要健全教育培训、认定管理、政策扶持“三位一体”的培育制度，同时加强县级培训基地与农业田间学校建设。2019 年的中央一号文件提出要“建立乡村人才定向委托培养制度”。

> 突出培养农业科研人才。适应现代农业发展对科技创新的迫切要求，以培养农业科研领军人才为重点，着力打造科研创新团队，带动农业科技人才队伍全面发展。
>
> 大力培养农业技术推广人才。适应发展现代农业对科技成果转化应用的迫切要求，以充实一线、强化服务为重点，大力加强农业技术推广人才队伍建设。
>
> 着力培养农村实用人才带头人。针对农村实用人才队伍整体素质偏低、示范带动能力不强的状况，以村组干部、农民专业合作组织负责人、大学生村官为重点，着力培养社会主义新农村建设急需的带头人队伍。
>
> 全面培养农村生产型人才。适应农业规模化、专业化发展趋势和产业结构调整的需要，着眼于提高土地产出率、资源利用率和劳动生产率，以中青年农民、返乡创业者和农村女性劳动者为重点，着力培养农村生产型人才。
>
> 积极培养农村经营型人才。适应农业产业化和市场化发展要求，以增强经营管理水平和市场开拓能力为核心，以农村经纪人、农民专业合作组织负责人和农业产业化龙头企业经营者为重点，着力培养农村经营型人才。
>
> 加快培养农村技能服务型人才。适应农业产业化、标准化、信息化、专业化发展需要，以提高职业技能为核心，加快培养动物防疫员、植物病虫害综合防治员、农村信息员、农产品质量安全检测员、肥料配方师、农机驾驶操作和维修能手、农村能源工作人员以及农产品加工仓储运输人员、畜禽繁殖服务人员等各类农村技能服务型人才。
>
> 坚持以现代农业发展需求为导向。以政府为主导，逐步建立以素质提升和创新能力建设为核心，自主培养与人才引进相结合，学历教育、技能培训、实践锻炼等多种方式并举的人才培养开发机制。
>
> ——2011 年中共中央组织部、农业部、人力资源和社会保障部、教育部、科学技术部《农村实用人才和农业科技人才队伍建设中长期规划（2010—2020 年）》

四川省在中央政策的指引下制订出了有关人才培育的具体实施办法。2016 年，四川省委、省政府发布的《关于深化人才发展体制机制改革促进全面创新改革驱动转型发展的实施意见》提出，要建立健全导向鲜明、激励有效、科学规范的人才培养、引进和使用模式，完善创新型人才培养模式，培养开发高层次急需紧缺人才，加快培养储备一批现代企业发展需要的青年管理英才等。2018 年的四川省委一号文件提出要实施基层党组织“千名好书记”培养引领计划以及 10 万村级后备干部培育工程。2019 年的四川省委一号文件进一步提出要注重在优秀农民工中培养选拔村干部，建立“三农”工作干部队伍的培养、配备、管理和使用机制等。

（3）用才

政策明确了“以用为本”的人才理念，提出人才工作的根本任务是积极为各类人才干事创业和实现价值提供机会和条件，充分发挥各类人才的作用，围绕用好用活人才来引进和培养人才，促进人岗相适、用当其时、人尽其才。2013 年，中共中央发布的《关于全面深化改革若干重大问题的决定》提出，要“建立集聚人才体制机制，择天下英才而用之”。2016 年，由中共中央办公厅发布的《关于深化人才发展体制机制改革的意见》明确要求从人才的流通机制方面着手用活人才。2019 年，《农业农村部 2019 年人才工作要点》提出要完善党管农业农村人才的体制机制。

为了用好用活人才，四川省出台了相关政策文件来推动人才工作体制机制的建立与健全工作。2016 年，四川省委和四川省人民政府联合发布的《关于深化人才体制机制改革促进全面创新改革驱动转型发展的实施意见》提出要“建立健全科技人员双向流动机制”，“完善产学研人才双向柔性流动政策，允许高等学校、科研院所等事业单位科技人员在履行所聘岗位职责前提下，到科技型企业兼任技术顾问并按规定获得报酬”。同年的《四川省国民经济和社会发展第十三个五年规划纲要》提出要“推进人才体制机制创新，完善人才流动配置、分类评价、激励保障等机制”。2018 年的四川省委一号文件中提出“建立县域专业人才统筹使用制度”和“建立健全人才流向乡村的机制”等。为了用活用好人才、释放人才活力、发挥人才效用，各市（州）也在不断探索人才的工作体制机制改革。比如，四川省绵阳市涪城区针对乡村振兴中人才培育难、引进难、作用难发挥等问题，通过健全培育机制、引进机制、激励机制“三大机制”来激发乡村振兴中的人才动能，开创了乡村振兴工作的新局面。

（4）留才

《国家中长期人才发展规划纲要（2010—2020 年）》中明确提出要完善分配、激励和保障制度，建立健全与工作业绩紧密联系、利于激发人才活力以及维护人才合法权益、可以充分体现人才价值的激励保障机制。2011 年，中共中央组织部、农业部、人力资源和社会保障部、教育部、科学技术部联合印发的《农村实用人才和农业科技人才队伍建设中长期规划（2010—2020 年）》提出，要以能力和业绩为导向，完善人才评价标准，改进人才评价方式，拓宽人才评价渠道，在生产实践中发现人才，以贡献大小评价人才，把评价人才与发现人才结合起来，建立科学的人才评价发现机制。2018 年，中共中央办公厅与国务院办公厅联合发布的《关于分类推进人才评价机制改革的指导意见》提出，要在职业属性和岗位要求的基础上建立健全科学的人才分类评价体系，把品德作为人才评价的首要内容，杜绝唯学历、唯资历、唯论文等倾向，坚持德才兼备，凭能力、实绩和贡献评价人才。国家林业和草原局党组 2019 年发布的《关于实施激励科技创新人才若干措施的通知》探讨从评价机制、职称薪资、项目支持等角度激发人才活力和留住人才。

近几年四川省从激励、评价和财政支持等方面出台具体措施设法留住人才，2018 年的四川省委一号文件提出要“打造一支规模宏大、留得住、能战斗、带不走的乡村人才队伍”。2016 年由四川省委办公厅和四川省政府办公厅联合发布的《四川省激励科技人员创新创业十六条政策》、2018 年四川省人民政府办公厅发布的《关于继续实施财政金融互动政策的通知》、2018 年由四川省农业农村厅与四川省人力资源和社会保障厅联合发布的《关于开展四川省职业农民职称资格评定试点工作的通知》，以及 2018 年四川省委办公厅和四川省政府办公厅联合发布的《关于分类推进人才评价机制改革的实施意见》等政策文件均从支持力度、配套服务、成果转化等各方面设法留住人才。各市（州）也在探索通过薪资待遇、福利保障或配套服务等方式留住人才。如遂宁市出台了《关于实施乡村人才振兴计划聚智聚力决胜全面小康的实施意见》，采取“市县共招、县招乡用”的模式，“高配”乡村基层人才，将其纳入市级事业编制，以解决引进人才的身份问题，同时严格落实乡镇补贴、县以下机关公务员与职级并行制度，旨在推动城镇优质人才向乡村流动。

2.2.2 关于乡村人才队伍

2.2.2.1 农村工作队伍

2017 年 6 月，习近平总书记在山西考察时首次提出要“建设一支懂农业、爱农村、爱农民的干部队伍”；党的十九大报告中也强调，“要培养造就一支懂农业、爱农村、爱农民的‘三农’工作队伍”；2017 年年底的中央农村工作会议再次强调要“加强‘三农’工作干部队伍的培养、配备、管理、使用”“造就一支懂农业、爱农村、爱农民的农村工作队伍”。

为促进农村工作队伍的发展，中央和地方都出台了不少政策。

（1）关于引才

中共中央办公厅、国务院办公厅 2017 年发布的《关于加强乡镇政府服务能力建设的意见》提出，要坚持从优秀高校毕业生中考录乡镇公务员，同时要加大从服务期满、考核合格的大学生村官等服务基层项目人员中考录乡镇公务员的工作力度，重视从优秀村干部中考录乡镇公务员，探索开展从优秀工人和农民中考录乡镇公务员工作，为基层工作引进人才。2017 年，中共中央办公厅与国务院办公厅联合发布的《关于进一步引导和鼓励高校毕业生到基层工作的意见》进一步提出，要鼓励高校毕业生到基层机关事业单位工作。基层单位有岗位空缺，原则上首先用于择优招录高校毕业生。编制政策和编制标准要根据基层发展的需要和财力状况适当向基层机关事业单位倾斜，为适度扩大招聘高校毕业生创造条件。当地政府要研究制定符合县乡机关工作特点的公务员考录测评办法。加大招录国家重点高校优秀毕业生到乡镇一线和其他基层单位工作的力度，为基层干部队伍建设提供源头活水。

（2）关于育才

政策非常注重农村工作队伍的人才培养，不断新增培养方式，提升干部素质。2014 年，中共中央办公厅印发的《关于加强乡镇干部队伍建设的若干意见》提出要加强对乡镇干部的培养锻炼，强调要加强其思想政治建设与作风建设，引导其继承和发扬艰苦奋斗、实事求是和勤俭节约的优良传统与作风，牢固树立群众观念，建立健全密切联系群众的制度，扎实做好服务群众的各项工作；加大对乡镇干部的教育培训力度，要注重实践锻炼，包括选派乡镇干部到上级机关以及企事业单位学习锻炼、组织发达地区与欠发达地区互派乡镇干部挂职锻炼等，总之要不断提高和增强乡镇干部的能力和素质。2017 年，由中共四川省委办公厅与四川省人民政府办公厅联合发布的《关于实施深度贫困县人才振兴工程的意见》提出要开展在职人员学历提升的工作。2018 年，由中共四川省委组织部发布的《关于印发乡镇青年人才党支部工作法的通知》提出了立体培养战略，具体做法是建立县、乡、村三级立体培训培养体系，将集中培训、分类培养与实践培育有机结合起来，培养储备基层后备干部。

3. 关于用才

政策的导向是不断改进乡镇政府的绩效评价奖惩机制。中共中央办公厅、国务院办公厅 2017 年发布的《关于加强乡镇政府服务能力建设的意见》提出要依据乡镇政府的职责，结合不同乡镇的实际，建立科学化、差别化的乡镇政府服务绩效考核评价体系，坚持把考核评价结果作为干部选拔任用、培养教育、评优评先、激励约束、管理监督的重要参考。对于工作实际绩效差、群众评价满意度低的乡镇领导班子及干部，要按规定通报批评、严肃问责、及时约谈、责令整改。资中县印发的《加强村干部队伍“一强三化”建设工作方案（试行）》提出，要通过绩效考核制度、档案纪实制度、“能上能下”管理制度、村干部谈心提醒制度来健全考核管理制度体系。

4. 关于留才

留才主要是通过提高乡镇干部待遇来实现。中共中央办公厅、国务院办公厅 2017 年发布的《关于加强乡镇政府服务能力建设的意见》提出要适当提高乡镇干部待遇。具体是要建立健全干部职务与职级并行制度，统筹研究完善工资待遇政策向乡镇倾斜的具体操作办法，重点是要向长期工作在乡镇上的干部倾斜；同时要改善乡镇干部的工作与生活条件，积极支持乡镇逐步改善乡镇机关基本工作与生活设施，包括完善必要的文体和卫生设施、配备必要的办公设备、妥善安排乡镇干部的餐饮和住宿问题等；关注乡镇干部的身心健康，定期组织体检，落实带薪休假制度，关心乡镇干部的工作与个人情况变化，对生活困难家庭给予适当补助。2016 年，四川省泸州市纳溪区出台的《激励镇（街道）干部奋发有为十八条措施》与《激励村（社区）干部奋发有为十二条措施》则非常详细地提出了留才之道，具体包括改善工作条件、提高经济待遇、拓展成长空间、优先提拔使用、强化正面引导、重视表扬激励、关注身心健康、加强关心关爱等。2019 年，四川省射洪县出台的《射洪县激励村干部新时代新担当新作为推进乡村振兴的九条措施（试行）》明确提出，要通过对村干部实施思想政治激励、目标考核激励、爱岗敬业激励、待遇保障激励、创新创业激励、表彰表扬激励、宽容包容激励、人文关怀激励、教育培训激励九条措施来充分调动村干部在乡村振兴中的积极性、主动性和创造性。

2.2.2.2 新型职业农民

随着人口大规模由农村流向城市，农村人口数量持续下降，农村从业人员大幅减少，农业就业人群总量不足且整体素质偏低。培育新型职业农民不仅可以解决“谁来种地”的现实难题，而且可以解决“怎样种地”的深层次问题。为加快新型职业农民的培育，2013 年和 2014 年，教育部办公厅和农业部办公厅相继印发了《关于新型职业农民培育试点工作的指导意见》和《中等职业学校新型职业农民培养方案试行》。2016 年，国务院编制的《全国农业现代化规划（2016—2020 年）》提出将新型职业农民培育纳入国家教育培训发展规划，鼓励农民以“半农半读”的方式就地就近接受职业教育。2017 年，农业部出台的《“十三五”全国新型职业农民培育发展规划》提出，以提高农民、扶持农民、富裕农民为方向，以吸引年轻人务农、培养职业农民为重点，通过培训提高一批、吸引发展一批、培育储备一批，加快构建一支有文化、懂技术、善经营、会管理的新型职业农民队伍，发展目标是到 2020 年全国新型职业农民总量超过 2 000 万人，制定新型职业农民培育规划，从选准对象、创新机制、规范认定、跟踪服务与巩固基础五个方面入手，加强新型职业农民继续教育。四川省人民政府办公厅 2015 年发布的《关于加快新型职业农民培育工作的意见》提出，四川新型职业农民培育实行“分段式、重实训、参与式”培育模式，注重针对性、实用性和规范性，强化分类指导，满足新型职业农民多层次、多形式、广覆盖、经常化、制度化的教育培训需求，大力培育以生产经营型为主、兼顾专业技能型和专业服务型的新型职业农民。之后几年四川省均印发《关于做好新型职业农民培育工作的通知》，引导全省职业农民培育工作的开展，各市（州）也相继制订具体培育计划，开展培育工作。2019 年，四川省委一号文件《关于坚持农业农村优先发展　推动实施乡村振兴战略落地落实的意见》指出，启动新型职业农民培育对象遴选工作，启动开展职业农民职称评定试点，建立健全新型职业农民培养体系。针对新型职业农民的评定、认定工作，2018 年，四川省农业农村厅和人社厅联合发布了《关于开展四川省职业农民职称资格评定试点工作的通知》，提出以品德、能力、业绩、贡献为导向，坚持自愿申报、公平公开、分类评价、评定激励的原则，结合农村实用人才分类等级评价，开展职业农民职称资格评定试点，注重职业农民的实际操作能力、示范带动能力、解决问题能力和实际工作业绩，激励农村实用人才职业发展，促进四川农业农村高质量发展。

2.2.2.3 农业经营型人才

农业经营型人才具体包括新型农业经营主体的经营者、家庭农场主、农业合作社带头人、农村经纪人等，在乡村振兴发展过程中，农业经营型人才有着极为重要的作用。《农村实用人才和农业科技人才队伍建设中长期规划（2010—2020 年）》提出，积极培养农村经营型人才，有利于适应农业产业化和市场化发展要求，提高经营管理水平和市场开拓能力。中共中央办公厅、国务院办公厅于 2017 年联合发布的《关于加快构建政策体系培育新型农业经营主体的意见》提出，鼓励有条件的地方通过奖励补贴等方式，引进各类职业经理人，提高农业经营管理水平，将新型农业经营主体列入高校毕业生“三支一扶”计划、大学生村官计划服务的范围，鼓励大中专毕业生、退伍军人、农民工、科技人员等返乡下乡者创办领办新型农业经营主体，同时建立产业专家帮扶制度和农技人员对口联系制度，发挥县乡农民合作社辅导员的指导作用。2018 年，中共中央和国务院发布的《乡村振兴战略规划（2018—2022 年）》提出要壮大新型农业经营主体，实施新型农业经营主体培育工程，鼓励通过多种形式开展适度规模经营，培育发展家庭农场，提升农民专业合作社规范化水平，鼓励发展农民专业合作社联合社，壮大农林产业化龙头企业，致力人才培养，打造本土人才。《农业农村部 2019 年人才工作要点》提出要坚持面向产业、融入产业、服务产业，着力建机制、定标准、抓考核，形成“一主多元”的教育培训体系，实施好农业经理人、现代青年农场主和新型农业经营主体带头人等分类培育计划。2019 年，农业农村部办公厅发布的《关于做好 2019 年农民教育培训工作的通知》明确提出要加强对农民的教育培训，助力解决贫困地区制约产业发展的经营人才匮乏、技术落地难等问题，提高脱贫产业发展水平和贫困户自身发展能力，推进分类培训，组织实施农业经理人培养、新型农业经营主体带头人轮训（包括现代青年农场主）、现代创业创新青年培养和农业产业精准扶贫培训 4 个计划。

针对不同的农业经营人才，政策也分别做出了安排。2003 年，原农业部发布的《关于加强农村经纪人队伍建设的意见》对农村经纪人队伍建设进行了系统规定，包括要根据不同类型农村经纪人自身的特点，分类指导；依托批发市场，发展运销经纪人；要结合农产品批发市场的建设和培育，积极发展农村经纪人；围绕农业产业化经营，发展贮藏加工经纪人；

结合科教兴农，发展农业科技经纪人；结合农村信息体系建设，发展信息经纪人。2014 年，农业部、国家发展和改革委员会等 9 部门联合发布的《关于引导和促进农民合作社规范发展的意见》明确提出，要注重农民合作社人才队伍的培养，坚持内部培养与外部引进相结合，要分级建立农民合作社带头人人才库，把农民合作社人才纳入现代农业人才支撑计划、新型职业农民培育工程等项目，依托农民合作社人才培养实训基地，大规模开展理事长、经营管理人员、财会人员培训。2015—2017 年，四川省政府办公厅相继发布了《关于培育和发展家庭农场的意见》和《关于支持新型农业经营主体开展农业社会化服务的指导意见》，提出要强化政策扶持力度，加大财政支持力度以及落实税收优惠政策，以大力培育多元的新型农业经营主体。为建立农业职业经理人培养机制，2018 年，四川省政府办公厅专门出台了《关于加强农业职业经理人队伍建设的意见》，提出要建立农业职业经理人培养机制，优化整合专业技术人员培训、农民实用技术培训、科技人员技术培训等各种培训资源，采取理论培训与实践操作相结合的方式，委托涉农大专院校与科研院所，对纳入培训计划的人员进行模块化培训教学。为促进农业职业经理人就业，聘请农业职业经理人的家庭农场与农民合作社，可以在符合相关区域建设规划以及项目管理规定的前提下优先承担有关农业基础设施建设、农业产业发展等相关支农项目建设，优先享受各类财政补贴资金，适当提高农业规模化生产、循环经济、农机具等领域的补贴标准。同时明确探索建立农业职业经理人评价机制，按照高、中、初三个等级分级评价，达到相应标准和条件的，颁发相应等级的《四川省农业职业经理人证书》。推进实行对农业职业经理人的绩效管理，包括日常管理以及动态管理，建立退出机制，每两年对各级农业职业经理人的职业素养、经营规模、工作业绩和诚信等进行考核，经考核符合相关条件的予以维持、提升或降低等级，不符合初级条件的予以取消农业职业经理人资格，凡出现农产品质量安全事故、违法违规、失信等问题的，将失去参加农业职业经理人评价的资格等。各市（州）也出台了农业职业经理人队伍建设的相关政策意见和评价管理实施办法。2014 年，成都市发布了《成都市农业职业经理人评价管理办法》。2018 年，自贡市、广安市分别发布了《关于加强农业职业经理人队伍建设的实施意见》，巴中市发布了《巴中市农业职业经理人认定管理办法》。通过对农业职业经理人的资格等级评价与管理，四川培育了一批具有较强市场意识、生产技能、管理能力以及经营水平的农业职业经理人。

2.2.2.4 农业科技人才

政策鼓励农业科技人才上山下乡。科技部等部门于2007年联合发布了《关于加强农村实用科技人才培养的若干意见》，明确鼓励专业技术人才深入到农村一线，支持大专院校及科研院所与农村紧密结合，创新引导专业技术人才深入农村的机制，激励专业技术人才面向农村和贫困地区开展服务。同年，中共中央办公厅与国务院办公厅联合发布的《关于加强农村实用人才队伍建设和农村人力资源开发的意见》中提出，各地要结合实际，每年选拔一定数量的应届高校毕业生到乡村基层就业；积极实施“三支一扶”计划、大学生志愿服务西部计划等，努力创造条件，鼓励他们扎根农村；继续深入实施“科技特派员”“农业专家大院”、扶贫志愿者行动计划、科技文化卫生“三下乡”、科技专家服务“三农”等活动。通过组织农业科研杰出人才到贫困地区开展“基层行”活动的方式，帮助解决产业发展技术难题。2014年，中央组织部等5部委联合发布的《边远贫困地区、边疆民族地区和革命老区人才支持计划科技人员专项计划实施方案》提出，计划2014—2020年，每年选派2万名科技人员到“三区”提供科技服务、开展农村科技创新创业，每年为“三区”培养2 500名本土科技服务人员和农村科技创新创业人员。农业部与教育部2017年发布的《关于深入推进高等院校和农业科研单位开展农业技术推广服务的意见》提出，要引导农业科研院校多渠道、多形式开展农业技术推广等农业农村人才教育培训活动，建立一支懂农业、爱农村、爱农民的农业技术推广专家队伍，支持高校新农村发展研究院发展，建设一批集科研试验、技术示范与推广、人才培养于一体的综合示范基地、特色产业基地和分布式服务站，引导农业科技人才将技术推广到农村。2017年，四川省政府办公厅发布的《关于进一步健全基层农技推广服务体系的意见》明确提出要建立科技特派员制度，深入基层开展技术帮扶活动。

同时政策还关注农业科技人才的培养。2007年，科学技术部、教育部、财政部、劳动和社会保障部、税务总局以及中国科协联合发布的《关于加强农村实用科技人才培养的若干意见》明确提出，要统筹各类乡土科技人才的培养，实施“星火科技培训”专项行动，支持新型农民科技培训，重点加强农民科技致富带头人的培训，进一步加强农村劳动力转移科技培训，乡镇企业和农村中小企业科技培训等。挖掘乡土科技人才培养教育资源，充分发挥农村中小学校、中等职业学校、农村成人学校、农村致富技术函授大学、普通高等学校等教育机构的作用，开展乡土科技人才教育培训，加强乡土科技人才培养师资库、教材等基础条件的建设。开辟多元化的乡土科技人才培养渠道，一是通过农村科技成果转化和推广项目的实施带动乡土科技人才的培养；二是通过农村科技成果产业化示范基地和培训基地培养乡土科技人才，支持其发展“基地+农户”“订单培训”等模式，带动乡土科技人才培养；三是积极发展农村专业技术协会等农村科技服务中介组织。同时配合农村职业教育和技能培训的开展，鼓励农村专业技术人员取得相应职业资格证书，对参加职业培训并有鉴定要求的农村劳动者，积极提供技能评价服务，实施职业技能鉴定或专项职业能力考核，使受训农村劳动者取得相应职业资格证书或专项职业能力证书。人力资源和社会保障部 2016 年发布的《关于加强基层专业技术人才队伍建设的意见》明确提出，要通过 5~10 年的努力，培养造就一支达到一定规模、符合基层需要、立足基层发展的专业技术人才队伍。2017 年，农业部与教育部联合发布的《关于深入推进高等院校和农业科研单位开展农业技术推广服务的意见》明确提出，要引导农业科研院校多渠道、多形式开展农业技术推广等农业农村人才教育培训，农业科研院校要根据现代农业发展需求，建立一支懂农业、爱农村、爱农民的农业技术推广专家队伍。

关于农业科技人才的评价标准，政策的倾向是注重实绩和贡献。2010 年，中共中央组织部、农业部、人力资源和社会保障部、教育部、科学技术部联合发布的《农村实用人才和农业科技人才队伍建设中长期规划（2010—2020 年）》提出，对农业科技人才的评价重点在业内与社会认可，要把对产业发展的贡献作为评价农业科技人才的重要指标，完善评价标准体系。人力资源和社会保障部 2016 年发布的《关于加强基层专业技术人才队伍建设的意见》指出，坚持德才兼备，主要以品德、能力、业绩与贡献为评价导向，克服唯学历、唯论文倾向，评价过程中提高履行岗位职责的实践工作能力、工作业绩以及工作年限等指标的权重，对论文、科研等不做硬性要求，用可以体现专业技术工作业绩与水平的工作总结、教案、技术推广总结、工程项目方案、专利成果等替代。2016 年，四川省委农工委与科技厅共同制定的《关于进一步扩大农业科技体制改革试点激励科技人员创新创业的实施方案》明确提出在农业科技人员的职称评审与考核中，主持研发的科技成果转让成交额、承担横向科研项目获得的经费、创办企业所缴纳的税收以及创业所得捐赠给原单位的资金等视同纵向项目经费，发明专利转化应用情况与论文指标同等对待。2007 年，科学技术部、教育部、财政部、劳动和社会保障部、税务总局以及中国科协联合发布的《关于加强农村实用科技人才培养的若干意见》明确提出，要对在农村科技成果转化、应用、服务中做出突出贡献的单位和个人予以奖励，建立部门对农村实用科技人才的联合表彰机制。2016 年，人力资源和社会保障部发布的《关于加强基层专业技术人才队伍建设的意见》提出，要建立健全与岗位职责、工作业绩、实际贡献等紧密联系，充分体现人才价值、激发人才活力、鼓励创新创造的分配激励机制，坚持精神奖励与物质奖励相结合，建立以政府奖励为导向、单位奖励为主体、社会奖励为补充的基层专业技术人才奖励体系，落实艰苦边远地区津贴正常增长机制，实行乡镇工作补贴，向条件艰苦的偏远乡镇和长期在乡镇工作的人员进一步倾斜，保障基层专业技术人才合理工资待遇水平，逐步缩小地区间工资收入差距。鼓励各地按照有关规定开展优秀基层专业技术人才表彰奖励工作，充分保护和调动广大基层专业技术人才的工作热情和创新创业积极性。自然资源部党组于 2019 年出台的《关于激励科技创新人才的若干措施》进一步提出，要利用好科技转化成果政策，明确成果转化激励导向、鼓励采取多种模式进行转化，重奖业绩突出的创新人才，充分激励主体业务实践中的创新人才，激活研发单位创新内生动力等。2016 年，四川省《农业科技人员双创方案》以激发科技人员活力为改革突破口，提出了 10 项激励政策举措，包括激励科技人员离岗创办企业，允许科技人员兼职取酬，下放科技成果使用、处置和收益权，提高科研人员成果转化收益比例，完善科技人员岗位聘用和职称评定政策，支持专利实施转化，探索科技成果权属改革等。泸县于 2017 年出台的《泸县激励农业科技人员创新创业工作实施方案》明确提出，要激励科技人才创新创业，允许科技人员兼职取酬，对符合条件的科技人员，在完成岗位职责和聘用合同约定任务的前提下，经所在单位同意、县创新创业领导小组批准，可在泸县兼职从事技术研发、产品开发、技术咨询、技术服务等成果转化活动，以及在泸县创办、领办科技型企业，并取得相应合法股权或薪资。

2.2.2.5 能工巧匠

专门针对乡村能工巧匠的政策较少。2018 年，国务院发布的《关于推行终身职业技能培训制度的意见》提出，要广泛开展“大国工匠进校园”活动，加强职业素质培育，将职业道德、质量意识、法律意识、安全环保和健康卫生等要求贯穿职业培训全过程。住房和城乡建设部办公厅 2019 年发布的《关于开展农村住房建设试点工作的通知》提出，要联合大专院校、学术团体加强农村建筑工匠队伍建设，积极组织开展相关培训，并探索建立符合农村实际的农村建筑工匠培训制度和管理制度，提高农村工程施工人员能力素质，强化职业素质培育。

为贯彻落实国务院《关于推行终身职业技能培训制度的意见》与 2017 年四川省委办公厅、四川省人民政府办公厅联合发布的《关于加强技能人才队伍建设大力培养高素质产业大军的意见》的精神，四川省政府决定在全省组织实施“天府工匠”培养工程，加快培养掌握国际一流技术、比肩国际先进生产工艺的能工巧匠。2017 年四川发布《四川省农村建筑工匠管理办法》，旨在加强农村建筑工匠管理。国务院《关于推行终身职业技能培训制度的意见》明确提出要建立技能人才多元评价机制，健全以职业能力为导向、以工作业绩为重点、注重工匠精神培育和职业道德养成的技能人才评价体系，建立与国家职业资格制度相衔接、与终身职业技能培训制度相适应的职业技能等级制度，完善职业资格评价、职业技能等级认定、专项职业能力考核等多元化评价方式，促进评价结果有机衔接。健全技能人才评价管理服务体系，加强对评价质量的监管。建立以企业岗位练兵和技术比武为基础、以国家和行业竞赛为主体、国内竞赛与国际竞赛相衔接的职业技能竞赛体系，大力组织开展职业技能竞赛活动，积极参与世界技能大赛，拓展技能人才评价选拔渠道。支持劳动者凭技能提升待遇，建立健全技能人才培养、评价、使用、待遇相统一的激励机制，指导企业不唯学历和资历，建立基于岗位价值、能力素质、业绩贡献的工资分配机制，鼓励企业对高技能人才实行技术创新成果入股、岗位分红和股权期权等激励方式，鼓励凭技能创造财富、增加收入。落实技能人才积分落户、岗位聘任、职务职级晋升、参与职称评审、学习进修等政策。

2.2.2.6 新乡贤

中共中央办公厅与国务院办公厅于2017年发布的《关于实施中华优秀传统文化传承发展工程的意见》明确提出，挖掘和保护乡土文化资源，建设新乡贤文化。中共中央、国务院于2018年发布的《关于实施乡村振兴战略的意见》提出要积极发挥新乡贤的作用。2018年四川省委一号文件中提出，要研究引导和支持退休干部、知识分子和工商界人士等新乡贤返乡的扶持政策，正确引导和发挥新乡贤在乡村治理中的积极作用，在有条件的县（市、区）政协设立新乡贤界别，旨在让新乡贤人士的模范表率作用得到更好发挥。四川省各市（州）也在积极探索新乡贤政策体系建设。达州市达川区出台了《新乡贤引进激励机制（试点）方案》，其明确了新乡贤的标准、范围和要求，通过提高政治、经济待遇的激励机制，激发新乡贤在基层一线干事创业、参政议政、捐资公益事业的积极性，增加返乡创业人数，发挥好新乡贤在乡村振兴中的重要作用。

2.3 相关文献综述

实施乡村振兴战略是党的十九大报告确立的当前和今后我国农村发展的方向、战略和基本途径。这一提法新颖，国内外没有直接称谓的研究成果，但与之内涵相近的、涉及乡村如何建设和发展的研究成果不在少数。涉及乡村人才建设和发展的研究，更多国外学者是从人力资本的角度进行分析的；国内现有对乡村人才振兴缺乏系统的研究主要集中在新农村建设、农村实用人才、新型职业农民等领域。

2.3.1 国外研究现状

2.3.1.1 关于乡村建设的研究

国外关于乡村建设的研究，始于1962年美国生物学家卡尔逊的重要著作《寂静的春天》，该著作的目的是警示人类乡村环境污染的严重性，但由此引起了西方学者对乡村建设相关问题的持续深入研究。

在乡村经济发展方面，美国经济学家西奥多·舒尔兹认为，人力资本投资是促进经济增长的关键因素，他基于非均衡方法对农业的发展潜力展开分析，认为应该向传统农业投入新的生产要素——人力资本来实现传统农业向现代农业的转变，从而带动经济增长。在乡村可持续发展方面，英国的巴巴拉·沃德、挪威的布伦特兰等逐渐把对人类生存与环境的认识推向一个可持续发展的境界，并探讨了可持续发展的基本内涵。在乡村治理方面，迈克尔·麦金尼斯提出生态治理的重要保障是良好的环境、完善的制度、团队协作、政府与民众的配合；日本石岗陶子在《日本农村的变迁》中指出农村建设应建立完善的管理体系与制度，充分发挥农民的自主精神；韩国学者金英姬指出，要发挥农民的主动性和创造性，通过典型辐射作用带动周边地区实现共同发展。在乡村新的发展方式方面，美国阿伦特在《国外乡村设计》中提出把科学技术融入乡村设计中来解决可持续性问题；世界绿色设计组织提出，以“绿色设计”为手段引领生产、生活与消费方式的变革，加强乡村遗产保护与设计的国际合作，倡导人文为本、城乡协同及建设绿色生态文明等。

2.3.1.2 关于农村人力资本的研究

国外学者对人力资本与经济增长之间的关系进行了深入的研究，但是对农村人力资本的研究却相对较少。已有研究中，大多数学者认为农村人力资本积累对农村经济增长具有显著的正向作用。

西奥多·舒尔茨在长期对农业经济问题的研究中发现，从20世纪初到20世纪50年代，促进美国农业生产量迅速增加和农业生产率迅速提高的重要因素已不是土地、劳动力数量和资本存量的增加，而是人的知识、能力和技术水平的提高，他详细阐述了农村人力资本投资的内容及其对于农村经济增长的重要作用。贝克尔认为，落后地区摆脱贫困主要取决于三个因素——人力资本存量水平与积累速度、物质资本存量水平与积累速度以及人口生育率水平下降速度。罗默认为落后地区由于人力资本总存量水平偏低，而且欠缺加大本地区人力资本的必要财力，从而使这些地区长期陷入低水平均衡陷阱。卢卡斯认为，从传统农业向现代农业转型成功的关键在于人力资本积累率的提高。

2.3.2 国内研究现状

2.3.2.1 与乡村振兴相关的研究

中国自古就是一个乡村占据重要地位的农业大国，但学术史上关于乡村如何发展的研究很少。在为数不多的研究成果中，最为著名的是费孝通的《江村经济》，该书通过对黄河三角洲、长江三角洲、珠江三角洲等地进行实地调查，提出既符合当地实际又具有全局意义的乡村发展思路与具体策略。

国内与乡村振兴相关的研究主要集中在改革开放之后，大致可以分为“家庭联产承包责任制”“新农村建设”“美丽乡村建设”等几个阶段。刘国光等一批学者从农村集体财产两权分离的视角分析了家庭联产承包责任制调动农民生产积极性的机制及其合理性；陆学艺和张晓明等认为家庭联产承包责任制必然会使自给半自给经济向商品生产转化。韩俊认为家庭联产承包责任制实行后，我国农村必然会在小规模土地经营的基础上走上农户兼业化的道路。钱忠好等认为，家庭联产承包责任制调动了广大农民的生产积极性，极大地刺激了农业生产的发展，但难以产生规模效益，农业生产缺乏后劲。温铁军认为，新农村建设的“新”主要体现在城乡之间的良性互动、比较符合农村实际的社会保障体制、重新恢复农村的田园风光、让城里人被田园诗般的农村所吸引等方面。陈锡文从农村经济发展的角度提出，新农村建设关键要体现在经济的新发展方面。林毅夫、李含琳及胡恒洋等学者认为新农村的“新”体现在经济、环境、社会面貌、社会治理方式等的新途径、新方法等方面。林毅夫、李含琳、陈锡文、卢军、胡恒洋、宋圭武等众多学者从加强农村公共基础设施建设、改善农民生活消费环境、启动农村巨大的存量需求、消化掉过剩的生产能力、改革户籍制度、加快农村劳动力向非农产业转移、增加农民收入渠道、完善农村经济社会管理体制以及做好新农村建设规划的编制等方面进行了多维度、多视角的全方位研究。柳兰芳等认为美丽乡村实际上指的是生态、社会、人文、规划、体制机制五个方面的统筹同步发展。黄克亮认为美丽乡村就是农村文明、管理民主、农民素质高，从而实现乡村自然环境与社会环境共同发展。包婷婷、韩冰和舒川根等提出应采取文化传承模式，包括产业发展型文化传承模式和文化重塑型文化传承模式，大力保护传承乡村文化。王旭烽和任重、张孝德提出美丽乡村建设要注意对传统农业文化遗产的保护，开辟了一个新的农业文明的境界。

2.3.2.2 关于乡村人才建设的研究

鄂玉江指出，人才队伍建设应继续加强农村基础教育、农村职业教育，组织大专院校与农村科技推广服务部门建立横向联系。李建章指出，人力资源开发要树立农村人才资本投资观念，改善农业生产条件，加大健康投资，构筑农村医疗卫生保健体系，增加教育投资，提高支持农村义务教育的财政比例。钟卫红、裘宇虹指出加强农村人才队伍建设应加强人才观念的培养，强化教育培训，强化激励措施和组织领导，建立实用人才资源开发的长效机制。刘岚指出新型农民培育需要党和政府的扶持引导，需要农民自身主体性力量的发挥和成长，实现两者之间的良性互动。张小勇认为，要建立健全农村实用人才教育培训体系，要充分利用教育资源，建立健全一套完整的市、县、乡、村农村实用人才教育培训体系。丁秋更、王秀娟认为，要采取灵活手段，建立多元农村实用人才的培训和引进机制。黎平认为，农村实用人才应包括农业服务体系中的各类管理人员和专业技术人员、各类科技推广示范户、各种生产专业户中的管理和技术骨干，有一技之长的能工巧匠，能带领群众脱贫致富的村社干部，引导农民走向市场的农村经纪人。

近年来，新型职业农民作为农业农村重要的人才资源，成为学界研究的热点。许浩认为，新型职业农民能自主选择在农村第一、二、三产业充分就业，主要从事农业生产、经营或服务等工作，经济活动以从事农业生产经营和管理为主。屈锡华等认为，新型职业农民是有一定的科学文化素质和经营管理能力，能掌握并运用现代农业生产技能，将农业作为主要经济来源的现代农业从事者。徐辉认为，新型职业农民是懂科技、会经营、善管理的高素质农业人才，是现代农业的重要载体。胡焱等认为，新型职业农民有较强的自我发展能力和市场竞争意识，是实现农业现代化和建设社会主义新农村的客观需要。

赵光辉认为，人才政策创新是乡村振兴的重要推动力量，通过组合乡村人才政策与乡村振兴政策，把乡村环境建设好，把基础设施建设好，重塑乡村人才竞争力，增强人才吸引力，引导和支持各类人才投向乡村振兴事业。针对四川的实际情况，由四川省村社发展促进会和四川战旗乡村振兴研究院牵头，四川农业大学、四川省社科院等参与的“四川乡村人才队伍建设”课题组，在 2019 年 9 月在四川第三届村长论坛发布了《2019 年四川乡村人才发展报告》，并收录了50名乡村领军人才先进事迹。

国内外对乡村振兴和人才建设的研究值得借鉴。四川乡村地域广、面积大、人口多，经济与社会发展基础差、底子薄、发展滞后，要实现乡村振兴，“人”的要素及其作用更加凸显。本书拟在已有研究的基础上，从乡村振兴、农业农村发展的现实需求出发，通过深入的调查研究，提出符合四川实际的强化乡村振兴人才支撑的对策建议。

3 乡村振兴战略的逻辑起点

> 从“三农”工作本身看，解决好发展不平衡不充分问题，要求我们更加重视“三农”工作。农业农村农民问题是一个不可分割的整体。总的看，当前农业基础还比较薄弱，农民年龄知识结构、农村社会建设和乡村治理方面存在的问题则更为突出。比如，一些村庄缺人气、缺活力、缺生机，到村里一看，农宅残垣断壁，老弱妇孺留守，房堵窗、户封门，见到的年轻人不多，村庄空心化、农户空巢化、农民老龄化不断加剧。农民形容这种现象为“外面像个村，进村不是村，老屋没人住，院荒杂草生”。比如，一些村庄建设没规划、没秩序、没特色，宅基地违规乱占、农房乱建，有新房没新村，有新村没新貌。比如，一些村庄“形虽在，神已散”，优秀道德规范、公序良俗失效，不孝父母、不管子女、不守婚则、不睦邻里等现象增多，红白喜事盲目攀比、大操大办等陈规陋习盛行。比如，乡土社会的血缘性和地缘性减弱，农民组织化程度低、集体意识弱，“事不关己、高高挂起”的心态普遍存在，乡村秩序的基础受到冲击。比如，一些农村基层党组织软弱涣散，村干部队伍青黄不接、后继乏人，少数干部作风不实、优亲厚友，“小官巨贪”时有发生，对惠农项目资金“雁过拔毛”的“微腐败”也不同程度存在。这些问题带有一定的普遍性，不仅中西部地区有，沿海发达地区也存在。我们提出实施乡村振兴战略，就是要协调推进农村经济建设、政治建设、文化建设、社会建设、生态文明建设和党的建设，促进乡村全面发展。
>
> ——习近平在中央农村工作会议上的讲话（2017 年 12 月 28 日）

乡村振兴的逻辑起点是乡村人口的大规模流出。乡村振兴的关键在于人。如果没有人，所谓的乡村振兴不过是一句空话。

在我国，城镇化的过程实质上就是农村人口大规模向城市流动、农村劳动力快速向城镇转移的过程。农村人口大量流出始于 20 世纪 70 年代末，之后 40 多年流动规模持续增长，其中，在 20 世纪 90 年代中期以后农村人口流出增速明显加快，规模明显加大。农村人口大规模流向城市的过程在促进城市文明发展的同时，也在促进农民增收、缩小城乡二元差距方面发挥了巨大作用。但农村高素质劳动力向城镇转移，直接导致了农村的老龄化和空心化，给农村的生产与生活造成了很大影响。

四川是劳务输出大省。1982 年，四川省委在新都县[①]以农村建筑队为试验，为农民工进城务工打开了突破口，推动了农民工的跨区域流动，渐渐得到社会的认可。目前，整个四川大约有 2 500 万农村劳动力在外务工，占全国的近 1/10。以劳动力为主的农村人口大规模流出是四川农村地区自改革开放以来尤其是 20 世纪 90 年代中后期以来最显著的社会现象。大量青壮年劳动力离开农村实质上是农村高素质人才的流失，导致了农村常住人口老龄化、农村空心化的问题，是造成四川乡村发展不充分、城乡发展不平衡的主要原因之一。人口大规模流出既是四川实施乡村振兴战略的逻辑起点，也会对四川乡村振兴战略的实施造成挑战。因此，分析四川的乡村振兴必须基于农村人口大规模流出这样一个很重要的现实。

3.1 四川人口流出的发展历程

在改革开放之前，国家政策限制农村人口的流动。虽然宪法明确规定公民享有居住和迁徙的自由，但在 1955 年 6 月的户籍登记制度出台之后，与户籍相联系的城乡生活水平差距导致了一股“进城热”，于是，1956 年底国务院紧急发布了《关于防止农村人口盲目外流的指示》，严格限制农村人口流向城市[②]。1956 年 12 月 26 日的《人民日报》发表了《制止农村人口盲目流向城市》的社论：“农民盲目流向城市，浪费国家许多钱财，影响社会秩序，而且给各地人民政府增加了许多不必要的困难……对于农民来说也不利，因为他们盲目跑到城市，一时找不到工作，便只好卖掉衣服被褥等物，走上流浪的道路……劳动就业主要是解决失业问题，而农村的剩余劳动力并不是失业者，他们有地种，有饭吃。”户籍制度、农产品统购统销制度、单位制度和公社制度限制了农村人口的自由流动，导致了中国城乡分割的社会治理格局，农村人口很难跃出“农门”[③]。

① 2011 年 11 月 15 日，国务院国家撤销新都县，改设为新都区。

② 王建民，胡琪. 中国流动人口［M］. 上海：上海财经出版社，1996：255.

③ 冯俊锋. 乡村振兴与中国乡村治理［M］. 成都：西南财经大学出版社，2017：54.

在改革开放之后，除了户籍制度之外，其他限制人口流动的制度开始松动，农村人口开始流动。四川作为人口流出大省，其农村的人口流出经历了体制松动后的起步形成期、经济改革的快速推动期、限制流动的停滞乃至倒退期、加以引导的加速发展期以及全面发展的规模效益期五个阶段。不断流出的农村人口（主要是农民工）分布在各行各业，为我国的经济社会建设和城市的发展做出了不可磨灭的贡献。

第一阶段：体制松动后的起步形成期（20 世纪 70 年代至 80 年代末）

从 20 世纪 70 年代到 80 年代末，四川农村的剩余劳动力就开始自发离开土地探寻非农就业的机会。1984 年，整个四川省有 343 万农民摇身变成“离土不离乡”的工人，约占全省农村劳动力的 8%左右①。这一时期，农村人口流出的发展促成了《关于农民自理口粮到城镇落户的意见》和《国务院关于农民进入集镇落户问题的通知》这两个具有标志性意义的文件的出台。

第二阶段：经济改革的快速推动期（20 世纪 90 年代前中期）

到 20 世纪 90 年代前中期，大量农村剩余劳动力开始“离土又离乡”，外出务工的规模快速扩大。尤其是 1992 年我国确立了社会主义市场经济体制的目标，使得农村人口外出流动更加活跃，作为劳务输出大省的四川在全国率先建立了农民工工作领导体系，当年整个四川省外出务工的农村劳动力达 580 万人，相比上年差不多翻了一番，而且很快由省内流动发展到跨省流动。1996 年，全省外出务工的农村劳动力总量达 890 万人，其中流动到省外的人数是 556 万，占比为 62.5%，由此形成了所谓的“民工潮”，不仅冲击着城乡分割的劳动力市场，而且成为经济社会发展中一个非常重要的社会现象。

第三阶段：停滞乃至倒退期（20 世纪 90 年代中后期至 21 世纪初）

从 20 世纪 90 年代中后期到 21 世纪初，外出流动的农村人口进城务工遭遇到诸多的制度壁垒和管理限制，农村劳动力的流动进入停滞甚至倒退阶段。1994 年出台的《农村劳动力跨省流动就业管理暂行规定》等文件以及人口流入地出台的多项不合理限制措施，使得四川的农村人口流动受到

---

① 人民银行四川省分行调研室. 四川乡镇企业发展情况［J］. 西南金融，1985（9）：21-24.

非常大的影响。1997 年，整个四川省外出流动的农村劳动力总量只有 730 万人，其中流动到省外的只有 365 万人，相比上年减少了 191 万人。另一方面，这一时期外出流动的农村劳动力还遭遇了就业环境差、合法权益难以保障等突出问题。

第四阶段：加速发展期（21 世纪初至 2013 年）

从 21 世纪初到 2013 年，农民工的价值和贡献被社会重新认识，由此打开了农村劳动力规模化快速流动的新局面。政府陆续出台了《关于做好农民进城务工就业管理和服务工作的通知》等文件，从制度上畅通了农村劳动力外出流动的渠道。2006 年出台的《国务院关于解决农民工问题的若干意见》指出，农民工问题事关我国经济与社会发展的全局，并且首次将农民工界定为“新型劳动大军”，明确了农民工进城务工的政治站位。2008 年颁布的《劳动合同法》又进一步从根本上保障了农民工的法律地位。到 2013 年，整个四川省外出流动的农民工总量达 2 455 万人，是 2000 年的 2. 2 倍。

第五阶段：全面发展期（2013 年至今）

自 2013 年以来，农民工进入共建共享的全面发展时期。根据 2014 年国务院印发的《关于进一步做好为农民工服务工作的意见》，农民工所享受到的城镇基本公共服务范围更广，得到的保障水平持续增强，农民工城市融合程度逐步提高。尤其是乡村振兴战略实施以来，四川省分别出台了 16 条加强农民工服务保障与 22 条支持农民工返乡创业的具体措施，确立了四川籍农民工“新人口红利”的战略地位。这一时期，四川农民工规模总量增幅小，但农民工的发展更为全面，农民工入工会人数达到 1 104 万人，欠薪农民工的比重下降到 0. 55%，农民工的精神文化生活也得到了更好的满足。

3.2 四川农村人口流出的总体状况

3.2.1 流出数量

有句话是形容我国的春运，“节前看广州，节后看成都”这句话足以反映四川省农村人口外出流动的盛况。四川每年流向省外的人口高达上千万，在全国名列前茅，是我国的劳务输出大省。

根据2010年第六次全国人口普查，四川流出人口（离开户籍所在地外出流动超过半年的人口）共有2 091.37万人。其中，在省内流动的有1 040.82万人，流向省外的有1 050.55万人（详见图3-1），两者基本持平，分别占到总流出人口的49.77%和50.23%。2012年，流出省内的人口数首次超过流出省外的人口。2015年人口抽样调查数据显示，四川常住人口中，居住地与户籍所在地不一致且离开户籍地半年以上的人口为1 253万人；流出省外半年以上的人口数量为1 028万人①。2018年，四川省农村外出流动的劳动力共计2 534万人，同比增长1.16%。其中，省内流动1 509万人，省外流动1 025万人，省内、省外流动数量差距由2012年的174万人增加到484万人。

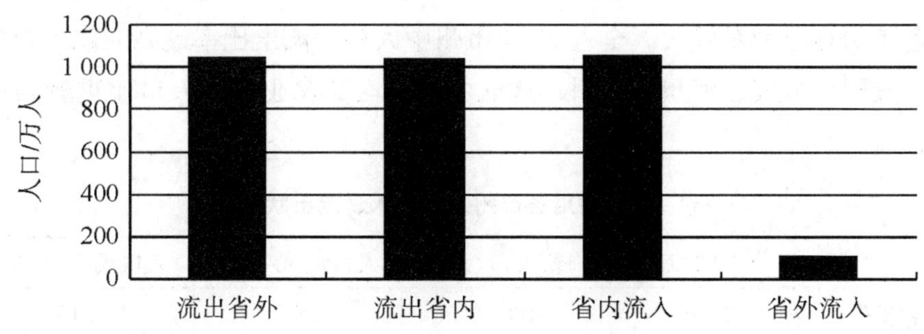

图3-1 四川人口流动示意图

① 四川省统计局. 四川省2015年全国1%人口抽样调查主要数据公报[EB/OL].[2016-05-18].http:www.sc.gov.cn/10462/10464/10465/10574/2016/5/18/10380863.shtml.

3.2.2 流出地

流动人口主要来自农村。从全国范围来讲，流动人口主要从农业大省流出，流向经济发达地区。2010 年第六次全国人口普查时，全国 2.2 亿流动人口中，大约有 68%的人（1.5 亿人）来自农村，其中跨省流动人口有将近 82%来自农村，而省内流动人口中则有 54%来自农村。经济因素是推动人口流出农村的主要因素。成都既是新一线城市，也是国家中心城市。成都位于平原地区，自古以来都是四川最富裕的地方，在四川甚至中国西部都是最发达的。因此成都的周边很少有人流动到外地务工。但成都之外其他四川地区多为丘陵、山区和高原地形，经济发展相对滞后，外出流动的推拉力较大。成都接纳了四川省内大量的农村转移劳动力，但经济容量有限，还得向其他发达地区流动。但自从 2012 年流向省内、省外的比重开始反转之后，这一趋势一直在延续，流向省外的比重越来越低。同时，除了成都、攀枝花、雅安、甘孜、阿坝外，其余市州均呈现人口净流出（详见表 3-1）。在通常情况下，人口净流出比率高的地区多为经济社会发展比较落后、农村剩余劳动力较为充裕的地区。这些地区人多地少，农业比重高、收益低，推拉力作用明显。而人口净流入比率高的地方多为经济发达、就业岗位多的地区。甘孜、阿坝、凉山三个民族自治州由于情况比较特殊例外。这可能与其传统的生活方式有关，这些地方地广人稀，人们思想相对保守，外出务工的意愿相对较弱，再加上语言的差异，导致人们外出务工的难度相对较大。全省 21 个市州中人口净流出比率最高的依次是广安、资阳、宜宾、泸州、达州，这五个市州均是农业从业人口比重较高的地区。

表 3-1　四川各市州人口流入、流出状况

	常住人口/万人	户籍人口/万人	人口流入/万人	人口流入率/%
攀枝花	123.6	108.3	15.3	14.13
成都	1 633.0	1 478.1	154.9	10.48
甘孜	119.6	110.1	9.5	8.63
阿坝	94.4	90.3	4.1	4.54
雅安	154.0	153.3	0.7	0.46

表3-1(续)

	常住人口/万人	户籍人口/万人	人口流入/万人	人口流入率/%
乐山	326.7	350.5	-23.8	-6.79
凉山	490.8	530.8	-40.0	-7.54
德阳	354.5	386.8	-32.3	-8.35
绵阳	485.7	536.0	-50.3	-9.38
自贡	292.0	322.4	-30.4	-9.43
巴中	322.2	368.3	-36.1	-9.80
内江	369.9	411.8	-41.9	-10.17
广元	266.7	300.5	-33.8	-11.25
南充	644	728.7	-84.7	-11.62
遂宁	320.2	365.4	-45.2	-12.37
眉山	298.4	344.4	-46	-13.36
达州	572.0	665.8	-93.8	14.09
泸州	432.4	509.7	-77.3	-15.17
宜宾	455.6	552.3	-96.7	-17.51
资阳	251.2	346.1	-94.9	-27.42
广安	324.1	462.2	-138.1	-29.88

数据来源：《四川统计年鉴 2019》。

3.2.3 主要流向

根据第六次全国人口普查资料，我国大陆地区的 31 个省（市、区）均有四川的流出人口分布。其中，外出流动到四川本省的数量最多，比重最高，达 49.77%。流出省外的人口主要集中在广东、浙江、福建、上海、江苏等东南沿海省份以及重庆（详见表 3-2）。在地广人稀的新疆、西藏等民族地区，同样有四川流动人口的分布，分别占 3.94%和 0.90%。在推拉力量共同的作用下，但凡能谋求生计的地方，都有四川流动人口存在。

表 3-2　四川流出人口的流向分布

省（市、区）	人数/万人	比重/%	省（市、区）	人数/万人	比重/%
四川省	1 040. 82	49. 77	河南省	10. 31	0. 98
北京市	36. 26	3. 45	湖北省	9. 55	0. 91
天津市	6. 24	0. 59	湖南省	7. 35	0. 70
河北省	15. 21	1. 45	广东省	387. 43	36. 88
山西省	14. 85	1. 41	广西壮族自治区	6. 37	0. 61
内蒙古自治区	5. 36	0. 51	海南省	8. 88	0. 85
辽宁省	8. 46	0. 81	重庆市	57. 24	5. 45
吉林省	3. 33	0. 32	贵州省	25. 14	2. 39
黑龙江省	1. 76	0. 17	云南省	43. 70	4. 16
上海市	49. 50	4. 71	西藏自治区	9. 43	0. 90
江苏省	52. 08	4. 96	陕西省	18. 79	1. 79
浙江省	132. 99	12. 66	甘肃省	5. 14	0. 49
安徽省	3. 90	0. 37	青海省	4. 11	0. 39
福建省	64. 59	6. 15	宁夏回族自治区	1. 62	0. 15
江西省	5. 27	0. 50	新疆维吾尔自治区	41. 36	3. 94
山东省	14. 31	1. 36			

数据来源：第六次全国人口普查汇总资料。

3. 2. 4　流出人口的自然结构与社会结构

人口具有自然与社会两种不同的结构：人口的自然结构是人的自然属性的反映，人口的社会结构是人的社会属性的反映。前者主要包括人口的性别结构与年龄结构；后者主要包括人口的民族结构、文化结构、婚姻结构、职业结构等。两者共同作用于人口自身的发展，从而对经济社会发展产生重要影响。

四川流出人口的自然结构与社会结构表现出几个特点：

（1）年龄构成整体上偏年轻

流出人口年龄结构呈现出中间高、两头低的特征，具体而言就是流出人口中，中间年龄段人口比例高、两端年龄段即高龄段与低龄段人口比例低，1980 年及之后出生的新生代劳动力所占的比重已经超过一半。在持续不断的人口流动过程中，农村的青壮年人口流入城镇，导致农村地区的老龄化水平上升，四川人口流出规模较大的村落里很难看到青壮年。

（2）性别构成以男性居多

流出人口的男女比例明显男多女少。虽然四川女性流动人口的比重相对全国平均水平较高并且呈上升趋势，但始终较男性低。流出四川的人口男多女少的特征更为明显。

（3）流出人口文化程度高于留守人口

就家庭内部来说，往往是从家庭收益最大化的角度出发，允许受教育多、就业机会大的家庭成员率先流出，受教育少的家庭成员多留守在农村照顾土地与家庭老小。而且外出流动的农民工的文化程度和技能水平在不断提升。整个四川省初中及以上文化程度的农民工所占比重由 2008 年的 58%提升至 2018 年的 84.6%，2018 年，全省共有 6.8 万农民工参加了省级农民工劳务品牌培训。

（4）流出人口很少从事收益率较低的农业

根据第六次全国人口普查，流出人口基本上都是为了务工或经商。流出人口务工和经商的比重将近 74%，跨省流出的更是如此，比重接近 85%。

农村地区大规模流出的人口大多年轻力壮、接受过较高水平的教育，而且男性居多，人口大规模流出的实质是农村优质劳动力资源的流失，对农村地区的人才结构以及农业与农村的发展都产生了极其重要的影响。经过多年的人口大规模流出，人口数量少、年龄结构老、文化程度低、身体状况差是四川多数农村地区常住人口的基本特征，也是人口大规模流出对农村地区产生的最直接的影响，并产生其他方面的负面作用和后果。

3.3 对农村家庭经济生产功能的影响

人口大规模流出通过改变农村家庭的规模和结构，不仅诱发了诸多社会问题，还影响了家庭的生产功能。

3.3.1 平均家庭户规模缩小

家庭小型化是人口大规模流出过程中农村家庭变化的主要特征之一。四川较低的生育水平导致了家庭规模的缩小，而人口大规模流出在一定程度上加剧了这种趋势。

从平均家庭户规模变动情况来看，四川与全国变动趋势大体一致，呈现波动递减趋势（详见表 3-3）。2010 年第六次全国人口普查资料显示，四川农村平均家庭户规模是 3.86 人，相较 10 年前第五次全国人口普查时的 3.96 人少了 0.1 人。2014 年，四川农村平均每个家庭户的常住人口继续下降至 3.03，相比第五次全国人口普查时减少了 0.93 人。由于农村人口大规模流出，同全国相比，整个四川的户均人口比全国平均水平少 0.14 人，居全国第 21 位。在西部 12 个省（市）中仅高于重庆和内蒙古，居全国第 10 位。从家庭户规模构成看，第六次全国人口普查中四川主要集中于 1~3 人/户，占 62.86%，占绝对优势。

表 3-3 四川农村平均家庭户规模变动情况

年份	2000	2005	2010	2011	2012	2013	2014	2015	2016	2017
平均每户常住人口数/人	3.96	3.87	3.86	3.88	3.86	3.16	3.03	3.03	3.05	3.07

数据来源：历年四川统计年鉴。

3.3.2 家庭结构老龄化严重

人口平均预期寿命的提高是整个社会包括农村老龄化的主因，而人口大规模流出加剧了农村社会的老龄化程度，导致农村老龄化程度要比城镇高，并且造成家庭内部代际普遍分离，在一定程度上造成家庭结构老龄化，并且老年夫妇空巢、隔代家庭与老年单人家庭等残缺家庭的比重大幅提高。

整个四川老龄化程度的加剧，农村的贡献远远大于城镇，因为农村老龄化程度相较城镇而言严重得多，而且大量的青壮年正在由农村流向城镇，未来相当长的时期内这种流动还将持续，从而不断地加大这种差距。据第六次全国人口普查资料，我国农村整体老龄化程度相较于城市高 3%。

根据2010年四川省第六次全国人口普查资料，四川农村有65岁及以上老人的家庭户比重高达29.95%，高出城镇9.65个百分点。家庭中老人的个数增加，家庭中有两个老人和有三个及以上老人的家庭户比重上升快。老人户和仅有老人与未成年亲属的家庭户大幅增加，即老年空巢家庭、老年单人家庭及隔代家庭大幅增加，留守老人问题与留守儿童问题非常突出。

3.3.3 农村家庭的农业生产经济功能弱化

与城市家庭最根本的不同之处在于，人口大规模流出之前的传统农村家庭首先是一个最基本的生产组织单位。我国传统农业属于自给自足的小农生产，其发展主要通过家庭这个最基本的生产组织单位来实现。家庭成员数量的多少及生产劳动能力的大小关系着整个家庭农业生产经营状况的好坏。青壮年男性劳动力是家庭农业生产劳动的主要提供者，在以家庭为单位的小农生产中处于十分重要的地位。在人口大规模流出的大背景下，传统农村家庭承担的农业生产组织的经济功能日渐减弱，这有两方面的原因：一方面农村青壮年男性劳动力大规模流出，以家庭为基本单位的小农生产方式难以维持；另一方面，农业生产劳动不再是维持家庭成员生存与发展的唯一来源，青壮年劳动力外出务工经商所得远远高于从事传统农业生产所得。农业生产劳动所得与外出务工经商所得差距明显，面对如此悬殊的收益，绝大多数家庭会做出理性的决策，选择由男性青壮年劳动力“只身”或“夫妻双双”外出务工经商。青壮年农民本是农业生产劳动的主力军，其大规模外出流动后仍然不愿彻底放弃土地，于是把留守农村的老年人推到了农业生产主要劳动力的位置，致使本来可以停止劳作的留守老人被动承担艰苦的土地耕作劳动。老年人农业劳动参与率的上升降低了农业劳动力的质量，这对农业生产与新农村建设都具有不容忽视的负面影响。同时，由于农村家庭的农业生产组织功能基本丧失殆尽，其主要经济功能表现为组织消费。而就业、收入的独立自主使得消费完全可以依靠家庭成员的经济独立来自主完成，家庭成员之间的经济联系被削弱，经济依存度大幅下降。

3.4 对农村收入与财产结构的影响

人口的大规模流出，使农村居民不同程度地富裕了起来，收入水平与结构在不断变化，财产积累能力在逐渐增强，财产结构也发生了变化。其实财产与收入有着密不可分的关系：财产与收入对于农村居民家庭福利而言一样重要；收入的增长是家庭财产增长的基础；收入反映了经济状况的短期特征，而财产反映了经济状况的长期特征，并且在家庭遭受意外状况时可以作为缓冲；收入不均等会转化为财产不均等，且后者会是前者的累积与叠加①。

3.4.1 收入水平的变化

自人口大规模流出以来，农村居民家庭收入水平已经有了很大提高，2017 年，四川农村居民家庭人均可支配收入高达 12 227 元，但仍然没有达到全国平均水平（详见表 3-4），两者之间的差距从人口大规模流出之初即 1995 年的 420 元扩大到 2010 年的 832 元，几乎翻了一番，2012 年这一差距继续扩大至 916 元，之后有下降的趋势，2015 年下降到 525 元，但 2016 年又大幅扩大至 1 160 元，之后持续这一趋势，2019 年扩大至 1 351元。

表 3-4 四川与全国农村居民家庭人均纯收入水平②比较 单位：元

年份	四川	全国	四川与全国的差距
1995	1 158	1 578	420

① 罗楚亮. 收入增长、劳动力外出与农村居民财产分布：基于四省农村的住户调查分析[J]. 财经科学，2011（10）：82-88.

② 带*的数据是人均可支配收入。2014 年之前国家统计局对于城市与农村的人均收入数据是分开计算的，城市统计的指标是人均可支配收入，而农村统计的指标则是人均纯收入。2014—2015 年，国家统计局同时提供农村人均可支配收入数据与农村人均纯收入数据来反映农村人均收入。这两年是为了过渡，从 2016 年开始（四川省统计局是从 2013 年开始）只提供农村人均可支配收入的数据。

表3-4(续)

年份	四川	全国	四川与全国的差距
2000	1 904	2 253	349
2001	1 987	2 366	379
2002	2 108	2 476	368
2003	2 230	2 622	392
2004	2 580	2 936	356
2005	2 803	3 255	452
2006	3 002	3 587	585
2007	3 547	4 140	593
2008	4 121	4 761	640
2009	4 462	5 153	691
2010	5 140	5 919	779
2011	6 129	6 977	848
2012	7 001	7 917	916
2013	8 381*	8 896	515
2014	9 348*	9 892	544
2015	10 247*	10 772	525
2016	11 203*	12 363*	1 160
2017	12 227*	13 432*	1 205
2018	13 331*	14 617*	1 286
2019	14 670*	16 021*	1 351

数据来源：历年《四川统计年鉴》《中国统计年鉴》《国民经济和社会发展统计公报》。

另一方面，人口大规模流出以来，四川城乡之间的收入差距不但没有缩小，反而呈现出扩大之势（详见表3-5）。已有研究认为，城乡之间收入差距过大会对经济的可持续增长、社会的公平公正甚至社会的稳定造成挑战，甚至有可能会使国家陷入所谓的“拉美增长陷阱”①；劳动力的城乡流动主要是为城乡间的收入差距所拉动，因此劳动力的城乡流动能够起到缩小城乡收入差距的作用②；人口大规模流出可以在很大程度上提升农民

① 李宾，马九杰. 劳动力转移、农业生产经营组织创新与城乡收入变化影响研究［J］. 中国软科学，2014（7）：60-76.

② 蔡昉. 刘易斯转折点：中国经济发展新阶段［M］. 北京：社会科学文献出版社，2008.

工资性收入以及总收入水平，进而可以减小城乡之间的收入差①。但现实中的城乡收入差距并未随着人口大规模流向城市而缩小。人口大规模流向城市与城乡收入差距扩大同时发生主要是由制度引起的，户籍等制度限制了农村劳动力向城市的永久性迁移，现有迁移者无法彻底实现居住地和身份的转变，导致劳动力市场扭曲，农村流出劳动力与城市劳动力还不能完全达到同工同酬，难以具备缩小城乡收入差距的限制条件②。

表 3-5　四川城乡居民家庭人均收入差距

年份	农村居民纯收入/元	城镇居民可支配收入/元	城乡差距/元	城乡收入比
1995	1 158. 29	4 002. 91	2 844. 62	3. 46 : 1
1996	1 453. 42	4 406. 09	2 952. 67	3. 03 : 1
1997	1 680. 69	4 763. 26	3 082. 57	2. 83 : 1
1998	1 789. 17	5 127. 08	3 337. 91	2. 87 : 1
1999	1 843. 47	5 477. 89	3 634. 42	2. 97 : 1
2000	1 903. 60	5 894. 27	3 990. 67	3. 10 : 1
2001	1 986. 99	6 360. 47	4 373. 48	3. 20 : 1
2002	2 107. 64	6 610. 76	4 503. 12	3. 14 : 1
2003	2 229. 86	7 041. 51	4 811. 65	3. 16 : 1
2004	2 580. 28	7 709. 83	5 129. 55	2. 99 : 1
2005	2 802. 78	8 385. 96	5 583. 18	2. 99 : 1
2006	3 002. 38	9 350. 11	6 347. 73	3. 11 : 1
2007	3 546. 69	11 098. 28	7 551. 59	3. 13 : 1
2008	4 121. 21	12 633. 00	8 511. 79	3. 07 : 1
2009	4 462. 05	13 839. 00	9 376. 95	3. 10 : 1
2010	5 139. 52	15 461. 00	10 421. 48	3. 01 : 1
2011	6 129. 00	17 899. 00	11 770. 00	2. 92 : 1

① 李实. 中国农村劳动力流动与收入增长和分配［J］. 中国社会科学，1999（2）：3-5.

② 蔡昉. 农村剩余劳动力流动的制度性障碍分析：解释流动与差距同时扩大的悖论［J］. 经济学动态，2005（1）：35-39，112.

表3-5(续)

年份	农村居民纯收入/元	城镇居民可支配收入/元	城乡差距/元	城乡收入比
2012	7 001.00	20 307.00	13 306.00	2.90 : 1
2013	8 381.00*	22 368.00	13 987.00	2.67 : 1
2014	9 348.00*	24 234.00	14 886.00	2.59 : 1
2015	10 247.00*	26 205.00	15 958.00	2.56 : 1
2016	11 203.00*	28 335.00	17 132.00	2.53 : 1
2017	12 227.00*	30 727.00	18 500.00	2.48 : 1
2018	13 331.00*	33 216.00	19 885.00	2.49 : 1
2019	14 670.00*	36 154.00	21 484.00	2.46 : 1

数据来源：历年《四川统计年鉴》与《国民经济和社会发展统计公报》；带*的数据是人均可支配收入。

3.4.2 收入结构的变化

人口大规模流出大大提升了农村居民家庭的收入水平，也在很大程度上改变了其收入结构。研究与统计普遍将农村居民家庭收入划分为工资性收入、家庭经营收入、财产性收入与转移性收入四大块。动态地看，四川农村居民家庭的这四大块收入均随着人口大规模流出而呈现出递增趋势，但在家庭总收入中各部分收入的比重及对比关系发生了重大变化。换言之，农村居民家庭收入结构随着人口大规模流出已经发生了质的改变。

3.4.2.1 工资性收入与人口大规模流出同步发展

人口大规模流出与农村居民家庭工资性收入及总收入的大幅度增长是同步发生的。张占贞等研究发现，城镇化率每提升1%，农村居民人均工资性收入增高2.85元；农村剩余劳动力转移率每提升1%，农村居民工资性收入平均增加1元①。张车伟等研究发现，人口大规模流出前后农村居民家庭收入增加的来源已经发生了根本性转变：人口大规模流出之前重点

① 张占贞，王兆君. 我国农民工资性收入影响因素的实证研究［J］. 农业技术经济，2010（2）：56-61.

依靠家庭经营性收入，人口大规模流出之后变为重点依靠工资性收入①。作为劳务输出大省，四川也不例外。人口开始大规模流出之后，工资性收入就成为四川农村居民家庭收入增长的主要来源，在农民增收中的地位日益凸显。四川全省农村居民的人均劳务收入由 1997 年的 340.17 元增加到 2017 年的 6 910.34 元，增长了约 20 倍；农村居民的人均工资性收入由 1997 年的 365.41 元增加到 2017 年的 4 016 元。2017 年工资性收入在四川农村居民人均可支配收入中所占比例为 32.85%，2018 年四川农村居民人均工资性收入达 4 311 元，占农村居民人均可支配收入的 40%，成为农民收入最主要的来源，相对于人口大规模流出之初即 1995 年的 18%提高了近 22 个百分点。增加了的劳务收入是四川农村建设的重要资金来源。整个四川省 2017 年的劳务收入是 1997 年的 17.5 倍，达到 4 144.2 亿元，成为农村房屋新建、基础设施建设中农民投入以及生产投入的主要来源，农民生产生活消费的绝大部分都来源于务工收入。

3.4.2.2 家庭经营性收入比重下降

家庭经营性收入始终是四川农村居民家庭获取与增加收入的重要来源，其绝对水平一直呈上升趋势，但随着人口大规模流出，其在家庭总收入中的比重与地位在逐步下降。2017 年，四川农村居民家庭经营性收入在家庭可支配收入中所占比例仍然最高，为 39.43%，但较人口大规模流出之初即 1995 年的 74.28%降低了近 35 个百分点，下降速度快、幅度大。一方面，随着人口大量流出，农村常住人口数量持续下降，人均耕地面积增多，无形中会促成农业产业化和规模化，提高农业生产的效率；另一方面，从农村流向城市的这部分人口，由农产品的生产者变成农产品的消费者，增加了对农产品的有效需求，由此带动农村居民家庭经营性收入的提高。所以人口大规模流出之后农村居民家庭经营性收入的绝对数量仍然呈上升趋势。但是自然条件的限制和土地流转的滞后导致在操作层面上无法真正实现规模效应，在现实条件下单纯依靠经营土地很难保障农村居民家庭收入的大幅度提高。所以农村居民家庭经营性收入的绝对值在一定程度上会有所增加，然而其增加的幅度远远低于工资性收入，比重与地位逐渐

① 张车伟，王德文. 农民收入问题性质的根本转变：分地区对农民收入结构和增长变化的考察 [J]. 中国农村观察，2004 (1)：2-13，80.

降低。

工资性收入与家庭经营性收入都是依靠农村居民家庭成员的劳动付出得来的，两者同属于生产性收入，在人口大规模流出前后都始终是农村居民家庭收入的重要来源，在总收入中占据绝对优势，但由于近年来非生产性收入的比重持续增加，生产性收入所占比重在缓慢下降。

3.4.2.3 财产性收入逐年增加

农村居民家庭财产性收入的主要来源包括土地、住宅与资金等要素。具体而言，来源于土地要素的财产性收入是指农村居民家庭通过土地征用、土地承包经营权流转等多种途径所获得的收益；来源于住宅的财产性收入包括农村居民家庭通过对住宅进行租售以及拆迁补偿等途径所得到的收入；来源于资金要素的财产性收入是指农村居民家庭通过银行活期或定期储蓄以及股票、债券、基金等理财方式所得到的收益。除了家庭财产性收入，农村居民家庭还可以参与集体财产经营收益的分配，比如集体分配股息与红利等①。随着人口大规模流出，大量土地闲置，农民可以获得一定的土地租金或流转收入。农村居民获得来自住宅的收入并不普遍，但不排除在制度和政策完善之后这部分收入会有增加的趋势。最主要的是随着工资性收入和总收入的增加，农村居民在城市文化的带动下理财观念发生改变，储蓄不再是其理财的单一选择，来自资金要素的财产性收入呈现不断增加的趋势。

3.4.2.4 转移性收入增加

转移性收入的增加虽然与人口大规模流出没有直接的关系，但是两者有着不可分割的联系，人口大规模流出的过程也是政府对“三农”政策调整幅度最大的过程。随着人口的大规模流出，流出人口对城市社会更加地了解，对城乡之间的差距更加敏感，政府也因此更为注重缩减城乡收入差距，不断出台新的政策与举措，持续加大针对“三农”即农村、农民、农业的扶持力度，逐渐拓展针对“三农”的扶持范围。“三农”政策调整的核心思想是工业反哺农业、城市反哺农村，各级财政支农惠农的政策力度在逐步加大，种粮直补、良种补贴、农资综合补贴和农机购置补贴等政策

① 叶彩霞等. 城市化进程对农民收入结构的影响分析 [J]. 城市发展研究，2010，17（10）：26-30.

覆盖范围不断扩大，医保、低保、老年补助等社会保障举措虽然还有很多需要改进的地方，但已经逐渐开始在农村推进推广，农村居民家庭所获得的转移性收入逐步增多。

财产性收入与转移性收入都无须通过劳动或生产便可获得，因此同属非生产性收入，是对农村居民家庭生产性收入的重要补充，其比重与地位随着人口大规模流出逐步提高。但由于财产性收入与转移性收入所占比重太低，这两部分收入仍然只是作为农村居民家庭生产性收入的重要补充，而未能上升到主要地位。而且两者在四川农村居民家庭总收入中所占比重仍然远远低于全国平均水平。

3.4.3 家庭财产总量及分布

人口大规模流出带动了农村居民家庭收入水平的增长及收入结构的改变，从而对农村居民家庭的财产总量与财产结构产生影响。

户主的年龄与家庭财产积累数量之间的关系是：30~45 岁年龄段家庭财产最多。在正常情况下，农户户主在 20~40 岁时，其家庭财产总额持续不断地上升，40 岁左右升至最多。45 岁之后，财产总额往往呈现下降之势。

户主文化程度和其家庭财产数量之间呈正相关关系。在受调查农户中，户主受过大专及以上教育的，其户均财产数量最多，户主受过高中或者中专教育的，其户均财产次之；接下来是户主受过初中教育的以及户主受过小学教育的；户主从未接受过教育的，户均财产最少。

家庭财产总量与户主或家庭成员是否曾经有过外出务工经商经历密切相关：户主或家庭成员有外出务工经商经历的农户，其户均财产总量相较于无外出务工经商经历的家庭明显要多，这意味着外出务工经商经历具有财产累积的作用。

调查结果显示，年龄在 20~45 岁、文化程度较高的人群也多是有外出务工经商经历或有经营活动的。换言之，农村社会中年轻力壮的群体、文化素质较高的群体、外出流动务工或者经商的群体以及财产总量较高的群体在很大程度上是重合的。年轻力壮、文化程度较高的劳动力更倾向于外出流动务工或经商，收入水平高，财产总量多。留守在农村从事农业的劳动力相对而言年龄比较大，文化水平比较低，生产效率也低，能够从土地上获取的经营性收入相对有限，财产积累水平也相对不高。总之，农村居民家庭收入的获得和财产的累积主要依赖土地之外的要素，最主要的是进城务工经商。

3.4.4 家庭财产基本结构的变化

本书调查结果显示，在所有受调查农户中，金融资产在其财产构成中的比例最高，其次是房产，再次是耐用消费品与经营资产。金融资产最主要地体现为银行储蓄（包括活期与定期），还有数量很少的商业保险，其余诸如股票、债券、基金类的资产接近为零。农村居民家庭财产过分集中于银行储蓄与自建住房，其原因是多方面的：首先，大部分农村居民家庭的财产都非常来之不易，同时财产总额相当有限，难以抵挡金融市场的高风险，加之大多数农村居民对储蓄之外的金融产品不够了解，因此不敢贸然尝试。其次，大部分农村居民有钱之后，首选花费相对较少的自建房以改善居住条件，极少会选择在乡镇或县城购买住房。最后，农村居民家庭偏好储蓄更多是迫不得已，是为了满足下一代的教育、婚嫁及自身的养老、医疗所需，越是贫困程度高、保障程度低、安全感缺乏的地方，农村居民持有预防性储蓄的意愿就越强烈。

耕地、宅基地、房屋一直以来都是农村居民家庭最大、最主要的财产。随着外出务工收入的增加，这些不动产的地位和作用在下降，但由于依然肩负着重要的保障功能而无法被割舍（详见图 3-2、图 3-3），因此耕地撂荒、住房空置现象相当普遍和严重，本来就非常稀缺的土地资源实际上根本没有得到有效利用。

费孝通曾经这样描述土地对世世代代靠其为生的农村居民的意义："土地就在那里摆着，你可以天天见到它。强盗不能把它抢走，窃贼不能把它偷走。人死了地还在。传给儿子最好的东西就是地，地是活的家产，钱是会用光的，可地是用不完的。"① 土地是传统农村社会中农村居民家庭最重要的家庭财产，农村居民所有的活动基本上都是围绕土地展开的。人口大规模流出以来，土地对于农民的意义已经不同以往。大规模的流出人口基本上都抱有一种在城乡之间摇摆不定的立场：在城市虽然可以解决生

① 费孝通. 江村经济［M］. 南京：江苏人民出版社，1986：129.

计问题，但生计来源并不稳定，同等市民待遇问题始终没有彻底解决，城市不能给其带来安全感，而土地可以。土地始终是其最后的生存保障与退路。很多流动人口因此不愿意落户城镇，其“恋地情结”实质是在寻求一种保障。

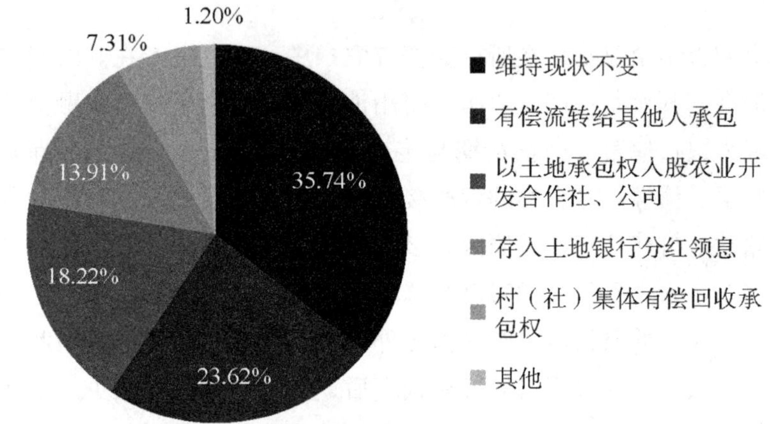

图 3-2　假如在城镇落户，承包地处置意愿

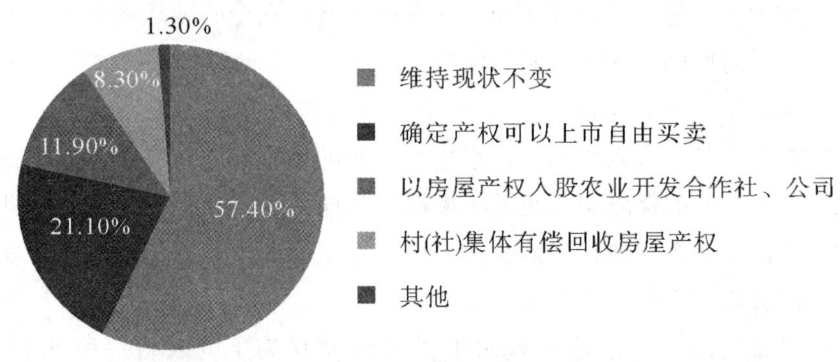

图 3-3　假如在城镇落户，农村住房处置意愿

建立在宅基地上的住房是农村居民家庭财产中相当重要的一部分。宅基地和耕地都属于农村居民名下的土地财产，但两者在其心目中的分量和地位是有差别的：耕地是集体财产，若干年调整一次；而宅基地和房屋可以世代继承。因此农村居民家庭用于农业生产投资的资产规模相当有限，而投资在住房上的资产则相当可观。人口大规模外出务工经商使得农村财富的聚集程度大大超越了以往，农村居民家庭投资在住房上的资产规模也

是以往少见的，乡村社会的空间格局有了相当大的不同。按照新旧程度，住房可以分成三代：最老一代是衰败的土坯房，中间一代是建于20世纪80年代的砖瓦房，新生代是人口大规模流出之后即1995年之后建成的楼房。新建的住房有着沿公路、沿河流、沿主干道集聚的趋势。极少数的老房子破败不堪，在众多的洋楼对比之下，显得老旧和卑微①。新老住房的差距映射着人口大规模流出之后农村社会财富的分配与再分配格局，同时反映了人口大规模流出之后农村社会分化的进程。

表面上看，农村居民家庭的收入与财产水平随着人口大规模流出有所提高，但实际上一直低于全国平均水平，且城乡间的差距在加大；在农村居民家庭收入结构上，财产性与转移性收入比重太低，财产过度集中在银行储蓄与自建房产上，这进一步制约了农村居民家庭收入的健康增长、财产的正常累积以及财富效应的有效发挥。这是乡村振兴推进过程中需要深刻思考并科学应对的问题。

3.5 对农业农村生产的影响

家庭是传统农业生产的基本单位。人口大规模流出改变了家庭的存在方式，因此也极大改变了农村社会的生产结构与方式。

3.5.1 对农村生产的积极影响

关于人口流出对农业生产的影响，多数研究都比较乐观，认为人口大规模流出一方面能够减轻人多地少的矛盾，另一方面能增加汇款收入，从而缓解农村居民家庭资金紧张的问题，整体上推动农业生产的良性发展与变化。刘易斯、费景汉与拉尼斯等指出，农村人口大规模流向城市并未给农业生产造成太多不良后果，反而是继续待在农村会制约农业生产率的进

① 李银河. 生育与村落文化［M］. 北京：中国社会科学出版社，1994：74-77.

一步提升，妨碍农村居民收入的增加①。吴敬琏提出，要在二元经济结构背景下优化农业产业结构，必须加快农村剩余劳动力转移②。都阳、马忠东等的观点是只有通过人口大规模的流动，农村人口的素质与农村居民家庭的收入水平才可以得到提升，各种要素才可以得到优化配置③。刘洪银指出农村人口大规模流出之后，土地的实际耕种面积并未减少太多，未对农业产出造成负面影响④。

3.5.1.1 为农村和农业的发展提供了宝贵的资金

人口大规模流出可以增加汇款收入，从而缓解农村家庭资金紧张的问题，以此促进农业生产。Mochebelele 等通过对莱索托农户进行研究发现，家中有人口流出的农村家庭，其技术效率相对而言更高，根本原因在于汇款收入使得耕作管理变得更容易，从而克服劳动力流失带来的困难。根据新经济劳动力转移理论，人口大规模流出对农业生产的影响应该从劳动力损失效应和收入效应两个方面来考虑。人口大规模外出务工经商一方面降低了农业生产劳动力的数量与质量，从而影响人口流出地的农业产出；另一方面流出人口向农村的汇款成为农业发展重要的、不可或缺的资金来源。人口大规模流出之前农村居民收入水平很低，很难进行充分的生产性投入，投入不足一直是限制我国农业发展的重要因素。人口大规模流出以来，流出人口工资性收入大幅度增加，从而有效地增加了人口流出地区和家庭的非农收入，非农收入在农村居民纯收入中所占的比重也在不断上升。增加了的非农收入被用于购买农药、化肥等生产资料以及机械化服务，从而有效地弥补了劳动力流失带来的副作用。另外农村本来人多地少，劳动力过剩，人口大规模流出有效解决了冗余劳动力问题，反而促进了生产效率的提高。因此人口大规模流出并未必然地诱发农业的衰败，反而促进了现代农业的发展。

---

① 郑祥江，杨锦秀. 农业劳动力转移对农业生产的影响研究 [J]. 华南农业大学学报（社会科学版），2015，14（2）：50-56.

② 吴敬琏. 农村剩余劳动力转移与“三农”问题 [J]. 宏观经济研究，2002（6）：6-9.

③ 都阳，朴之水. 劳动力迁移收入转移与贫困变化 [J]. 中国农村观察，2003（5）：2-9，17-80；马忠东，张为民，梁在等. 劳动力流动：中国农村收入增长的新因素 [J]. 人口研究，2004（3）：2-10.

④ 刘洪银. 我国农村劳动力非农就业的经济增长效应 [J]. 人口与经济，2011（2）：23-27，51.

3.5.1.2 为土地流转和农业规模经营创造了条件

1991 年，四川全省从事农、林、牧、渔业的劳动力人数达到峰值，为 3 177.3 万人。到 2017 年，这一人数降为 1 775.8 万人。一方面人口大规模流出使得相当规模的外出流动人口脱离了对土地的依赖，另一方面随着人口流出规模的扩大与流出时间的延长，一些家庭从事农业生产的劳动力明显不足，于是做出耕地交由亲友耕种或干脆撂荒的无奈之举，也有一些农村居民把土地以租赁的形式交由未流出的农村居民耕种，这种租赁完全是市场行为，承租对象的选择、租赁的价格都是市场自由选择的结果。这种由市场发挥作用的土地流转行为随着人口流出规模的不断扩大正在日渐成为普遍现象。正是人口大规模流出为土地流转创造了条件，促进了土地流转机制的形成，使得土地自发向少数种植能手和大户集中，从而导致其土地经营规模的扩大。农业部统计数据显示，截至 2016 年 6 月底，我国耕地流转面积已经高达 4.6 亿亩[①]，超过了全国耕地总面积的三分之一，甚至在一些东部沿海地区这一流转比例已经超过一半，而同期四川省的家庭承包耕地流转总面积达 1 970.3 万亩，耕地流转率达 33.8%，与全国平均水平基本持平。2017 年四川耕地流转率达 36.7%，单个主体经营 30 亩及以上面积土地超过 1 327 万亩。土地资源相对集中为新型农业经营主体的形成与发展壮大提供了必不可少的重要前提，客观上推动其不断进步。截至 2016 年 6 月底，我国经营耕地面积在 50 亩以上的规模经营者已经超过 350 万户，规模经营耕地面积已经超过了 3.5 亿亩；其中农民专业合作社、家庭农场、农业产业化龙头企业等新型农业经营主体已超过 270 万家。大约同期四川省的农村新型经营主体也已经形成规模：30 亩以上的种植大户有 3.5 万户，规模养殖户达 45 万户，家庭农场 2.3 万户，农民合作社大约 5.3 万个，农业龙头企业大约 8 000 个[②]。这些新型农业经营主体在推动农业适度规模经营、农业现代化发展及农产品有效供给等方面都发挥着越来越重要的作用。

3.5.1.3 推动了农业生产机械化

四川人多田少，农田大多呈小块且分布较散，千百年来农村居民一贯

---

① 1 亩=666.67 平方米。

② 李果. 四川新型农业经营主体规模提升 融资难仍待“破冰”[EB/OL].[2016-03-30]. http://www.21jingji.com 2016/3-30/1OMDA2NTFfMTM4ODg1OQ.html.

延用古老的农具辛勤耕作，虽然付出了全部的时间和精力，但效率和收益极其低下。家庭联产承包责任制后，土地分到各家各户，更是呈小块分散分布，不利于机械化操作。然而随着人口大量流出，土地开始集中在少数人手中，农业生产经营规模开始扩大，为机械化操作提供了可能。同时，农村居民使用手工农具耕作的机会成本大幅度上升，机械化作业省出的时间用来务工或经商的收入更为可观，因此机械化生产成为农村居民理性的选择，推动起来比较容易。另外，随着流动人口工资性收入的提高，农村居民家庭大多具备了购买机械服务的经济基础与能力。尤其是针对机械化程度较高的农作物来说，汇款收入的增加使得农村家庭更有能力购买机械服务，对流失的劳动力形成有效替代。在这些因素的共同作用下，我国农业机械化水平明显提高。截至 2017 年 9 月，我国主要农作物耕、种、收综合机械化程度超过 65%，其中水稻、玉米的机械化水平已超过 75%，小麦已基本实现全程机械化①。从人口流出大省四川的数据对比更能直观地看出机械化水平的变化：1995 年年底，四川农作物总播种面积为 93 024 平方千米，机耕面积为 7 160 平方千米，占农作物总播种面积的 7.7%；2014 年末，四川农作物总播种面积为 96 684 平方千米，机耕面积 45 979 平方千米，占农作物总播种面积的 47.55%。随着机械化的发展，农业生产对劳动者体力与技术的要求大幅度降低，对流失的劳动力形成有效替代②。

3.5.1.4　加快了农业新技术的应用

展进涛和陈超的研究证实，农村居民家庭农业经营规模与其对新技术的需求呈正相关关系③，规模大的经营者更愿意为新技术买单。人口大规模流出之后，土地相对集中，导致土地经营规模扩大。人手的短缺与土地经营规模的扩大同时催生了农业经营者对农业科学新技术、新手段的需求，使其更有动力去选用良种、采用节省劳动的耕作技术、使用化肥和农药等农业生产资料。截至 2017 年 9 月，我国农业科技进步贡献率已经超过

---

① 韩长赋. 农业部部长韩长赋：中国农业机械化水平明显提高[EB/OL].[2017-09-29].https://c.m.163.com/news/a/CVGCGUHT002580S6.html.

② 胡雪枝，钟甫宁. 农村人口老龄化对粮食生产的影响：基于农村固定观察点数据的分析[J]. 中国农村经济，2012（7）：29-39.

③ 展进涛，陈超. 劳动力转移对农户农业技术选择的影响：基于全国农户微观数据的分析[J]. 中国农村经济，2009（3）：75-84.

56%，而主要农作物良种覆盖率超过96%[①]。作为人口流出大省和农业大省的四川，其2014年农作物化肥施用量是252.1万吨，比人口大规模流出之初即1995年的182.9万吨增加了37.8%；良种推广率超过了95%。在农业技术、新品种与农药化肥等农业生产资料应用的发展历程中，政府出台的很多政策措施都发挥了非常重要的作用，但人口大规模流出的推动作用始不容忽视。流动人口观念的改变、收入的增加共同影响其家庭对农业新技术的偏好。

3.5.1.5 提升了人力资本

人口大规模流出并且在城乡之间不断地往返流动，无形之中推动了农村居民综合素质的提升：一是外出务工经商的流动人口历经城市文明的熏陶，从内在心理活动到外在行为方式都逐渐从封闭保守向包容开放转变，不断提高其对城市社会的适应性以及生存发展能力；二是流动人口流向城镇之后，并没有断绝与农村各方面的联系，而是将许多新的理念、信息、经验与体会反馈到农村，影响着留守在农村中的劳动者；三是当一些外出流动的有识之士具备了资金、技术、管理经验、市场信息等创业资源之后，便返回农村积极创业，一方面给当地农村劳动力提供了就近的务工机会，另一方面也促进了当地劳动力技能的提升；四是农村人口大量外出促进了农业经营的规模化与机械化以及农业科学技术的应用，这些改变必将倒逼农村劳动力综合素质的提升。总之，通过人口在城乡之间的往返流动，农村可以参与分享城市在信息、科技、文化教育、社会服务等方面的成果，这可以推动整个农村社会的变革与进步，农村人口整体的思想观念、文化素质与劳动技能也因此获得改变与提升。

3.5.1.6 促进了小农生产方式的变革

传统小农生产虽然具有自给自足的稳定性，但终究摆脱不了小农生产的局限性。农村人口大规模流出在推动传统小农生产方式的改造方面发挥了意想不到的作用，人口大规模流出与农业现代化几乎是同步的。首先，人口大规模流出缓解了农村人地紧张关系，使土地与劳动力这两种最重要的农业生产资源得到更加有效的配置，同时加快了土地流转，有利于推动

---

① 韩长赋．农业部部长韩长赋：中国农业机械化水平明显提高［EB/OL］．［2017-09-29］．https://c.m.163.com/news/a/CVGCGUHT002580S6.html.

农业的规模化和专业化发展。其次，人口大规模流出这一行为本身就具有开放的特性，农业剩余劳动力流出去，资金和新的观念、信息、技术等其他现代生产要素流进来，改变了传统小农社会整体环境的封闭性，由外而内地倒逼自给自足的小农生产向社会化大农业生产转变。最后，人口大规模流出促进了资金的流入、机械化的发展与农业科技的应用，在相当大的程度上可以取代传统的人工耕作，大大节省了劳动力，推动了现代农业的发展。基于以上三点，人口大规模流出客观上有利于推动小农生产的终结和现代农业的快速发展。在人口大规模流出过程中，农村社会探索出了一条无意识的、自发式的终结传统小农生产和催生现代农业发展的道路。当前四川农村存在着由老人、妇女、儿童维持的小农生产和由专业大户、家庭农场、农民合作社实施的规模化农业生产并存的现象。人口大规模流出在很大程度上推动了后者的发展。

3.5.2 对农业农村生产带来的挑战

人口流动是劳动力资源在空间上进行优化的过程，其无疑对国家层面的经济发展具有帕累托改进作用，但对人口流出地而言，劳动力资源的流失不可避免地会对其经济发展产生一定的负面影响①。人口大规模流出在对农村农业生产发挥以上促进作用的同时，也带来一些挑战。最主要的是，人口大规模流出导致实际务农的劳动力数量与质量同时降低，影响农业专业化分工的深入推进、先进机械设备的使用、高新科技成果的转化及应用、农业产业链的拓展与延伸等，限制了农业生产方式由传统小农生产向现代社会化大农业生产的快速转变。

悲观派通常都聚焦于这一方面，认为农村地区大规模流出的人口大多年轻力壮，并且接受过较高水平的教育，人口大规模流出的实质是农村优质人力资源的流失，人口流出增加的汇款收入难以弥补劳动力流失的副作用。例如，Sauer 等研究发现，人口流出对农村家庭的技术效率产生了显著的劳动力损失效应，从而对农业生产带来副作用。亨利·孟德拉斯在《农民的终结》中提出，农村大量青壮年人口流出意味着大量人力资本流失，

---

① 王国霞. 中部地区人口迁移与区域经济发展：基于“五普”与“六普”的分析［J］. 经济问题，2017（5）：123-129.

留守务农的老年劳动力由于农耕技术和观念的老化落伍，仅能够以传统的生产方式维持小农业。段成荣等提出，大量年轻、有文化的人口流出，导致农村社会人力资本流失严重，加剧了农业生产者的女性化和老年化趋势，农业生产者的综合质量降低，导致土地撂荒及忽视农业生产的现象，这成为影响农业未来可持续发展的社会性难题。曾绍阳、唐晓腾认为农村人口大规模流出后土地撂荒，农业生产得不到重视，劳动力老龄化、妇幼化，整体素质大幅度降低①。司增绰等认为人口大规模流出导致农村人力资本流失、农业技术推广与应用极为困难等问题，对农村经济发展造成负面影响②。王秀芝通过计算得出了农村人口流出规模和农业产出规模之间的数量影响关系，农村人口流出规模每提升1%，农业产出降低0.369%③。范东君、朱有志的观点是人口大规模流出对农业科技推广与应用有益，但是耕地抛荒现象普遍，终将危及农业产出④。郑祥江、杨锦秀通过研究发现，2004年四川人口流出达到了最理想的规模，形势从此发生变化，之后继续转移对农业生产形成消极作用，应合理控制劳动力转移规模，通过引导人口有序流动、利用农业科技等应对措施降低人口大规模流出对农业生产造成的负面影响⑤。

3.5.2.1 削弱了农业生产的积极性

人口大规模外出务工经商的汇款收入在四川农村并没有发挥太多的作用，并且存在一定的负效应。一方面，汇款不能有效实现物化劳动对实际劳动的替代，因为四川除了成都平原之外，很多山区的丘陵地形都不利于机械化生产，况且一些劳动密集型农作物本来就不适合机械化，例如茶叶、玉米等，在通常情况下只有借助化肥、农药等来替代一定数量的劳动，但化肥与农药的使用本身也需要一定的劳动时间。笔者在实地调查中

---

① 曾绍阳，唐晓腾．社会变迁中的农民流动［M］．江西：江西人民出版社，2004.

② 司增绰，徐康宁，仇方道．从苏北地区为例谈农村劳动力异地转移的经济负面效应：对“民工荒”问题的另一角度分析［J］．建筑经济，2005（11）：6-11.

③ 王秀芝．农村劳动力转移与农业产出：一个静态均衡分析模型［J］．南昌航空大学学报（社会科学版），2010，12（3）：63-67.

④ 范东君，朱有志．二元经济、农业劳动力流动与粮食生产［J］．云南财经大学学报，2012，28（1）：50-56.

⑤ 郑祥江，杨锦秀．农业劳动力转移对农业生产的影响研究［J］．华南农业大学学报（社会科学版），2015，14（2）：50-56.

发现，即使在适合机械化的地区，农户也只是在耕地时使用机械，栽培、采摘等主要靠人工，汇款收入不能有效弥补人口大规模流出造成的劳动力损失。另一方面，务工和经商大笔汇款的流入在很大程度上影响农家子弟的价值判断，影响其从事农业生产的积极性。外出务工经商收入的增加使得很多农家子弟感觉在农村务农没前途，而在城市务工或经商才是有出息，对学习农业知识与从事农业生产缺乏兴趣与信心，甚至产生歧视农业、农民的不健康心态，这会严重影响农业的现代化建设与可持续发展。还有一个不容忽视的现象是，务工和经商的汇款流入并不必然地会增加农业生产的投资。因为外出务工经商收入的增加导致从事农业生产经营的比较收益相对更低，影响农村居民家庭进行农业生产投资的积极性。De Brauw 与 Rozelle 研究发现农村人口大规模流出行为会提高农村居民的消费性投资，而对生产性投资的影响并不明显①。四川的实际情况也不例外。调研发现，农村居民外出务工经商的收入很少被用来进行生产性投资，而主要是用来消费，尤其是住房建设占了相当大的比例，其中有炫耀性消费的成分。这种炫耀性消费甚至会导致留守农户的心理失衡，动摇其从事农业生产的积极性，同时会影响年轻一代务农的信心与决心。

3.5.2.2 导致农业生产主体弱化

空心化、老龄化及耕地大量撂荒是四川劳动力流出规模较大的农村地区较为典型的现象。人口大规模流出明显改变了农业生产者的年龄结构和性别结构，严重降低了农业劳动力的数量和质量，导致农业生产主体弱化。

人口大规模流出导致的农村精英流失、造成的农业效率损失部分地抵消了农业机械化以及农业技术进步的作用②。在人口大规模流出初期，当男性外出务工经商后，女性成为农业生产的主要劳动力③。研究表明，实

---

① DE BRAUW A, ROZELLE S. Migration and household investment in rural China [J]. Chine Economic Review, 2008, 19 (2): 320-335.

② 马草原. 非农收入、农业效率与农业投资：对我国农村劳动力转移格局的反思 [J]. 经济问题，2009 (7)：66-69, 73.

③ 钱忠好. 非农就业是否必然导致农地流转：基于家庭内部分工的理论分析及其对中国农户兼业化的解释 [J]. 中国农村经济，2008 (10)：13-21.

际务农者的“女性化”趋势有损农业的长远发展①。当青壮年女性劳动力转移后，土地逐步交由留守农村的老人与儿童耕种，农村居民家庭对土地与农业的依存度下降，刚开始往往会减少耕种面积、减小农业经营规模或减少轮耕次数，再往后发展到一定程度便完全放弃土地与农业②。盖庆恩等的研究结果表明，男性青壮年、女性青壮年、老人与儿童在农业生产中的效率存在明显差别，其效率比为 1.00：0.76：0.71：0.57③。人口大规模流出尤其是流出者的性别年龄结构特征，使实际务农者中出现老龄人口、妇女、文盲增多的趋势。“弱质”的劳动力只能维持同样“弱质”的农业，这不利于农业科学技术的传播、农业基础设施的建设与维护、优良新品种的选用、土壤的改良等，最终加剧农业的弱势地位。没有人才的支撑，再多促进“三农”发展的政策与文件最后都会落空。

3.5.2.3 导致农业生产成本提高

农村人口大规模流出导致农业生产中资本对劳动的替代大大增加，具体表现为农业生产的人力投入大幅下降，而化肥、农药、机械等形式的资本投入快速增加。我国小麦、水稻、玉米三种主要粮食作物的平均每亩种植用工时间由人口流动之初 1978 年的 33.3 日降至 2015 年的 5.61 日④；同时，我国已经成为全球第一大化肥消费国和第一大农药消费国。虽然农业生产的人力投入在减少，但由于外出务工经商的非农收入在增加，即从事农业生产的机会成本在增加，因此农业生产的人工成本不断飙升。2013 年起，人工成本成为三种粮食作物生产的最大成本，而 2012 年起人工成本超过两种油料作物生产成本的一半。化肥、农药、机械等现代生产要素的使用同时导致农业生产物质与服务费用的提升（详见表 3-6）。在人工成本与物质及服务费用的共同作用下，我国的稻谷、小麦、玉米、大豆、棉花等主要农产品的生产成本年均增长率分别为 6.6%、6.3%、7.1%、5.8%、8.6%。农业生产成本的提高必然导致农产品价格的上涨，加上政策的干

① 李旻，赵连阁. 农业劳动力“女性化”现象及其对农业生产的影响：基于辽宁省的实证分析［J］. 中国农村经济，2009（5）：61-69.

② 盖庆恩，朱喜，史清华. 劳动力转移对中国农业生产的影响［J］. 经济学（季刊），2014（3）：1147-1170.

③ 同②.

④ 数据来源于国家发改委历年的《全国农产品成本收益资料汇编》。

预，自 2013 年起我国大宗农产品的价格全面高于国际价格，在全球市场失去竞争力。

表 3-6 农业生产主要成本提升状况

<table>
<tr><td rowspan="3">农产品</td><td colspan="5">成本</td></tr>
<tr><td colspan="3">人工成本</td><td colspan="2">物质与服务费用</td></tr>
<tr><td>指标</td><td>2000 年</td><td>2015 年</td><td>2000 年</td><td>2015 年</td></tr>
<tr><td rowspan="3">三种粮食</td><td>平均每亩人工成本/元</td><td>126. 35</td><td>447. 21</td><td rowspan="3">182. 87</td><td rowspan="3">425. 07</td></tr>
<tr><td>雇工平均日工资/元</td><td>18. 7</td><td>112. 39</td></tr>
<tr><td>平均每亩地人工成本占总成本的比重/%</td><td>35. 5</td><td>41</td></tr>
<tr><td rowspan="3">两种油料</td><td>平均每亩人工成本/元</td><td>144. 31</td><td>630. 94</td><td rowspan="3">150. 28</td><td rowspan="3">334. 57</td></tr>
<tr><td>雇工平均日工资/元</td><td>17. 7</td><td>89. 39</td></tr>
<tr><td>平均每亩地人工成本占总成本的比重/%</td><td>42. 2</td><td>54. 8</td></tr>
</table>

数据来源：国家发改委历年的《全国农产品成本收益资料汇编》。

3. 5. 2. 4 导致农业生态系统遭到破坏

农村人口大规模流出终结了传统精耕细作的农业生产方式，变劳动集约为能源集约，大量依赖化肥、农药和机械等，农业生产方式由人口大规模流出之前的低能耗、低污染、低排放向高能耗、高污染、高排放转变，导致空前的资源环境压力。我国已经成为全球最大的化肥生产国与消费国，同时也是全球第二大农药生产国和最大的农药消费国。我国农作物的化肥使用量为亩均 21. 9 公斤，远远高于世界平均水平（8 公斤/亩），是欧盟的 2. 5 倍，美国的 2. 6 倍①。化肥的过量和盲目施用，一方面导致农业生产成本增加，另一方面引发了水体富营养化、土壤板结等环境污染问题，进而影响农作物的产量与质量。2012—2014 年我国农作物农药年均使用量为 31. 1 万吨，相对于 2009—2011 年增长了 9. 2%。农药的广泛使用，除了造成农业生产成本的增加，还会造成对地下水、土壤等环境的严重污染，影响生态环境安全与农产品质量安全。农业已经超越工业成为最大的面源污染产业，2015 年，全国废水中化学需氧量排放量与氨氮排放量来自农业的分别占 48. 1%和 31. 6%②。2014 年，全国耕地的土壤点位超标率为

① 数据来源：中国科学报（2015-07-01）。

② 数据来源：生态环境部《2015 年环境统计年报》。

19.4%①。这样的农业生产导致生态环境破坏严重。

3.5.2.5　导致土地抛荒问题

土地是农业生产的基础。政府虽然规定不准耕地抛荒，但抛荒现象还是很普遍，这虽然不能全部归过于人口大规模流出，但与之造成的农业生产人手不足以及务农收益相对偏低不无关系。人口大规模流出初期，流出人口还可以找人代耕土地，后来种地越来越不划算，而同时城市就业机会多、收入高，种地的机会成本越来越高，愿意耕种的人越来越少，所以弃耕现象越来越普遍。当下也有农村居民通过减少耕种面积或轮耕次数变相地弃耕。农村居民弃耕的表面和自身原因各种各样，但深层次的原因在于制度层面。受现行户籍制度及与之捆绑的一系列福利制度的制约，大规模的流出人口在城市虽然可以解决生计问题，但生计来源并不稳定，同等市民待遇问题始终没有彻底解决，城市不能给其带来安全感，而土地可以。土地始终是其最后的生存保障与退路。很多流动人口因此不愿意落户城镇，其“恋地情结”实质是在寻求一种保障。为了避免失去这最后的保障，流出人口不愿将土地进行流转。另外，由于农业比较效益相对偏低，外出务工经商的流动人口不愿意对土地进行太多投入，务工或经商收入的增加也使得他们能承担其损失。这样，将土地抛荒、半抛荒就在所难免。虽然很难对全国的抛荒耕地面积做出非常准确的估计，但一些省份对于土地抛荒状况的调查及统计数据可以帮助我们大致了解耕地抛荒的整体状况。2000 年，安徽省统计的土地撂荒面积达 900 平方千米，占全省耕地面积的 1.2%；江西省土地抛荒面积达 413 平方千米，约占全省耕地面积的 2.0%；湖北省季节性抛荒面积达 1 313 平方千米，占全省耕地总面积的 4.0%；截至 2008 年 4 月底，作为粮食主产区和人口流出大省的四川耕地抛荒总面积达 3.69 平方千米，占总调查耕地面积的 5.3%，其中，常年性抛荒耕地面积占 43.5%，季节性抛荒耕地面积占 56.5%②。而作为山区农业大县的四川宣汉，抛荒面积更是占耕地总面积的 18.43%③。

① 数据来源：环境保护部、国土资源部《2014 年全国土壤污染状况调查公报》。

② 刑成举. 耕地抛荒与中国粮食安全的潜在危机[EB/OL].[2016-09-17].http:www.hyzhibao.com/2016/0917/4932.html.

③ 刘晓梅. 关于宣汉县农村耕地抛荒情况的调研报告［J］. 新农村（黑龙江），2016（2）：37-38.

3.6 对农村居民生活的影响

人口大规模流出在极大地改变农村社会生产方式的同时，也极大地改变了农村社会的生活方式。

3.6.1 农村居民生活水平的变化

人口大规模流出在很大程度上同时提升了农村居民家庭的收入水平与生活水平，物质生活与精神生活得到不同程度的改善（见图3-4）。

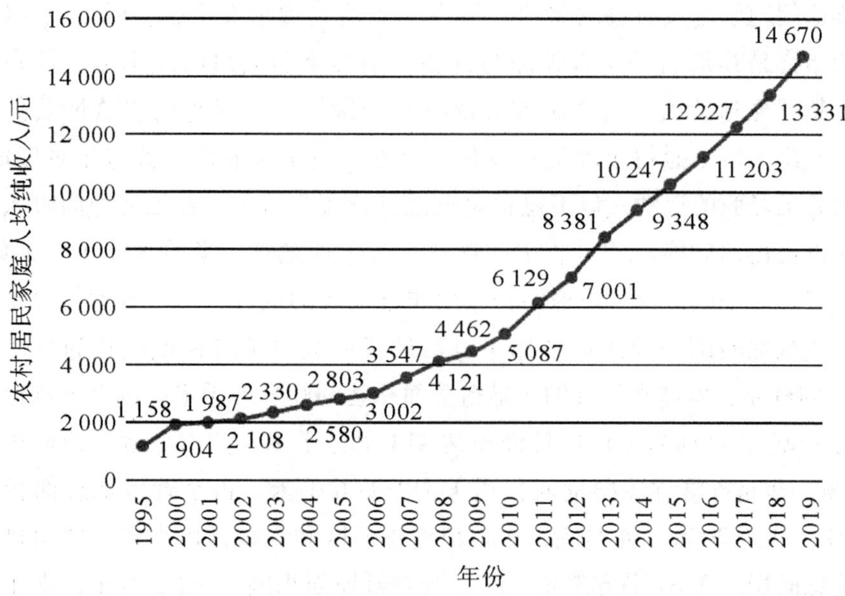

图3-4 四川农村居民家庭人均收入的发展变化

（数据来源：历年《四川统计年鉴》与《国民经济和社会发展统计公报》）

3.6.1.1 农村居民人均可支配收入较快增长

四川的农村居民人均可支配收入呈现出快速增长的趋势（详见图3-4）。2015年，四川农村居民人均可支配收入达10 247元，是2010年的2倍、2000年的5.38倍，人口大规模流出初期即1995年的8.85倍；同比增长 9.6%，相对全国平均水平高出 0.7 个百分点，相对城镇居民高出 1.5 个百分点。2019 年，四川农民人均可支配收入达 14 670 元，同比增长 10%。

3.6.1.2 生活水平不断提高

在收入快速增长的同时，四川农村居民家庭的人均生活消费支出也不断上升，且近年来上升速度加快（详见图 3-5），消费结构也发生了变化。人口大规模流出之前，四川农村处于传统小农经济阶段，人们过着一种自给自足的生活：以粮食为主要生产品与消费品，生活以解决基本温饱为目标，对文化教育不够重视。随着人口大规模流出以及家庭收入的不断提高，农村居民生活水平不断提高，物质条件大为改善，家庭消费逐步多样化，不只是局限于满足基本生存需求，发展型、享乐型消费的比重不断提高。虽然从结构上看，用于饮食消费的支出仍然是农村家庭消费支出的首项，但饮食消费占总消费支出的比重持续下降，即恩格尔系数[①]整体上呈现出下降态势（详见图 3-6）。涉及衣、食、住、行等方面的基础物质生活得到很大改善，需求层次开始攀升，从以往主要是对数量的需求转向现在主要是对品质的追求。饮食上，鱼、肉、蛋、奶的消费所占比例不断增加，逐渐占据主要地位。穿衣上，由以往片面看重结实耐穿转向讲究外观是否时尚美观、材质是否健康安全、做工是否精美细致、品牌是否著名等品质方面。住所上，农村居民有钱后就修建新房，并十分讲究住宅的美观和舒适，住房条件明显改善，住房质量有所提高，住房设施日益齐全。电视、洗衣机、冰箱等家用电器相当普遍。小轿车、液晶电视、空调等也比较常见。农村居民家庭用于交通和通信的比重由 1995 年的 3.90%上升到 2015 年 10.66%。总之，农村居民家庭的生活水平随着人口大规模流出及收入增加有了实质性的提高。

3.6.2 农村生活方式的变化

生活方式内涵相当宽泛，包括衣、食、住、行、劳动工作、休闲娱乐、社会交往等物质与精神生活的方方面面。人口大规模流出之前，传统农村的生活方式与农耕生产息息相关，属于生存型生活方式；农业生产格局小而随性，目标不明确，生活节奏缓慢，时间概念不明；生活所需基本

① 恩格尔系数是测定一个国家或地区生活水平高低的标准之一。在通常情况下，家庭收入越高，家庭总支出中用于食品的支出比重就越小，反之亦然。

自给自足，市场化程度很低；崇尚勤俭节约，人情味浓；不同地区与家庭间的生活方式大致趋同，几乎不存在多大差别；代与代之间的生活方式也基本上世代沿袭、变化缓慢。这样的生活方式是农村居民长年累月积淀而形成的，与其所处的自然与社会环境密不可分。人口大规模流出打破了环境的封闭性，由此开始改变这种传统生活方式。

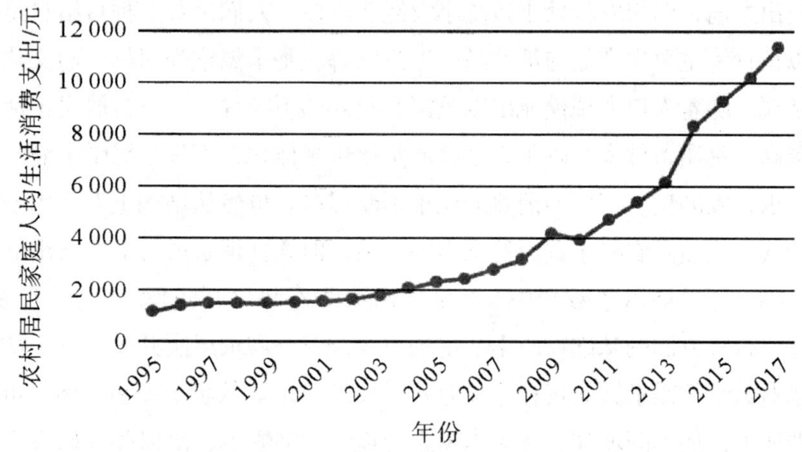

图 3-5　四川农村居民家庭人均生活消费支出的发展变化

（数据来源：《历年四川统计年鉴》）

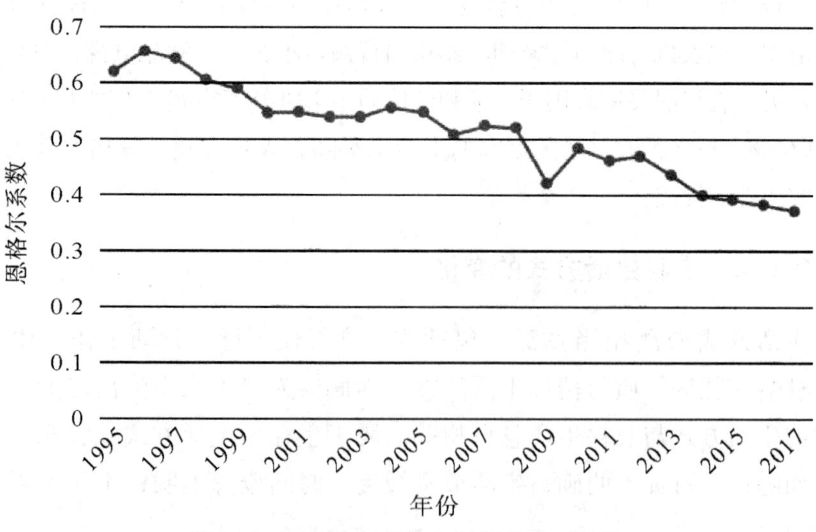

图 3-6　四川农村恩格尔系数的发展变化

（数据来源：历年《四川统计年鉴》）

3.6.2.1　劳动生活方式的变化

劳动是农村居民主要的谋生手段和生计来源[①]，因此是其生活方式系统中至关重要、必不可少的构成部分，也是其日常生活的基本内容。随着人口大规模流出，农村居民的劳动生活方式发生了根本性的改变。

（1）摆脱土地的束缚

在人口大规模流出之前，对农村居民而言，围绕土地所进行的一切生产劳动不仅是其谋生的方式，同时也是其生活方式的核心内容。人口大规模流出之后农村居民基本脱离了原来的农业劳动生活方式：年轻人外出务工转变为以工资收入为主的劳动生活方式，而留在农村的老年人一方面自己耕种土地，一方面从事一些按天计酬的农活。靠土地谋生的传统农民，其身体被束缚在土地上，其思维也会被禁锢于土地之上。人口大规模流出使农村居民部分地或完全摆脱了土地对其身心的禁锢，即使是依然留在农村从事农业的居民，随着人口大规模流出后机械化程度的提升以及科学种田方式的发展，他们也不必再全部依靠辛苦的手工劳作。人口大规模流出使得农村居民的生产生活有了土地之外的选择和出路，生活方式更加开放和自由。相应地，农村居民对土地的态度与观念也发生了实质性的变化，由以土谋生变成以土谋利。

（2）劳动强度降低

千百年来劳作在土地上的传统农村居民日出而作，日落而息，没有城市中“朝九晚五”的8小时工作制，没有上下班，没有节假日。只是农业生产由于季节变换，会产生农忙与农闲之分。人口大规模流出之后，农村居民的收入来源日益多元化，外出流动人口多从事非农产业，外出务工者上下班时间比较规律，外出经商者工作时间更为自由，两者的劳动时间与强度都大大削减。留守农村继续从事农业生产的居民虽然需要继续跟土地打交道，但不再需要肩挑背扛，劳动时间大幅缩短，劳动强度大幅降低。

（3）劳动方式多样化

在传统的小农经济生产条件下，农民生产、生活资料都非常有限，视耕种土地为其天职，面朝黄土背朝天，生产生活的范围都围绕且局限于土

① 向丽．武陵民族地区农村产业转型背景下农民生活方式变迁研究［J］．西部经济管理论坛，2015，26（3）：48-52.

地，生活方式简单。人口大规模流出改变了这种局面，人们赖以生存的生产资料与生活资料越来越多样化，劳动方式由单一从事农业逐渐朝着从事农业与非农产业相结合的趋势转变。部分家庭甚至不再从事农业生产，完全转变为务工经商，少数仍然种地的农村家庭也只是为了满足家庭的日常需要或者拿出去贩卖补贴家用。坚守在土地上继续务农的基本上都是老年人。另一方面，人口大规模流出之后农村社会的劳动分工越来越细化、专业化、组织化，打破了农村居民千百年来唯一的社会身份。同样身为农村居民，由于分工与专业的不同，劳动的方式各异，收入与财富差别很大，慢慢分化出不同的阶层。因为差异的存在，农村社会的横向社会流动与纵向社会流动都大幅增加，流动性与开放性不断增强。

（4）劳动价值市场化

一些丘陵山区交通不便，农业生产的自然条件非常不利，由此农村居民自发形成了互相帮工的风气，农忙季节不同家庭之间相互“转工”以自发调节劳动力的余缺。帮工、“转工”这种劳动力的互助式调节，其局限于初级群体内部，范围比较狭窄，但人情味十足。随着人口大规模外出务工，无论是流动人口还是继续留守农村的居民市场与经济意识都开始觉醒，劳动的价值和劳动力调节机制都被赋予了市场属性，不同家庭之间劳动力的余缺不再通过“转工”的形式调剂，而是通过货币形式买卖结算，互助式变成雇佣式。部分从中看到商机的个人和机构开始专门提供有偿的信息与中介服务，感情色彩浓厚并带有互助性的农村帮工、“转工”现象正在逐步消逝。

3.6.2.2　消费生活方式的变化

人口大规模流出使得农村居民家庭消费结构、观念等均发生了很大变化。

（1）商品性消费增加，自给性消费减少

人口大规模流出之前的传统农村社会中，家庭既是生产单位又是消费单位，生产与消费内容密切相关，基本可以自给自足，“柴米自家产、油盐鸡蛋换”，消费很少通过市场来完成，货币性支出较少。随着人口大规模外出务工以及市场经济的深入发展，加上电视、互联网等媒介的广告宣传，消费主义文化通过人口在城乡之间的流动渗透到农村。农村社会已经高度市场化，消费生活方式有了本质不同。除了口粮勉强可以自给自足之外，农民吃、穿、住、行、用等日常消费行为的市场化程度得到前所未有的增强。农村居民已经切身体会到市场的便捷性与商品的丰富性，内心反复盘算过“种”与“买”孰更经济划算，最终做出的理性选择是原来自给自足的日常生活所需比如粮、油、蛋、肉、菜都开始从集市或流动小贩手中花钱购买，于是商品性消费大大增加，自给性消费大幅度减少。拿养猪来说，原来南充地区农村每户每年会养3~6头猪，过年前后宰杀制成腊肉香肠，一年之内基本上无须购买肉类。而调查显示，现在不喂猪的家庭占一半以上，蔬菜水果主要通过市场购买，而非自己生产。他们给出的理由是，养猪以及种菜所投入的费用以及劳动力导致自种自养并不比直接通过市场购买方便、省事和划算，这折射出农村消费观念的深刻转变与市场经济意识的大大增强。

（2）文化消费增加

人口大规模流出之前，农村居民的低收入导致低需求——只求“肚儿圆”，需求层次还停留在温饱问题的解决上，文化消费几近空白。人口大规模外出务工经商导致农村居民家庭收入水平提高、需求层次上升，温饱不成问题之后消费层次上升，文化消费经历了从无到有、由少到多、由单一向多样化发展和转变的过程。一方面，农村居民对下一代的文化教育投入大幅增加。外出务工经商后的流动人口在城市开阔了眼界，提高了认识，意识到了缺乏教育的后果，因此非常看重子女的文化教育。很多农村居民将子女送到办学条件更好的乡镇去上幼儿园和小学，家长每天早晚接送，甚至中午还专门为孩子送午饭以增加营养，绘画、钢琴、跆拳道等特长教育也日渐普遍。另一方面，农村居民自我教育的意识与投入也在增加。无论外出务工经商还是留守农村搞经营都对农村居民提出了更高的要求，很多农村居民开始投入更多的时间、精力与金钱买书籍、参加培训等，以提升自身的知识、技能与综合素质。

（3）发展与享受型消费比重提高

传统农村居民获取收入的资源与渠道都十分有限，就算把全部的精力与时间投进农业生产也只能勉强混个“肚儿圆”。人们不敢贪图奢华享乐，生活仅仅满足于过得去，勤俭节约的习惯已经深入农村居民的骨髓，并且成为其道德评判的标准之一。伴随人口大规模外出务工经商及其导致的农村居民家庭收入水平的大幅度提升，以及消费观念的转变，农村社会原有的近乎苛刻的勤俭节约观念与习惯慢慢开始被改变，消费水平逐步提高，消费结构日渐优化，消费层次日益提升，从温饱型转向享受型，从生存型提升至发展型。电话、手机、冰箱、摩托车、电脑、网络相当普及，汽车、空调也开始出现在寻常农村居民家庭。满足人们出行、沟通等社会交往需求的交通通信支出在消费结构中比重提高得最快，农村居民花在发展社会资本与娱乐上的时间与金钱持续增加。农村居民享受型、发展型消费在消费结构中的比重不断上升这一重要变化同时折射出农村居民收入水平的大幅提升、精神生活水平的日渐提高以及消费习惯与观念的深刻转变。

3.6.2.3 交往方式的变化

传统农村社会的交往一般限于同一个村落之内，彼此之间知根知底，来往密切；对外相对地封闭、孤立与隔膜。人口大规模外出务工经商后，农村居民的社会交往日渐增多，交往对象也日渐多元化，农村社会开始由封闭转向开放，由传统转向现代。

（1）交往由封闭转向开放

在人口大规模流出之前的传统农村社会的交往圈很小，居民的交往对象主要是与其有密切关联的人，尤其是有血缘与地缘关系的人，农村居民很少跨越地域、阶层、职业去交往，这种封闭保守型交往方式导致其思想保守，视野封闭。在人口大规模外出务工或经商后，流动人口及留守人口都建立起新的业缘关系，并在此基础上不断拓展新的社会交往圈，其人际交往方式由以往的封闭保守型逐步向自由、开放、多元化方向转变，由此大大拓宽了视野，冲击了原本保守的思想观念。相比传统农业村落，人口大规模流出之后的村庄更加具有开放性与流动性，农村居民外出的范围不断扩大，频率显著增加。调查显示，除了年纪大到走不出去的老年人，村子里很少能找到从未出过远门的居民。除了交往半径不断扩大、频率不断增强之外，农村居民社会交往的时间、场所、方式也跟以往有了很大的不同。在人口大规模流出之前，农村居民一年到头都在田间地头忙活，只有过节、逢集或冬季农闲时才有时间走亲访友；在人口大规模流出之后，农村居民有了更多的闲暇时间，交往工具也多元化了，可以随时交往。在人口大规模流出之前，农村居民的社会交往多发生在村落里、田间地头、集市、自己家或亲戚朋友家等；在人口大规模流出之后，随着交往对象的多元化，农村居民社会交往向酒吧、茶楼、餐馆、办公室等场所转移。在人口大规模流出之前，由于工具有限，农村居民的社会交往方式多是面对面的直接交往；在人口大规模流出之后，交通和通信消费是四川农村居民生活消费中增长最快的一项，电话、网络等现代化手段成为农村居民便捷高效的社会交往方式，社会交往随时随地都可以发生，整体社会交往由封闭保守转向自由开放。

（2）交往由血缘、地缘向业缘转变

在人口大规模流出之前，农村居民一年到头被束缚在土地上从事农业生产，生产生活空间非常有限，交往圈很小。当时的农村是一种熟人社会，农村居民的人际交往对象基本上都是以亲朋、乡邻等熟悉的人为主，很少突破血缘、地缘等初级关系去交往。人口大规模流出之后的农村社会更加开放，流动性也更强。出于务工、经商与现代化农业生产的需要，农村居民必须跟各种不同行业、组织的人打交道，交往对象与以往有了很大的不同，不仅数量增多而且向多样化、业缘化方向发展。农村居民跟业缘组织及人群之间的联系更加频繁，利益相关性更强，相比之下其与血缘亲属、地缘邻里的交往密切程度反而有所下降。总之，相较人口大规模流出之前的传统农村，业缘在农村居民社会关系网中的地位与作用明显提升。

（3）交往中的经济理性与技巧增多

在人口大规模流出之前，传统农村居民主要是跟亲戚朋友、同乡邻居等熟人交往，彼此之间生活地域相同、社会交往规则相同，交往频繁程度、相互之间的熟悉和信任程度都很高，交往中的感情色彩浓厚，交往的目的主要是通过闲聊家常来进行感情沟通。在人口大规模流出之后，一方面，交往中的经济考量与理性色彩增多，交往的具体内容从以往目的性不强的家长里短向农产品销售、农资采买、就业信息、农业科技、取生意经等转变；另一方面，农村居民的交往变得开放与广阔，交往中的陌生人变多，不确定性增强，对交往技巧的要求提高：怎样跟陌生人交往、怎样由对方的言谈举止摸清其需求与底细、怎样跟不同的人建立长久的信任与合作关系、怎样在情感与利益两者间进行取舍等，都是需要掌握的技巧。而随着从业经历的增加与见识的增长，农村居民不仅可以熟练应用手机、QQ、微信等现代高效交往工具与软件，且逐渐掌握了跟陌生人交往的技巧。

3.6.2.4 闲暇生活方式的变化

在人口大规模流出之前，在农村居民的意识里没有休闲这一概念。在人口大规模流出之后，农村居民开始具备一定的经济基础、时间与意识去休闲，对休闲娱乐的重视程度明显增加。

（1）闲暇意识增强

在人口大规模流出之前，传统小农生产是依靠生产者长时间、低效率的辛苦劳作来支撑的。传统农村社会的价值体系提倡勤俭节约而排斥闲暇，没有收益的勤劳会被尊重，喜好闲暇则等同于游手好闲、好吃懒做而受到排斥。在人口大规模流出之后，农村居民家庭收入来源增多，收入水平上升，需求层次跟着提升，其价值体系不再排斥闲暇，而认为休闲是健康生产与生活的必需，精神生活与物质生活一样受到重视，娱乐享受被视为正常的需求。健身、打牌或提升自身文化素质等休闲形式丰富多样，农村居民的闲暇时间休闲意识大大增强。

（2）闲暇时间增多

西方发达国家的发展实践与研究结果同时表明，劳动与闲暇时间长短的对比是衡量农村居民文化生活水平的重要指标之一。在人口大规模流出之前，传统小农生产的收成是靠农民精耕细作、用时间打磨出来的，在农忙之时，被禁锢于土地上的农民总有干不完的农活，没有上下班和节假日，只有在农闲与传统节日可以稍事休息。在人口大规模流出之后，流动人口多数投身非农产业，工作时间较为规律，上下班时间较为分明，可自由支配的业余时间明显增多。留守农村的居民也由于机械化等农业手段的进步而大大节省了劳动时间，受流动人口的影响，其闲暇意识也开始增强，空闲的时候开始有意识地锻炼身体、休息、交友。

（3）休闲方式现代化

在人口大规模流出之前，农村居民的闲暇时间少，加上收入水平低、休闲的经济基础差，因此其休闲方式比较有限，除了农闲时节与传统节日搞点传统的民俗休闲活动之外，主要就是看看电视，聊聊家常。随着人口大规模流出及收入与生活水平的增加，农村居民对闲暇与精神生活的需求提升，支撑休闲的经济基础也不断提高，其休闲方式越来越现代化。传统的民俗休闲活动变得罕见了，看电视、看电影、上网、跳广场舞、逛街、喝茶、唱歌、旅游等现代休闲活动逐渐开始占据农村居民的闲暇时间。当然多数时候农村居民还是闲居在家，影视、网络成为其稳定持续的休闲娱乐方式。

3.6.2.5　价值观念的改变

人口大规模流出之前的传统农村社会相对封闭，有着很强的自身延续性，只有借助外部力量才能打破。人口大规模外出就是这样一种外力，它打破了农村社会的封闭性和延续性，带来了价值观念的改变。人口大规模流出不只是人口简单的地理位置的转换，同时更主要和困难的是从传统农村生活方式切换成现代城市生活方式过程中迁移者的适应历程。流动人口从农村流动到城市，既要放弃原有生产生活中的行为规范、习惯与观念，又要学习流入地城市生产生活中的技能与规范以适应新生活。这一适应过程就是流动人口有意或无意增加知识、提高技能与改变观念的过程。当他们候鸟式地往返于农村与城市之间时，无形中影响了更多的人，从而起到促进农村思想与观念变革的作用①。城市文明的“现代性”有着使人异化的一面。现代性主要表现为长期以来盛行的经济主义和强烈的功利主义倾向。西方发达国家的现代性在长期发展过程中形成了制衡功利主义的各种力量。而在我国，经过媒体的宣传，加上我国市场经济的改革取向，现代性快速成为城市社会中占支配地位的主流价值观念，并随着城乡人口流动从城市侵入农村，在转型中的农村社会现实中表现得功利有余而制衡不足。另外，自古以来我国的乡土文化就不乏实用主义成分。在城乡差距日益扩大的背景条件下，这种实用主义与城市侵入的功利主义一拍即合，合成一种在当今乡村社会占主导地位的价值体系。这种价值体系以经济理性为核心，推崇理性运用一切可资利用的物质与社会资本，以达到所追求的目标。具有市场经济取向的农村经济改革也在无形中助长了这种观念的传播与发展。

3.6.3　对农村居民生活带来的问题

3.6.3.1　拉大了城乡消费水平的差距

大规模流出的农村人口无论是务工还是经商都可以提高农村家庭收入水平，理论上可以缓解城乡之间收入水平与消费水平的差距。但事实并非

---

① 段成荣. 人口流动对农村社会经济发展的影响［J］. 西北人口，1998（3）：3-5.

如此，现实中城乡之间收入与消费水平的差距减小并未与人口大规模流动同步发生，这是因为包括户籍制度在内的诸多因素扭曲了劳动力市场，从而导致流动人口与城镇人口即使同工也不同酬，导致人口大规模流出对于缩减城乡差距的作用大打折扣。虽然随着人口大规模流出，四川农村居民家庭收入与消费水平都有了很大幅度的提高，但是不论与城镇居民相比较，还是与全国平均水平相比较，都仍然有较大的差距。2014 年，四川农村居民家庭人均生活消费支出绝对值为 8 301.10 元，是 2010 年的 2.13 倍，是 2000 年的 5.59 倍，提高的幅度与速度都相当可观。然而相对而言，四川城镇和农村两者之间家庭人均生活消费支出水平的差距呈明显递增的趋势（详见图 3-7），两者之间的差距由改革开放之初即 1978 年的 193.9 元扩大到 21 世纪之初即 2000 年的 3 370.44 元，2010 年继续扩大至 8 207.47 元，2013 年扩大至最大值 10 216.2 元，2014 年略有下降，差距为 9 458.9 元。2015 年，四川城乡居民收入比为 2.56：1。

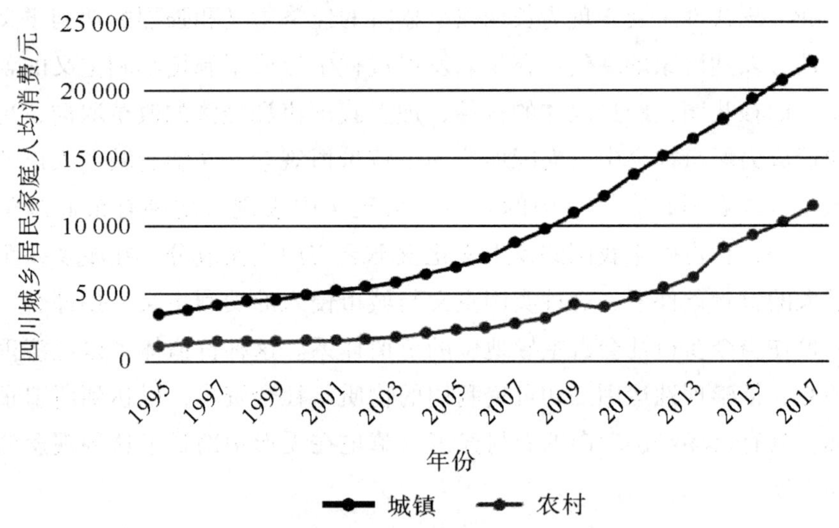

图 3-7　四川城乡居民家庭人均消费状况比较

（数据来源：历年《四川统计年鉴》）

3.6.3.2　消费结构欠合理

从消费结构看，消费方式多样化的趋势有所增强，文化娱乐消费有所增加，但是比重较小。恩格尔系数虽然整体上呈下降趋势（见图 3-6），但是食品支出占生活消费支出的比例仍然接近 40%，所占比例仍然偏高。

2014 年，四川农村居民家庭人均消费支出中食品支出所占比重最高，其他商品和服务支出所占比重最低，说明四川农村的消费水平还处于比较初级的阶段。

3.6.3.3 加重了农民的经济负担

在人口大规模流出之前，农村居民过着一种低需求、低成本、基本上自给自足的生活，虽然收入不高，但生活成本也低，而且大家都差不多，生活水平不高但压力不大。在人口大规模流出之后，生活所需物资高度商品化在很大程度上提升了农村居民的生活成本。再加上农村居民的行为模式是乡土社会严重的面子思想和城市社会的功利主义、竞争意识两者结合后的综合反映，新一代农村居民在结婚、生子、盖房等人生大事上的行为完美体现了这两种思想意识。李银河研究认为，在生儿育女、婚丧嫁娶、盖房修墓这些人生大事上，农村居民的面子思想与竞争意识尤其严重，都要力争胜过他人。胜过了就有面子，不如人就失面子。尤其是盖房这件事上农村居民的面子思想特别严重，甚至会被城里人认为是太过浪费①。新房子盖好以后，老房子就闲置衰败，甚至很多新房子也无人或者很少有人居住，大部分空间还是闲置。有人认为前几年建的房子样式落伍，有了钱就把半新的房子拆掉重建新房。消费方式的城市化、生活物资的商品化以及功利主义竞争思想等共同作用，在很大程度上抬高了农村整体消费水平，加重了农村居民的经济负担，甚至还造成了浪费。

3.6.3.4 导致农村空心化

人口大规模流出导致一些农村地区逐渐空心化。据第六次全国人口普查资料，四川农村外出流动人口数占户籍人口总数超过 60%的村有 501 个，个别村甚至高达 90%。农村空心化主要体现在以下三个方面。

（1）常住人口的减少和老龄化

人口大规模流出尤其是青壮年劳动力大量外出务工导致农村常住人口大量减少，并且在年龄结构上极不平衡，留守的人老弱病残居多。青壮年大规模流出，高年龄人口比例相应增加，在一定程度上加速了农村地区人口老龄化的进程。按照常住人口统计的四川省人口老龄化程度要比按照户

① 李小云. “守土与离乡”中的性别失衡［J］. 中南民族大学学报（人文社会科学版）. 2006（1）：17-19.

籍人口统计的老龄化程度更加严重。用农民自己的话说，现在的农村已经到了“抬棺材也找不齐人”的地步。

（2）土地资源浪费现象严重

农村人口大规模流出，常住人口大量减少，导致耕地撂荒和住宅使用率不高，土地资源浪费现象严重。耕地撂荒问题因地域、土质、耕作条件、机械化程度以及人口流出的规模和程度等条件的不同而不同。偏远、耕作条件差、人口流出规模大且程度高的山区丘陵地带耕地撂荒问题比较严重，而位于平原、耕作条件好的地区撂荒问题则不太明显。人口大规模流出和农村常住人口的减少并没有使很多农村宅基地的使用面积减少，甚至在有些农村，人口减少与宅基地使用增加两种现象并存，被闲置着常年无人居住的宅基地大量存在。

（3）公共资源闲置或过剩

由于人口大规模的流出和常住人口的大量减少，村级小学、水利设施等公共资源就显得相对过剩。村级小学闲置的现象目前在农村非常普遍。由于缺乏相关管理，一些闲置的村级小学财产损失严重，甚至有的已经自然消失。部分村级小学虽然仍在运行，但因为学生人数不断递减而濒临停办。一些农村基础设施也面临这种情况，部分水利设施因为使用效率太低，再加上青壮年劳动力大量外出务工，老弱病残留守农村，水利基本建设缺乏劳动力而年久失修。

虽然农村居民的收入与生活水平因人口大规模流出在很大程度上有所提高，但仍然还有很大的提升空间，需要进一步促进农村居民增收以缩小城乡之间收入与生活水平的差距。同时人口大规模流出打破了传统农村社会环境的封闭性，改变了农村居民传统的生活方式，包括劳动生活方式、消费生活方式、交往方式、闲暇生活方式以及价值观念等，并导致了农村居民经济负担加重以及农村社会的空心化，造成一些资源的浪费。这是乡村振兴必须要面对和解决的问题。

人口大规模流出导致的变化是乡村振兴的前提和基础，人口大规模流出导致乡村振兴所需要的人才短缺是四川乡村振兴必须面对的现实问题，四川的乡村振兴及其人才支撑战略的实施必须基于人口大规模流出这一基本现实及其造成的影响，必须要把更多、更优质的人才留在乡村，同时引导更多的人才向乡村回流，以助力乡村振兴。

4 四川乡村振兴形势分析

“产业兴旺、生态宜居、乡风文明、治理有效、生活富裕”这二十个字的总要求，反映了乡村振兴战略的丰富内涵。21世纪初，我国刚刚实现总体小康，面临着全面建设小康社会的任务，我们党就提出了“生产发展、生活宽裕、乡风文明、村容整洁、管理民主”的社会主义新农村建设总要求，这在当时是符合实际的。现在，中国特色社会主义进入了新时代，社会主要矛盾、农业主要矛盾发生了很大变化，广大农民群众有更高的期待，需要对农业农村发展提出更高要求。产业兴旺，是解决农村一切问题的前提，从“生产发展”到“产业兴旺”，反映了农业农村经济适应市场需求变化、加快优化升级、促进产业融合的新要求。生态宜居，是乡村振兴的内在要求，从“村容整洁”到“生态宜居”反映了农村生态文明建设质的提升，体现了广大农民群众对建设美丽家园的追求。乡风文明，是乡村振兴的紧迫任务，重点是弘扬社会主义核心价值观，保护和传承农村优秀传统文化，加强农村公共文化建设，开展移风易俗，改善农民精神风貌，提高乡村社会文明程度。治理有效，是乡村振兴的重要保障，从“管理民主”到“治理有效”，是要推进乡村治理能力和治理水平现代化，让农村既充满活力又和谐有序。生活富裕，是乡村振兴的主要目的，从“生活宽裕”到“生活富裕”，反映了广大农民群众日益增长的美好生活需要。

——习近平在十九届中央政治局第八次集体学习时的讲话（2018年9月21日）

党的十九大报告提出实施乡村振兴战略，2018年的中央一号文件《中共中央国务院关于实施乡村振兴战略的意见》对于乡村振兴战略给予了明确而细致的部署，战略的目标是乡村全面振兴，农业强、农村美、农民富。党的十九大报告对于实施乡村振兴战略提出了“产业兴旺、生态宜居、乡风文明、治理有效、生活富裕”的总要求，五个要求同等重要，任何一个都不可忽视。

4.1 产业发展

产业兴旺是乡村振兴的物质基础和重点。习近平总书记强调，产业兴旺是解决农村一切问题的前提。从表 4-1 可以看出，在两个阶段的总要求中，物质基础由“生产发展”升级为“产业兴旺”。社会主义新农村建设时期“生产发展”的要求主要是指农业生产的发展，包括农业结构调整、农业有机构成提高以及农业发展方式转变等。现在的产业兴旺，是指农村要发展新产业和新业态，实现第一、第二、第三产业融合发展。

表 4-1 乡村振兴战略总要求与社会主义新农村建设的总要求之对比①

类别	社会主义新农村建设	乡村振兴战略
物质基础	生产发展	产业兴旺
设施条件	村容整洁	生态宜居
精神要求	乡风文明	乡风文明
政治保证	管理民主	治理有效
中心目标	生活宽裕	生活富裕

近年来，四川坚持农业农村优先发展的总方针，以实施乡村振兴战略为总抓手，扎实推动全省农业高质量发展。四川农业规模大、产业特色明显，在全国具有重要地位，但全省农业大而不强，金字招牌尚未完全擦亮。2018 年 2 月，习近平总书记在四川视察的时候强调，四川要带头做好农业供给侧结构性改革这篇文章，着力实施乡村振兴战略，实现由农业大省向农业强省跨越，把四川农业大省这块金字招牌擦亮。擦亮金字招牌，成为四川实施乡村振兴的目标导向。

① 叶敬忠. 乡村振兴战略：历史沿循、总体布局与路径省思［J］. 华南师范大学学报（社会科学版），2018（2）：64-69，191.

4.1.1 四川农业产业发展现状

四川全省有耕地 6.73 平方千米、可利用草原 14.13 万平方千米、林地 24 万平方千米、竹林 1.17 万平方千米水资源总量达 2 616 亿立方米，是全国粮食主产区之一和全国五大林区、五大牧区之一。2018 年，四川全省农、林、牧、渔增加值达 4 426.7 亿元、居全国第 3 位，粮食总产量达 349.85 亿千克、居全国第 5 位，油菜籽总产量达 25.03 亿千克、居全国第 1 位。建成高标准农田 1.99 万平方千米、现代农业产业基地 2.8 万平方千米、现代林业产业基地 1.84 万平方千米、现代农业产业融合示范园区 230 个。全省“三品一标”品牌达到 5 124 个，农产品加工业总产值达到 1.3 万亿元，均居全国第 6 位。

四川是农业大省，在农业产业发展的过程中难免存在同质化和一般化问题，以至于造成“价跌滞销”的后果。其根本原因是没有将自身的优势充分利用好，把农产品品牌做优、做特、做响亮，表面上农产品品牌不少，但多而小、多而散、多而乱的现象突出，缺乏具有市场冲击力的标志性农产品品牌。品牌就是产品的形象和名片，是产品的质量、服务和文化等元素的集中体现，也是价值与财富，同时也是产品的影响力、竞争力和生命力所在。消费者对农产品的认知度和满意度，是检验现代农业水平的最终标准。推动农产品品牌化建设，打造农产品标志性品牌，以品牌建设引领现代农业高质量发展，一直是四川农业供给侧结构性改革的重要内容，也是四川乡村振兴战略实施的重要组成部分。

特色农业既是四川农业的优势所在，也是四川农业的亮点所在。四川坚持将发展现代农业作为实施乡村振兴战略的重中之重，敲定川油、川猪、川茶等“川字号”特色产业构成现代农业产业体系，力争将这些优势产业做成四川农业发展的“金字招牌”。

（1）川油

四川既是全国的油菜生产大省，也是全国菜籽油消费大省。近年来，国内的菜油行业进入严冬，但四川却形势独好，油菜籽产量全国第一，形成“菜油看四川”的格局。2018 年，四川将川油纳入“10+3”农业产业体系，推进油菜籽生产保护区划定，启动“天府菜油”行动，四川油菜籽产业进入高质量发展的轨道。针对缺乏像“金龙鱼”“鲁花”这样的知名品牌的突出短板，四川全面启动了“天府菜油”行动，通过建设10个66.67平方千米以上的集中连片优质绿色生产基地、打造10个重点核心产品、新增1亿千克以上的优质绿色油菜籽订单收购、培育10家销售收入超过5亿元的骨干龙头企业，确保到2020年菜油优质品率提高10个百分点左右，集中力量打造区域公共品牌。“天府菜油”正是四川打造的菜油公共品牌，也是国内首个食用油行业的区域公共品牌。15家“川字号”菜籽油企业共享“天府菜油”这个公共品牌，与“郫县豆瓣”齐名，共同树立了“川菜之魂”的形象。四川粮油产业振兴发展推进方案中，油菜产业拟定的目标是到2022年油菜籽总产量保持全国第一位，浓香型小榨油形成品牌优势，产业综合竞争力显著增强。

四川的油菜不仅可以产油菜籽，而且具有多种功能：可“菜”、可“花”、可“蜜”、可“油”，潜在价值无穷，可以实现三大产业融合发展。“赏花旅游”是油菜产业的另一张王牌，整个四川有近百个油菜花节，油菜花经济也是四川乡村振兴的一大推动力。

（2）川猪

“川猪安天下”。四川是全国的生猪生产和消费大省，其生猪出栏量和猪肉产量长期居全国第一。一度占据市场消费主流的本土黑猪主要有成华猪、内江猪、雅南猪、盆周山地猪和藏猪。但因养殖周期长、生产性能低下、肥肉多瘦肉少等原因，一些品种逐渐被淘汰。2000年前后，生猪市场成为白猪的天下，长白猪、大白猪等外来猪种的养殖产业在四川快速发展。近年来，随着生猪产业的现代化，其他省区的生猪生产迅速发展，川猪地位面临严峻挑战，综合生产水平不高、品种结构欠合理、竞争力下降等问题逐步凸显。四川省畜牧科学研究院历经14年技术攻关，结合地方猪种和引进猪种两者的优质遗传资源，采用现代遗传育种技术培育而成“川藏黑猪”，开启了川猪振兴的新里程。“川藏黑猪”在保持地方猪优良肉质的基础上，大大提高了养猪生产效率，具备肉质风味口感好、有益健康、抗病力强、生产效率高和适应性强五大优势，成为川猪的金字招牌之一，主要面向中高端市场，消费群体稳固，但总量不大。未来，“川藏黑猪”将走规模化养殖的道路，四川将通过品牌打造、产业提升、销售升级等多种方式促进“川藏黑猪”的开发与推广，围绕“川藏黑猪”打造四川高端食品品牌。同时，以“川藏黑猪”的发展为主要抓手，推动整个川猪产业的供给侧结构性改革，擦亮川猪这块金字招牌，实现川猪产业的振兴，助推四川农业大省向农业强省的转型升级。

（3）川茶

川茶源远流长，例如宜宾早茶、峨眉山茶、蒙顶山茶等，四川的产茶县多达120余个，但却没有一个叫得响的品牌。近年来，四川把“创品牌”作为农业供给侧结构性改革的重点目标之一，逐渐叫响“天府龙芽”这块川茶大区域共享品牌。“天府龙芽”既明确代表了四川作为“天府之国”的地域和文化，又符合四川好茶以芽形茶为主的特点，涵盖了绿茶、红茶、黑茶、白茶、青茶、黄茶六大茶类，可以满足不同消费者的需求。“天府龙芽”是全国茶业的第一个省级大区域品牌，在川茶发展史上也具有里程碑式的意义。品牌的基础是品质。不是所有的川茶都可以叫“天府龙芽”。“天府龙芽”实行非常严格的质量管理，只有在指定的核心基地采摘的优质芽茶，通过独有的生产工艺加工，同时按照“天府龙芽”的各项标准精选之后的优质好茶，纳入安全追溯体系，才可以被称为“天府龙芽”。2017年的首届中国国际茶博会上，“天府龙芽”斩获8亿元意向订单，其中海外订单金额过亿。美国当地时间2018年3月12日，中国四川的“天府龙芽”携蒙顶山茶、峨眉山茶、米仓山茶、宜宾早茶“三山一早”公共品牌在美国纽约时报广场的新华社“中国屏”亮相，这是中国的茶叶品牌首次在被称为“世界的十字路口”的纽约时报广场亮相，“天府龙芽”走上了标准化、资本化、品牌化、产业化、国际化的“五化”发展轨道。越来越多的川内茶企看到了“天府龙芽”的区域品牌优势，纷纷加入这一区域品牌，这块金字招牌越来越亮。

四川还有很多像“郫县豆瓣”“安岳柠檬”一类的农产品区域公用品牌，以及诸如宜宾的“碎米芽菜”、达州的“东汉醪糟”、苍溪的“红心猕猴桃”之类的名优特农产品品牌，这些都可以被打造成四川农业产业发展的亮点。

典型案例：四川省达州市宣汉县庙安乡八庙村

达州市宣汉县庙安乡八庙村是洋烈水乡国家4A级景区的重要组成部分，辖区面积达6.13平方千米，下辖8个村民小组，总共有462户2 200人。全村共发展种植脆李2.33平方千米，已投产2.13平方千米，总产量达925万千克，总产值达5 000万元，2017年人均纯收入达20 500元。八庙村先后获得“四川百强名村”、达州市“四好村”“幸福美丽乡村”等称号。

> 脆李是达州独具地方特色的水果，口感爽脆、风味独特，广受消费者欢迎，发展脆李产业因此成为八庙村村民增收致富最重要的经济来源。依托国家级示范社庙安水果专业合作社，八庙村鼓励村民以土地、果树、资金、技术等形式入股，创新“11233”分成模式，即在专业合作社的收益中，10%作为合作社公积金留存，10%作为村集体经济收入，20%作为创新创业科技人员的技术入股分红，30%作为社员的股权量化分红，另外30%作为交易数量分红，这样既壮大了村级集体经济收入，又拓宽了农民增收渠道，同时还打造了川东“脆李之乡”、秀美“花果山”。为更好地实现产品的品牌效益，庙安水果专业合作社还成功注册了商标“庙安”，并且被评为“四川省质量·信誉·服务 AAA 合作社”和达州市知名商标，同时取得青脆李、脆红李绿色食品产品认证。八庙村一直秉承着“脆李种植标准化、标准生产习惯化”的基本理念，坚持“专业组织、标准创制、核心示范、组团发展、过硬监管、市场准入”的24字工作思路，同时强化“六个一”的工作举措，大力推进脆李标准化生产，在全村建立脆李标准化种植示范区，努力打造“宣汉脆李”国家地理标志保护产品品牌、“中国脆李标准化生产示范县”和“中国有机脆李第一县”。
>
> 八庙村在大力发展脆李产业的同时，还鼓励引导村民将积极发展特色水果产业与休闲旅游业相融合，连续举办李花节、采摘节来吸引游客前来赏花品果，增加村民收入。
>
> ——改编自《2018 四川特色村发展报告》

2019 年 6 月，国务院出台《关于促进乡村产业振兴的指导意见》，其要求乡村产业发展要以农业供给侧结构性改革为主线，围绕第一、二、三产业融合发展，构建现代农业产业体系、生产体系和经营体系。四川省围绕“10+3”现代农业产业体系，加强现代农业产业园区建设。到 2018 年，四川累计建成近 430 个现代农业产业融合示范园区，农业的新产业、新业态正在逐渐起步，但整体上基础不厚、层次不高，具体体现在全省的农产品加工率低于全国平均水平，只有发达国家一半的水平；农产品加工业产值与农业产值之比远低于东部发达省份江苏；农产品冷链物流服务体系的发展严重滞后，肉类、水产品、果蔬的冷链流通率低，流通腐损率高。在乡村振兴的新形势下，四川省作为农业大省，要成为农业强省，其乡村产业的服务需求不应该再局限于单纯的资本与技术的基础服务，而应该更加多元化和专业化；产业发展的动力也不应该再局限于单纯的资本驱动，而应该转向资本、人才、创新和管理的共同驱动。

4.1.2 产业兴旺的要求

乡村振兴战略实施中的“产业兴旺”的要求不只局限于农业产业的发展，同时还要强调充分挖掘农业的多功能性以及发展与农业相关的产业体系。换言之，乡村振兴战略总要求中的“产业兴旺”，首先是要做强农业，提高农业的竞争力；其次是要充分挖掘农业的多功能性，即围绕农业发展关联产业；再次是要以农业为中心发展农产品加工业，延长农业产业链；最后是要发展包括生产服务、生活服务、环保服务等在内的农业农村服务产业。

4.1.2.1 做强农业

实施乡村振兴战略，首要就是要振兴农业，实现农业由大到强的转变。为此需要大力构建现代农业生产体系、经营体系以及产业体系，发展新主体、新产业、新业态以提升农业素质，加快推进农业转型升级，推进农业由增产导向向提质导向转变，推进质量兴农、品牌强农，促进农业竞争力提升以及农民增收，加强农业资源养护，持续推进农业投入品减量，同时加快推进农业废弃物资源化利用，不断提高农业可持续发展水平和绿色发展水平。

4.1.2.2 充分挖掘农业多功能性

农业多功能性这一概念，最早出自日本 1999 年颁布的《粮食・农业・农村基本法》，其中第 3 条对农业多功能性进行了描述："农村的农业生产活动在粮食农产品供给以外产生的其他功能：国土保全、水源涵养、自然环境保护、良好景观形成和文化传承。"国内首次提到农业多功能性的概念是在 2007 年的中央一号文件中，其中提道："农业不仅具有食品保障功能，而且具有原料供给、就业增收、生态保护、观光休闲、文化传承等功能。建设现代农业，必须注重开发农业的多种功能，向农业的广度和深度进军，促进农业结构不断优化升级。"

挖掘农业的多功能性，主要可以从三个方面着手：一是打造良好的生态环境，使乡村变得青山绿水、环境宜人。农村可以为城市提供新鲜空气和生态环境，城市则可以为农村提供发展的动力，真正实现城乡融合。二是彰显文化教育功能。很多传统文化都是来自农耕文明，要充分挖掘各地与农耕、农业相联系的文化，对青少年进行教育。三是发展休闲观光旅游。有了良好的生态环境以及田园风光，加上可以传承的特色文化，就可以吸引城市的人们到农村休闲观光。城市到农村去休闲娱乐的人多了，就可以带动城市的人、财、物流向农村，农业与农村的价值就会得以体现，农民的收入也会大幅提高。

4.1.2.3 延长农业产业链

农业产业链即农业产前、产中以及产后各个部门之间所产生的技术经济联系。农业产前部门即农业产业链的上游，包括种子、农药、化肥、农业机械等农业生产资料的生产与销售部门；农业产中部门即农业产业链的中游，具体包括种植与养殖（畜牧业、渔业）部门；农业产后部门即农业产业链的下游，也就是农产品加工部门，具体包括农产品的仓储、运输、加工、贸易等部门。延长农业产业链，通常是指农产品生产出来以后产业链的延长，主要包括发展农产品加工业与第一、第二、第三产业融合发展两种策略。大力发展农产品加工业，延长农业产业链，可以使农产品增值，农民从而可以从中获取更多的收益，因此延长农业产业链既是农业产业升级的需要，同时也是实施乡村振兴战略的需要。第一、第二、第三产业融合发展在发达国家非常普遍。日本在20世纪90年代后期提出“六次产业”的概念，也就是第一、第二、第三产业融合发展或者多种经营的意思，都是指在发展第一产业的基础上，鼓励农民从事农产品加工产业（第二产业），以及农产品销售业或服务业（第三产业）。因为“1+2+3”等于6，“1×2×3”也等于6，因此日本学者称之为“第六产业”或者“六次产业”，其目的在于“通过鼓励农户从事多种经营，以获得更多的增值价值，为农业增效、农民增收开辟新的空间”①。实践证明，第一、第二、第三产业融合发展是农业转型升级和农民增收的重要手段。

4.1.2.4 大力发展农业农村服务产业

为农业服务和为农村服务两大块均属于农业农村服务产业。前者即农业社会化服务业，主要包括农产品加工、储藏、运输、销售等各个方面以及物资供应、生产服务、信息服务、技术服务、金融服务、保险服务等，是近年来的新兴产业，潜力巨大，吸引着来自各行各业的投资者，将会成为中国乡村振兴的支柱产业之一。后者为农村服务产业，主要是指为农村居民生活服务的产业。随着收入水平的提高、生活的改善以及农村社会老龄化的加剧，广大农村居民对生活服务的需求越来越多，在未来，环境优美的乡村会逐渐成为部分城市老年人选择养老的目的地，农村生活服务产业也终将会成为一个有着巨大潜力的产业。

---

① 孔祥智，周振. 发展第六产业的现实意义及其政策选择［J］. 经济与管理评论，2015，31（1）：98-103.

4.2　人居环境

生态宜居是乡村振兴的关键。从 4.1 产业发展部分的表 4-1 可以看出，在两个阶段的总要求中，社会主义新农村建设时期的“村容整洁”侧重于对村容村貌的要求，要求就是干净即可；而乡村振兴战略实施中的“生态宜居”要求则是在“村容整洁”的基础上更进一步强调对农村生态环境的保护与利用，进而强调农村生活环境的宜人与舒适，其中隐含之意力农村生态环境是城市所不具有的，可以将其作为吸引城市居民居住的重要因素之一。实施乡村振兴战略总要求中的“生态宜居”，旨在让美丽乡村“看得见青山绿水、记得住乡愁”，同时让城里人“愿意来、留得下、过得好”。实现生态宜居，可以充分体现出全面、协调、可持续发展的基本理念，实现人与自然和谐相处的目标，同时也是对习近平总书记所提出的“绿水青山就是金山银山”重要论断的现实部署。

4.2.1　四川人居环境现状

生态宜居就要求必须搞好农村生态保护与环境治理。四川农村的生态环境保护，不仅事关四川自身的发展质量与可持续发展，而且事关长江上游甚至全国的生态环境大格局。近年来，四川的农村生态环境不断优化，长江上游生态屏障、美丽四川建设取得显著成效，森林覆盖率达到 38.03%，重要江河湖泊水功能区水质达标率达到 80%以上。新农村建设、幸福美丽新村建设与新型城镇化和全面小康社会的建设目标紧密衔接，呈现出鲜明的四川特色。藏族聚居区新居、彝家新寨、巴山新居和乌蒙新村建设各具特色，“小规模、组团式、微田园、生态化”建设模式在全省范围推广开来。全省常住人口城镇化率达到 50.79%。四川农村基础设施建设不断加强，水、电、路、气、房和信息化建设全面提速，建成幸福美丽新村 23 160 个，创建省级“四好村”3 481 个，全省 50 286 个行政村全部实现了村村通电，农村基本公共服务达到新水平，82.28%的行政村有村文化活动室，新型农村合作医疗制度参合率达到 99.69%。

典型案例：四川省广元市利州区白朝乡月坝村

四川省广元市利州区白朝乡的月坝村是典型的山区乡村，辖区面积达 23.3 平方千米，全村下辖 5 个村民小组，有 177 户 587 人。月坝村有着丰富的自然资源，具有大山、大湿地、大溶洞、大森林等显著特征，境内有四川省首个高山湿地保护小区，面积超过 2 平方千米，有 20 余处溶洞群，森林覆盖率达 90%以上。月坝村借着自然资源的先天优势，提出了“游古村、揽月坝、探溶洞、踏青流、享田园”的乡村旅游思路，根据“独可成景成业、合则更兴更盛”“景村一体、产村共建、规划合一”的原则，整合了自然、农业、人文等资源，构建成了集乡村风光游览、田园休闲度假、健康养肺运动休闲、农业景观猎奇、乡村主题餐饮、土特产旅游纪念品购物、民俗风情体验等功能于一体的乡村旅游和休闲农业示范名片、川北泉水农业第一古村以及川北绿色乡村生活有机样板，打响打亮了“生态康养天堂”利州品牌，先后荣获“2016 中国十大乡建探索奖”“四川省森林康养基地”、省级“四好村”以及“四川百强名村”等称号，2018 年入选了“全国最美森林小镇 100 例”。

（1）保护生态环境，坚持绿色发展

月坝村在环境设计、资源的利用与保护、建筑设计、循环经济等建设项目中都注入了“生态”理念，坚持“保护优先、科学恢复，合理利用、持续发展”的原则，始终坚持把绿色产业体系、茂密生态林、生态农业基地、生态型现代化乡村交通体系以及低碳生活方式作为月坝建设的目标，保持其鲜明的生态特色，实现以保护促发展，以发展促保护的良性循环。

（2）打造特色亮点，坚持自然和谐

月坝村重点推出富有特色、宜养宜游、宜居宜业的景点，不断完善园区、城镇、乡村建设体系，围绕康养旅游核心功能，全面提升罗家老街整体风貌，重点打造大碑崖白朝场镇十里桃林、莲花洞、白马观（寺）、千年麻柳十里长廊、明清古院落等自然景观，把月坝建设得真正有景观、有特色、有看头，持续推进全村绿化、美化、彩化、香化、亮化。

（3）完善基础设施，坚持生态宜居

不断推进主公路与乡村道路建设，建成了四通八达的交通网。加强信息基础设施建设，形成了互联互通的大数据体系。同时加快医疗、卫生、教育、文化等公共服务的发展，创建文明乡村，营造和谐文明的人文环境。根据“吃、住、行、游、购、娱、安”等旅游服务要素不断加强配套设施建设，尽力让游客方便、快捷、安全和满意。大力发展有机绿色农业，积极培育生态休闲农业、庄园农业、体验农业、创意农业、乡村旅游等新业态，创建“国家休闲农业与乡村旅游示范区”。

——改编自《2018 四川特色村发展报告》

4.2.2 生态宜居的要求

实现生态宜居要从以下五个方面着手：首先是要树立自然资本和绿色发展的理念，其次是要统筹山、水、林、田、湖、草系统治理，接着是要对农村突出环境问题进行综合治理，再次是要进行生态补偿和生态产品供给，最后是要加快美丽乡村建设。

4.2.2.1 树立自然资本和绿色发展的理念

1972 年，罗马俱乐部在《增长的极限——罗马俱乐部关于人类困境的报告》中，首次提出了“持续增长”与“均衡发展”的概念，认为盲目的经济高速增长将导致人类危机。1989 年，英国的大卫·皮尔斯等人在《绿色经济的蓝图》一书中首次提出“绿色经济”的概念，认为经济发展应充分考虑生态环境的承受能力，主张建立一种“可承受的经济”，并且将耗竭资源或者于环境有害的活动代价纳入国家的经济平衡表。2007 年，联合国环境规划署首次定义了“绿色经济”：“重视人与自然、能创造体面高薪工作的经济”①。

我国的生态文明建设已经上升到国家战略。习近平总书记曾经强调，要像保护眼睛一样保护生态环境，要像对待生命一样对待生态环境。我国首次在政策层面上提出“绿色发展”这一重大概念是在党的十八大报告中，该报告指出：“坚持节约资源和保护环境的基本国策，坚持节约优先、保护优先、自然恢复为主的方针，着力推进绿色发展、循环发展、低碳发展，形成节约资源和保护环境的空间格局、产业结构、生产方式、生活方式。”中国共产党第十八届五中全会通过的《中共中央关于制定国民经济和社会发展第十三个五年规划的建议》首次将“绿色”跟“创新、协调、开放、共享”一起界定为新时期的发展理念。2016 年的中央一号文件明确提出，要推动农业可持续发展，必须要确立发展绿色农业就是保护生态的观念，加快形成资源利用高效、生态系统稳定、产地环境良好、产品质量安全的农业发展新格局。2017 年的中央一号文件进一步明确指出，要推行绿色生产方式，以增强农业可持续发展能力。2018 年的中央一号文件非常明确地要求，要牢固树立和践行“绿水青山就是金山银山”的理念，坚决落实节约优先、保护优先、自然恢复为主的方针，以绿色发展引领乡村振兴。

4.2.2.2　统筹山水林田湖草系统治理

> 习近平总书记曾经多次强调：“山水林田湖草是一个生命共同体。生态是统一的自然系统，是各种自然要素相互依存而实现循环的自然链条。人的命脉在田，田的命脉在水，水的命脉在山，山的命脉在土，土的命脉在树和草。要按照自然生态的整体性、系统性及其内在规律，统筹考虑自然生态各要素以及山上山下、地上地下、陆地海洋、流域上下游，进行系统保护、宏观管控、综合治理，增强生态系统循环能力，维护生态平衡。”

“统筹山水林田湖草系统治理”的理念是党的十九大报告首次提出的，

① 孔祥智，等. 乡村振兴的九个维度［M］. 广州：广东人民出版社，2018：76.

具体的提法是“统筹山水林田湖草系统治理，实行最严格的生态环境保护制度”。山、水、林、田、湖、草等自然资源都是生态环境系统不可或缺的部分，相互交织、相互影响，成为一个生命共同体，必须统筹安排、统一治理，才能充分发挥生态系统的功能，从而保证生态平衡。“统筹山水林田草系统治理”是解决我国生态问题的重要抓手。

当前，我国的山、水、林、田、湖、草等自然资源系统均存在程度各异的生态问题，亟须通过“统筹山水林田湖草系统治理”解决。山地植被覆盖率下降，导致土壤荒漠化、土地沙化加剧，引发沙尘暴、山体滑坡、山泥倾泻等自然灾害，甚至一些地区的居民被逼无奈离开家园，亟须提高山地植被覆盖率，从而涵养水源、保养水土、减少山体滑坡等自然灾害。水是生命之源、生态之基，水质保护、水污染防治至关重要。然而我国的水源污染问题十分尖锐，水污染事件频繁发生，国内七大水系都受到不同程度的污染，这既破坏了污染区域的生物多样性与生态系统，也严重影响农业农村的生产与生活。治理水源，迫在眉睫。提升森林覆盖率对于恢复生态系统至关重要。我国森林资源总量不足，森林覆盖率只有 21.66%，远低于全球平均水平①，生态系统脆弱。农田是农业生产最重要的基础性资源，肩负着保障国家粮食安全的重要责任。《全国土地利用总体规划纲要（2006—2020 年）调整方案》明确要求，要坚守 120 万平方千米耕地红线不动摇，确保耕地面积数量不减少、质量不降低。然而对农田的不合理使用，导致农田质量低下，具体表现是土壤板结以及土地肥力和有机质水平低。随着人们生活水平的提高，对绿色、有机农产品的需求增加，亟须通过综合治理实现对农田生态系统的保护。湖泊可以提供水源、保持水土、调节气候、减轻灾害、补充地下水等。目前湖泊蓄水容积大幅减少，导致洪水调蓄功能下降，且富营养化问题突出，氮、磷等植物营养物质含量过多，这不仅会降低湖泊的透明度，而且会降低湖泊溶解氧程度，导致湖泊中有毒物质增多，使湖泊散发出臭味，严重影响湖泊的生态系统。草地是我国陆地上面积最大的绿色生态系统。目前我国草地资源管理利用水平不高，在利用方式、管理方式、承载力水平等方面与国际先进水平存在较大差距。草原畜牧业发展模式趋于传统，经济与生态效益均偏低，单位

---

① 张建龙. 全面开启新时代林业现代化建设新征程［J］. 国土绿化，2018（2）：6-9.

草原面积的畜产品产出量仅有世界平均水平的三分之一①。此外，我国草原生态十分薄弱，还呈现出恶化的态势，中度与重度退化面积占三分之一以上，草原地区极端灾害增多，病虫害发生率日益增加，草地生态问题十分严峻，亟须通过综合治理使之得到有效解决。

4.2.2.3 农村突出环境问题综合治理

实现生态宜居，必须对农村突出环境问题进行综合治理，大力整治农村环境“脏、乱、差”现象。农村突出环境问题主要包括土壤污染问题、农业面源污染问题、农村生活污染问题以及农村厕所粪污问题。

（1）土壤污染问题

土壤污染问题具体表现为土壤有机质含量下降、土壤重金属含量超标以及酸碱性趋势加剧。《中国耕地地球化学调查报告（2015 年）》显示，耕地土壤重金属污染状况不容乐观，重金属轻度污染面积和中重度污染面积共占耕地面积的 8.22%。造成土壤重金属污染的原因十分复杂，许多污染区域的土壤中有 1 个以上重金属污染源，复合污染态势十分明显。与 20 世纪 80 年代初相比，部分耕地区土壤有机碳含量显著下降，主要原因是水土流失、土地利用方式变化以及气候变化。由于气候变化、水土流失、地下水开采、酸雨沉降、化肥施用等多种因素，土壤酸碱性趋势加剧是土壤污染的又一大问题。

（2）农业面源污染问题

农业面源污染问题主要是由畜禽养殖粪便排放以及化肥、农药的大量投入引起的。一方面，畜禽养殖污染已经成为农业面源污染的主要来源；另一方面，农业生产中普遍存在重化肥、轻有机肥，重氮肥、轻磷钾肥，重大量元素肥料、轻中微量元素肥料的问题。化肥亩均施用量偏高，远高于世界平均水平，且施肥不均衡问题突出，蔬果等附加值高的经济作物普遍存在过量施肥问题，有机肥资源利用率低，施肥结构不平衡。过量使用农药也是造成农业面源污染的重要原因之一，农药过量使用不仅导致生产成本增加，而且影响农产品质量安全以及生态环境安全。

---

① 马林. 草原生态保护红线划定的基本思路与政策建议［J］. 草地学报，2014，22（2）：229-233.

（3）农村生活污染问题

农村生活污染是农村突出环境问题治理中的重点难题，主要包括生活污水与生活垃圾两个方面。《中国环境报》显示，农村居民平均每人每天产生 0.8 千克生活垃圾，全国农村每年产生超过 1 700 亿千克的生活垃圾。但是农村生活垃圾处理水平远远低于城市。2016 年我国农村地区生活垃圾处理率仅有 60%，仍存在大量生活垃圾没有被有效处理，造成农村环境污染问题①。另外，农村生活污水处理问题也不容乐观，农村居民生活用水未经净化处理无序排放，造成农村地区河道水体污染，河水变黑变臭、蚊蝇滋生、鱼虾绝迹。河道污水中的病菌虫卵容易引发传染病，成为农村环境中的重要污染源，生活污水处理能力亟待进一步增强。农村生活垃圾与生活污水处理率偏低的原因主要是农村环境保护基础设施建设滞后和管护机制不健全，亟须在乡村振兴战略实施过程中大力增加农村基础设施的投入力度，提高农村生活污染的处理水平，真正实现绿水青山。

（4）农村厕所粪污问题

国家旅游局发布的《厕所革命推进报告》显示，农村厕所粪便污染是农村地区传染病高发的重要原因。农村厕所改造势在必行。2014 年 12 月，习近平总书记在调研江苏镇江市时强调，厕所改造是改善农村卫生条件、提高群众生活质量的一项重要工作，在新农村建设中具有标志性意义。2015 年 7 月，习近平总书记在调研吉林延边时强调，“厕所革命”要推广到广大农村地区。农村厕所粪污问题在财政扶持的基础上可以得到一定程度的解决。

4.2.2.4 生态补偿与生态产品供给

乡村振兴中的生态宜居离不开生态产品的供给。生态产品的供给直接关系着人类的生存、生产与生活。生态补偿制度可以为增加生态产品的有效供给提供制度保障。生态补偿是以经济手段为主来调节相关利益者之间的关系，调动其生态保护积极性，从而达到保护与可持续利用生态系统服务的目的。生态补偿制度“谁受益、谁补偿，谁保护、谁受偿”的原则是生态保护的有效手段。

生态补偿主要有以下几种模式：①政府购买生态服务模式。生态服务

---

① 孔祥智，等. 乡村振兴的九个维度［M］. 广州：广东人民出版社，2018：86.

是公共服务的一种。政府为了更有效地满足社会的生态需求，利用财政资金向社会力量购买生态服务，由承购方具体运作，向公民提供生态服务。这样不仅可以减轻政府负担、提高政府工作效率，而且可以通过引入社会力量，为生态服务的提供增加新机制与新活力。在政府购买生态公共服务模式中，虽然是由社会力量直接提供生态公共服务给公民，但是购买服务的资金是由政府提供的，因此政府在生态服务的供给中占主导地位。②生态环境服务付费模式。这种模式是在特定的经济、社会、地理环境中依据受益者付费的原则而形成的。除了可采用现金形式予以偿付外，还可以采用培训、技术转让、投资社会事业等其他形式进行偿付。③生态税模式。生态税即环境税，是指一方面对污染品、污染行业以及资源的使用征税，另一方面对投资污染防治、环境保护或者资源节约的纳税人进行税收减免，并且对不同产品实行差别税收政策。生态税包括很多种，如能源税、污染税、交通税以及资源税等，再细分些说，具体税种包括碳税、进口税、许可证税、采掘税、排污税以及垃圾填埋税等。④绿色金融模式。绿色金融是指对环保、节能、绿色交通、绿色建筑、清洁能源等领域所提供的投融资、风险管理、项目运营等金融服务。这四种较为普遍的生态补偿模式可以组合使用，以实现生态宜居的目标要求。

4.2.2.5 加快美丽乡村建设

2018 年 4 月，习近平总书记做出重要指示：“结合实施农村人居环境整治三年行动计划和乡村振兴战略，建设好生态宜居的美丽乡村。”生态宜居与美丽乡村二者是相互联系的。生态宜居是美丽乡村的重要特征，美丽乡村建设是实现生态宜居的重要表现形式。美丽乡村建设关系着广大农村居民的切身福祉，能让广大农村居民获得更多的幸福感。因此，亟须加快美丽乡村建设，以实现乡村生态宜居的目标。

美丽乡村建设亟须解决三大难题：首先是要增强农村居民的环保意识。当前农村居民的环保意识不强，一方面是因为客观上农村居民的意识是与农村的生产力发展水平相适应的，较为低下的生产力水平、不高的农村居民收入水平导致农村居民的需求层次停留在比较低的层面上，还没有上升到环保意识这种精神需求层面上来；另一方面是农村居民的科学文化素质不高，缺乏环境保护意识，农业生产经营方式都比较粗放，容易对农田、空气、水等自然资源造成污染。其次是加强农村基础设施建设。农村基础设施的薄弱会影响农村经济社会的发展，同时也会制约美丽乡村建设。换言之，美丽乡村建设需要加强基础设施建设，包括道路的修建、供水供电设施的建设、供水设施的改进、互联网设施的建设等。最后是农村空心化的问题亟须解决。农村人口大量地外出流动导致农村人口数量与自然村的数量都呈现出下降的趋势。从全国层面上看，2016 年全国农村人口数量较改革开放以来农村人口数量的峰值减少了 2.7 亿人，自然村以平均每年近 2 万人的速度在减少①，可以肯定的是这种趋势在短期内是不会逆转的。美丽乡村建设亟须增强农村居民环保意识、加强基础设施建设以及解决农村空心化的问题。

4.3 乡风文明

从 4.1 产业发展部分的表 4-1 可以看出，在两个总要求中，完全相同的只有“乡风文明”，只有这一项没有因为发展阶段不同而发生要求升级，说明“乡风文明”这四个字概括和反映出了农村精神文明建设的要求，既适用于当前，也适用于未来。乡风文明是乡村振兴的精神支撑。长期以来，由于乡村建设存在重视经济发展、轻视文化建设的倾向，对于乡风文明建设并没有给予足够的重视，很多乡村存在经济发展而道德滑坡的现象，乡村出现了各种矛盾，成为乡村社会不稳定的因素。乡风文明建设不是短期内就可以完成的，而是乡村振兴的长期任务，需要长期坚持不懈的努力。

4.3.1 乡风文明现状

乡风文明是乡村振兴的重要保障，实施乡村振兴战略必须加强农村的精神文明建设。四川的乡村文化底蕴深厚、资源丰富、特色鲜明，是四川实施乡村振兴战略的有利条件。全省创建全国文明村镇 234 个，省级文明村镇 625 个，市级和县级文明村镇 12 000 余个。全省有乡镇综合文化站

① 项继权，周长友.“新三农”问题的演变与政策选择［J］. 中国农村经济，2017（10）：13-25.

4 318个、村综合文化服务中心 33 872 个，广场舞、农民趣味运动会等群众性文化活动常态化开展，农村公共文化服务产品供给不断增加。但调查也发现，一些地方传统重义轻利的乡村道德观念在弱化，个人利益至上、履行义务意识不强、奉献精神缺失等现象日益严重，争做贫困户和低保户的现象不在少数，农民群众建设美好家园的内生动力不足；传统农耕文化的传承发展在乡村出现“断层”，农村年轻一代对传统礼仪道德、风土人情失去兴趣，传统文化价值观念和传统美德处于消融、消解的危机之中，能够留住农耕文化记忆和美丽乡愁的符号越来越少。

典型案例：四川省巴中市恩阳区明阳镇高店子社区

四川省巴中市恩阳区明阳镇高店子社区面积达 2.68 平方千米，下辖 6 个居民小组 386 户 1 543 人。社区按照“依山就势、错落有致、聚散结合”的原则，依照“园区+社区+景区”的发展模式，推进新居工程一体化建设，建成 208 户的居民集中聚居点。同时积极兴产业、促发展、抓创建，狠抓乡风文明创建工作，先后获得“全国文明村”、省级“四好村”等称号。

（1）紧盯产业发展，夯实乡风文明建设经济基础

乡风文明建设离不开经济基础的支撑。高店子社区在乡风文明建设的过程中，大力培育产业，先让群众的钱袋子鼓起来。社区按照“农户+市场+龙头企业”的模式引进业主，通过流转土地，发展两大产业。与此同时依托地处城郊的优势，大力发展乡村旅游，实施庄园农田景观化改造，以实现四季有景可赏、有菜可摘，走集休闲、旅游、观光、度假于一体的农旅结合发展的路子，居民收入逐年提高。

（2）抓住关键环节，推动乡风文明建设重点突破

高店子社区利用会议、标语、板报以及文艺演出等宣传形式，开展了倡导新风、重视科普、抵制迷信的宣传活动；利用文化墙、文化长廊等宣传形式开展仁、义、礼、智、信传统美德的教育宣传。积极采取措施，建立志愿者服务队，组建老年人协会、红白理事会、义务巡逻队等参与志愿服务。开展“文明新风进家园”“传家训、立家规、扬家风”活动，开展“五好家庭户”“六星级文明户”“好邻居、好儿媳、好公婆”“最美脱贫致富人”评选活动，树立典型，引导农民由“日出而作、日落而息”的传统生活方式转向和谐幸福的农村社区生活方式。

（3）注重习惯养成，构筑乡风文明建设群众参与保障

基于有 800 余年历史的舍茶垭“仁义行善”文化，提炼总结了“仁义、和善、公平、法制”的核心优良传统用以教育和引导群众，让群众从悠久的历史文化中汲取精华，于潜移默化中养成好习惯。同时开展丰富多彩、形式多样的核心价值观主题教育活动，形成以“村规民约”为主的一系列管理制度。发挥村民自治组织的作用，特别利用老年协会的职能发挥老年人管理的优势，共同解决社区问题。增强群众性精神文明创建的针对性，通过开展丰富多彩的活动引导居民文明习惯的养成。发挥文明引领与文明劝导的作用，提升群众的文明素质。

——改编自《2018 四川特色村发展报告》

4.3.2 乡风文明的要求

“乡风文明”作为乡村振兴的五项要求之一，既是乡村振兴的重要内

容，也是乡村振兴其他四项要求即产业兴旺、生态宜居、治理有效和生活富裕的重要促进要素，乡风文明建设可以渗透到乡村振兴的各个方面，对产业兴旺、生态宜居、治理有效以及生活富裕都具有重要影响，是乡村振兴的重要保障，是整个乡村振兴战略实施的重要动力和软件基础。首先，乡风文明可以助推产业兴旺。乡风文明建设与乡村产业发展之间并不是割裂的，而是共荣共生、紧密联系的。乡风文明与产业兴旺互为因果、互相促进。产业兴旺可以为乡风文明提供物质基础，乡风文明建设可以为乡村产业发展提供精神动力和保障，同时也可以成为产业兴旺的重要资源。乡风文明，则产业兴旺发达；产业兴旺，则乡风更文明，“仓廪实而知礼节”。其次，乡风文明可以助力乡村生态宜居。两者可以相互促进，乡风文明的建设过程，同时也是生态宜居美丽乡村的建设过程。生态宜居美丽乡村建设离不开生态的生产与生活方式作保障，乡风文明建设则可以通过教化引导，使农村居民形成生态环保、低碳节约的生产与生活理念，助推环境友好型生态宜居美丽乡村的建设。再次，乡风文明可以助力乡村有效治理。在乡村振兴的实践过程中，乡风文明与治理有效两者间的关系非常密切。乡风文明在乡村治理过程中发挥着重要的引领性作用，乡村治理的过程也是乡风文明建设的过程。乡风文明建设过程中形成的村规民约、家风家训、道德规范等，都可以有效推动乡村社会治理。乡风文明建设也应该以不断推动乡村社会的自治、德治与法治为目标，为提高乡村社会治理的有效性助力。最后，乡风文明可以助推农村居民生活富裕。乡风文明建设是一种乡村文化复兴与再生的过程，这一过程所产生的乡村文化内涵，可以为当地农产品赋予更多文化价值，进而有效提升当地农业与农产品的附加值，最终大幅提高农村居民收入。同时，还可以通过有效提升农产品的文化品牌效应，从而实现产业发展与文化禀赋的深度有机融合，为农村居民实现生活富裕提供坚实的保障。

当前，一些农村基层干部依然把主要精力放在抓经济发展上，对于乡风文明建设的重视程度不够，认为乡风文明建设是“软指标”，而经济发展是“硬指标”，只要经济发展上去了，乡风自然就文明，从而乡风文明建设工作没有深入去抓，流于形式，效果不明显，还需从思想认识上进一步提高。部分农村居民也存在一些陈旧落后的思想观念，比如缺乏健康的精神追求，缺乏遵纪守法、艰苦创业、勤劳致富的精神，这些观念有待进一步转变。有些偏远贫穷的地方陈规陋习根深蒂固、封建愚昧思想抬头、赌博歪风滋生蔓延、好吃懒做普遍存在，影响社会安定，同时影响乡风文明建设。

2018 年的中央一号文件强调，乡村振兴，乡风文明是保障。乡村社会的传统优秀文化与现代文化应融为一体，潜移默化地渗透到乡村生产与生活方式中，最终达到内化于心、外化于行，内化为人们的信仰和习惯，转变成人们的自觉行动，助推乡村振兴战略的实施。可以专门设立乡风文明建设工作委员会，遵循“以人为本、以德为魂、以洁为美、以和为贵”的理念，持续结合实际，因地制宜，在解决好农村居民生产生活实际问题的同时，将新的思想、理念、风尚引到农村，推进乡风文明建设。通过乡风文明建设，创造良好的政务环境、法制环境、招商引资环境、创业就业环境、人居环境，增加乡村对投资者以及对人才的吸引力。

4.4　乡村治理

从表 4-1 可以看出，在两个阶段的总要求中，政治保证由“管理民主”升级为“治理有效”。社会主义新农村建设时期所要求的“管理民主”是农村村民自治的前提，就是要求管理者的作风要民主，村民自治就是要在民主的大前提下才能实现，若没有民主，村民自治便失去了意义。而乡村振兴战略实施所要求的“治理有效”需要广大农民群众的有效参与，是在民主基础上对治理效果的进一步要求，具体要求是在“自治、德治、法治”相结合的基础上，实现农村治理的有效性与可持续性。

4.4.1　四川农村社会发展与乡村治理现状

治理有效是乡村振兴的基础，乡村振兴必须要在农村社会和谐稳定的前提下才能推进。近年来，整个四川省的农村基层党组织领导核心地位得到了加强，实施了 10 万名村级后备干部培养工程，选派“第一书记”制度化。全省建立了农村基层党组织 79 522 个、比 2012 年增加了 5 781 个，基层村党组织书记平均年龄 42.7 岁、比 2012 年小 5 岁左右，大专以上学历干部的占比提高了 9 个百分点。法律进农村活动广泛开展，村民法治意识有所增强，多数干部群众认为农村治安明显好转、安全感得到增强。但调查中也发现，乡村农民组织化程度仍然不高，农村空心化、家庭空巢化、集体经济空壳化问题比较突出，乡村自治、法治、德治三结合体系不健全，熟人社会、邻里互助正在面临冲击，偷盗团伙在个别偏远山村洗劫式偷盗现象时有发生且难以破案。

典型案例：四川省资阳市乐至县孔雀乡孔雀寺村

孔雀寺村位于乐至县城东南 8 千米处，全村辖区面积达 3.26 平方千米，下辖 18 个小组 1 846 人。近年来，孔雀寺村两委积极按照“一核多元、合作共治”要求，加强党的领导，以村民自治为基础，以依法治理为保障，以崇德尚善为引领，推进乡村治理。

（1）坚持“四个民主”，推进自治

依法开展村民直选，推进民主选举，选优配强村级班子；创新“五议三公开两监督”，推进民主决策，村级事务共治共享；完善村规民约，推进民主管理，群众权益有效保障；抓实党务、村务、财务公开，推进民主监督，干群关系更加密切。

（2）创新“三带举措”，推进德治

创新开展“书家谱、晒家训、立家规、传家风”活动，以好家风带动好民风；开展“孔雀寺村好人”评选活动，通过“道德讲堂”“好人榜”学习宣传典型，以崇德尚善的榜样带动好民风；通过道德评议会评比“十星级文明户”，引导村民破除陈规陋习，以文明新风带动好民风。

（3）注重“三大结合”，推进法治

强化学法、用法、守法相结合，开展法律进家庭、进院落，着力提升群众法治意识；强化人防、物防、技防相结合，建立“红袖套”巡逻队伍，试点推行“雪亮工程”，有力维护社会治安；强化网格管理、矛盾纠纷排查化解相结合，充分发挥调委会作用，做到化解矛盾关口前移，实现家庭和睦与邻里和谐。

（4）活用村规民约，推进有效治理

一是广泛宣传动员。利用村务公开、宣传栏、“院坝”、广播、标语多种形式进行宣传，着力提高村民参与的积极性和主动性。二是精心组织起草村规民约。坚持结合本村实际，抓住公共环境卫生、移风易俗、社会公德、家庭美德等村民关心的重要事务和热点问题，围绕主题，集中讨论制定。三是充分征求意见。村规民约初稿形成后，在广泛征求村民意见的基础上再次进行了修改，充分突出了村规民约的特色性、针对性和可操作性，保证了“易记、易懂、易行”。四是强化执行落实。村规民约出台后，把村干部、小组长、党员等确定为执行村规民约的明白人，带头执行，选举了 18 名村民代表为监督人员，监督村规民约的执行。

孔雀寺村把优秀的传统文化理念融入村规民约中，移风易俗，通过把“搞好公共卫生，加强村容村貌整治，严禁随地乱倒乱堆垃圾，修盖房屋余下的垃圾碎片应及时清理，柴草、粪土应定点堆放”等内容融入村规民约，将建设美丽乡村变成了村民的自觉行动，实现了村民自我管理。这些举措不仅有效降低了治理成本，提高了村管理运行效率，更得到了广大村民的积极拥护，并先后获得省级“四好村”、省级“环境优美示范村”、省级“依法治村示范村”的光荣称号。

——改编自《2018 四川特色村发展报告》

4.4.2 治理有效的要求

治理有效是乡村振兴的基础。乡村治，百姓安，国家稳。乡村治理是整个国家治理体系的重要组成部分，关系着乡村振兴战略的成败。构建治理有效的乡村治理体系，是实施乡村振兴战略的基础。治理有效，是乡村治理的目标。2014 年 3 月，习近平总书记在参加第十二届全国人大二次会议上海代表团审议时指出："治理和管理一字之差，体现的是系统治理、依法治理、源头治理、综合施策。"2018 年中央一号文件一方面指出了当前乡村治理体系存在的问题，"农村基层党建存在薄弱环节，乡村治理体系和治理能力亟待强化"，另一方面也提出了以"加快推进乡村治理体系和治理能力现代化"为核心的解决路径，同时还规划了乡村治理体系的宏伟蓝图，即"到 2020 年，乡村振兴取得重要进展，乡村治理体系进一步完善……到 2035 年，乡村振兴取得决定性进展，乡村治理体系更加完善"。乡村治理是实现农村和谐稳定、农民安居乐业的关键。将乡村治理纳入整个国家的治理体系并且不断完善和创新，走乡村善治之路，最终实现乡村治理有效。

4.4.2.1 建立现代乡村社会治理体制

建立现代乡村社会治理体制，是实现乡村振兴战略总要求中"治理有效"的重要制度保障。在 2017 年的中央农村工作会议上，习近平总书记明确指出："建立健全党委领导、政府负责、社会协同、公众参与、法治保障的现代乡村社会治理体制。"当前我国乡村社会治理的重点和难点都是在农村基层，亟须构建"政府引领、社会参与、制度保障"的现代乡村社会治理体制。政府引领，即以政府为核心来规范乡村治理目标，指引乡村治理的方向，这解决了乡村治理中"谁来治理"的问题，并且为"如何治理"提供了方向。社会参与是指充分调动社会多方力量参与乡村治理中，这也解决了"谁来治理"的问题，正是习近平总书记在党的十九大报告中提出的"共建、共治、共享"的社会治理理念的具体表现。社会参与式乡村治理的参与主体在参与乡村治理的过程中，需要遵守规章制度，做到知法自律，懂法自护。制度保障即依托法律等制度的强制性约束解决乡村治理中的棘手难题，依托制度文件对参与主体的行为进行规范，进而为实现乡村治理有效提供制度保障。习近平总书记强调："法律是治国之重器，法治是国家治理体系和治理能力的重要依托。"依法治理不仅是现代治理的核心，同时也是乡村治理的核心，在乡村社会治理体制的构建过程中要坚决做到有法可依、有法必依、执法必严、违法必究。

4.4.2.2 健全“三治结合”的乡村治理体系

党的十九大报告以及2017年的中央农村工作会议都对完善乡村治理体系进行了战略部署，要求“健全自治、法治、德治相结合的乡村治理体系”。依托“三治”实现治理有效，是健全乡村治理体系的重要选择。自治、法治、德治相结合的“三治”是关于乡村治理的重要思想创新。21世纪以来，有关乡村治理的政策文件都聚焦于村民自治。2005—2007年的中央一号文件均提出：“健全村党组织领导的充满活力的村民自治机制。”不同的是2005年的表述前有“建立”二字。2008年的中央一号文件提法修改为“完善村民自治制度。健全基层党组织领导的充满活力的基层群众自治制度”，“村民”调整成“基层群众”，强调了基层群众的重要性。2010年的中央一号文件的表述为“发展和完善党领导的村级民主自治机制”，强调了“村级民主”。2012年的中央一号文件的表述为：“完善农村基层自治机制、健全农村法制，加强和创新农村社会管理，确保农村社会和谐稳定”，补充增加了健全农村法制与农村社会管理的相关内容。2014年的中央一号文件的提法是“完善和创新村民自治机制，实现村民自治制度化和规范化”，对村民自治制度进一步明确。2015年的中央一号文件指出村民自治试点的形式可由单一的村民小组调整到以社区为基本单元。2016年与2017年的中央一号文件指出，要依法开展村民自治实践，并以村党组织领导为主要实现形式。党的十九大报告首次提出“健全自治、法治、德治相结合的乡村治理体系”。2018年的中央一号文件进一步指出“坚持自治为基，坚持法治为本，提升乡村德治水平”。以自治为主的乡村治理体系逐渐调整为“三治”相结合的乡村治理体系。自治、法治、德治相结合的“三治”思想的提出是农村基层治理的理论与实践创新，其出发点与落脚点是实现农村基层和谐稳定。自治是健全乡村治理体系的核心要义，可以更好地发挥乡村精英的主观能动性，以弱关系的方式来实现人与人之间的管理，降低乡村治理成本。治理有效，法治先行。法治既是国家治理的根本，也是实现乡村治理有效的重要制度保障。受农村人力资本水平的影响，当前乡村法治建设总体上滞后于城市法治建设。其具体表现为农村居民法治意识淡薄，许多农村居民对基本的法律不甚了解，既有村民因不懂法律侵犯他人合法权益却浑然不知，也有村民不懂如何依法维护自身合法权益。法治是健全乡村治理体系的题中应有之义，其关键是增强乡村全体成员的法治观念。“国无德不兴，人无德不立。”德治是健全乡村治理体系的扬善之义。以德治国早在春秋战国时期就被提及。乡村治理中的德治，就是充分挖掘根植于乡村的中华优秀传统文化，弘扬真善美，实现人人向善、人人趋善、人人为善，这是维护乡村良好秩序的内生动力。习近平总书记对此做了重要阐述：“要深入挖掘和阐发中华优秀传统文化讲仁爱、重民本、守诚信、崇正义、尚和合、求大同的时代价值，使中华优秀传统文化成为涵养社会主义核心价值观的重要源泉。”

4.4.2.3　以基层党组织建设为抓手实现乡村治理有效

农村基层党组织是最能接触到人民群众的基层党组织，是党在农村工作的执政之基，肩负着乡村振兴的使命。农村基层党建工作是巩固党联系群众的组织基础，是完善乡村基层治理体系的重要举措。因此，实现乡村治理有效，亟须充分发挥农村基层党组织和党员干部的作用，为实施乡村振兴战略提供组织保障，保证乡村形态稳定、不动摇。加强农村基层党组织建设工作，是乡村振兴战略实施过程中破解乡村治理难题的重要举措。20 世纪 30 年代，毛泽东在《〈共产党人〉发刊词》中指出：“加强党的建设是克敌制胜的重要法宝。”1987 年 11 月出台的《中国共产党章程部分条文修正案》，将在乡村设立农村基层党组织写入了党章，自此农村基层党组织的设置在法律上得到了明确认可，中国共产党提出的基层党组织发展的目标是“建设一个好领导班子、培养锻炼一支好队伍、选准一条发展经济的好路子、完善一个好经营体制、健全一套好的管理制度”①。1998 年 10 月，中共中央在《中共中央关于农业和农村工作若干重大问题的决定》中，对新时期农村基层党组织建设提出了明确的方向，即“建设中国特色社会主义新农村，关键在于加强和改善党的领导，充分发挥乡镇党委和村党支部的领导核心作用，建设一支高素质的农村基层干部队伍”②。1999 年，《中国共产党农村基层组织工作条例》指出：“乡镇党委和村党支部是党在农村的基层组织，是党在农村全部工作和战斗力的基础，是乡镇、村

① 中共中央文献研究室. 十四大以来重要文献选编：中［M］. 北京：人民出版社，1997：1010-1011.

② 中共中央文献研究室. 十五大以来重要文献选编：上［M］. 北京：人民出版社，2000：576.

各种组织和各项工作的领导核心。"[①] 2004 年之后，中央开始高度关注"三农"问题，连续 16 年的中央一号文件都是关于"三农"的，形成了一系列强农惠农政策体系，连续强调要充分发挥农村基层党组织在"三农"工作中的领导核心作用，要求进一步巩固党在农村的执政基础。2010 年的中央一号文件首次提出"推动农村基层党组织工作创新，扩大基层党组织对农村新型组织的覆盖面，推广在农民专业合作社、专业协会、外出务工经商人员相对集中点建立党组织的做法"，开启了农村基层党组织新的发展模式。2017 年与 2018 年的中央一号文件着力强调农村基层党组织在乡村治理中的重要作用，要求"完善村党组织领导的村民自治有效实现形式"和"加强农村群众性自治组织建设，健全和创新村党组织领导的充满活力的村民自治机制"。作为农村基层治理重要抓手的基层党组织在演变中在顺应农业农村发展要求的基础上不断被赋予新的使命和责任。治理有效是乡村振兴的基础。在乡村振兴战略的实施过程中，农村基层党组织建设与乡村治理相结合，既可以充分发挥农村基层党组织在基层治理中的优势，确保意识形态不动摇，又可以促进基层党组织的健康发展。

4.5 农民增收

生活富裕是乡村振兴的根本，为此必须扎实做好农村居民生活的保障与改善工作。农村居民收入偏低是制约四川乡村振兴的突出短板之一。

4.5.1 四川农村居民增收现状

一方面，四川的农村居民收入快速增长，农村公共服务水平不断提高，农村居民生活水平不断得到改善；另一方面，农村居民的收入绝对值与全国平均水平以及与城镇居民收入的差距逐步拉大，城乡基本公共服务发展不均衡，四川离共同富裕的目标差距大。

---

① 中共中央文献研究室. 十五大以来重要文献选编：上 [M]. 北京：人民出版社，2000：760.

近年来，四川农村居民收入水平持续快速增长。农村居民人均可支配收入由 2012 年的 7 001.4 元增加到 2019 年的 14 670 元，年均增幅达 13.7%，增速连续 8 年高于全国平均水平和全省的城镇居民收入增幅。教育、医疗与社会保障等农村公共服务持续改善，义务教育趋向均衡发展，九年义务教育巩固率不断提高，县、乡、村公共卫生机构建设的投入不断增加，乡镇医疗卫生机构的医疗水平不断提升，新型农村合作医疗（以下简称“新农合”）参保人数与参保率不断提高，农村居民生活水平得到改善，人均住房面积不断增加，电视机、手机等基本耐用消费品全面普及，汽车、摩托车、家用计算机等高档消费品日趋普遍。

另一方面，四川农村居民收入水平呈现出“一放缓两拉大”的趋势。具体而言，农村居民收入增幅下降，增速回落放缓，绝对值与全国水平的差距拉大，与城镇居民收入水平的差距拉大，且有继续拉大的趋势。城乡基本公共服务发展不均衡化问题凸显，农村与城市最大的差距在于教育和医疗水平，上学难、看病贵的问题依然存在。农村教师学历水平远低于城市，基层卫生人员绝大多数学历低、无职称、缺经验，新农合政策范围内的报销比例低于城镇职工，农村居民的养老金水平更是远低于城镇职工，人均消费性支出的城乡差距也很大，人均住房建筑面积与恩格尔系数差距也较为明显。

虽然农村居民收入增速快于城镇居民，但仍需下大力气，拓宽农村居民增收渠道，缩小城乡居民收入差距。

典型案例：四川省宜宾市屏山县锦屏镇锦屏村

锦屏村辖区面积达 2.84 平方千米，下辖 5 个小组 248 户 1 128 人。其地理位置独特，背靠赛子岩，俯瞰金沙江，热资源丰富，地形上集丘陵、山地于一身，是茶叶与水果生长的最佳地区。现有生态茶叶、优质梨、休闲农业三大产业，依托第一、第三产业融合发展，通过举办梨花节、电商微商等多渠道促进农民增收。

锦屏村以茶树梨树、茶树李树套种为主，发展立体农业。茶园面积超过 1.67 平方千米，已全部通过国家级无公害茶叶生产基地认证；无公害优质梨基地面积达 1.2 平方千米，有梨树 20 余万株，年产梨 15 万千克，产值达 300 余万元；优质半边红李子有 1.33 平方千米。此外还有名优茶加工营销企业 2 个，年加工能力超过 20 万千克，茶叶产品获农业部农产品质量安全中心无公害农产品认证。“翠螺香”“酒都御芽”等优质茶叶品牌获“四川省优质名茶”称号，年产值由原来的 380 万元增加到 600 万元。

从 2006 年开始，锦屏村不断加大对茶叶基地基础设施建设的投入力度，先后通过政府投资和村民集资的形式，投入了 2 000 万元用于基础设施建设，硬化通村水泥路，修通便民入户水泥路、生产路，基本实现户户通水泥路，完成集中供水管道建设 3 万余米，家家饮用自来水，有效改善村民生产生活环境，为发展茶业与水果产业打好了坚实基础。

屏山县锦茗茶业农民专业合作社和锦果果业专业合作社统一会员管理标准，与农户签订茶叶收购合同，保证农户茶叶销售，同时积极探索电子商务，建立网络销售平台。专业合作社统一规定病虫防治时间和指定农药品牌，由各生产组建立台账，确保茶业与水果品质，与宜宾绿源超市签订水果销售合同，由合作社制定销售最低保护价，防止恶性竞争。

锦屏村以“锦屏农业生态园区”万亩无公害生态茶叶基地为依托，以“科学规划布局美、助农增收生活美、村容规范环境美、乡风文明身心美”为基本思路，充分发挥茶园田园风光和库区高峡平湖风光两大优势，形成了一条突出以“茶文化”为核心，以采茶节、梨花节、品果节为载体，以“土、野、乐、趣”为特色，集人文、历史、自然景观、农业观光和休闲旅游为一体的库区乡村旅游产业新平台。2017 年举办“四川花卉生态旅游节分会场暨锦屏梨花文化旅游节”，吸引游客达 7.76 万余人次，实现农副产品销售及旅游收入 2 716 万元；2018 年 3 月举办“屏山县乡村旅游节暨第八届锦屏梨花节”，吸引游客达 6.2 万余人次，实现农副产品销售及旅游收入 5 100 万元。2017 年，全村人均可支配收入高达 24 800 元。

——改编自《2018 四川特色村发展报告》

4.5.2 生活富裕的要求

从 4.1 产业发展部分的表 4-1 可以看出，在两个阶段的总要求中，中心目标由“生活宽裕”升级为“生活富裕”。“生活宽裕”与“生活富裕”都是对农村居民生活水平的要求，但两者水平有高低不同，“生活富裕”比“生活宽裕”更富足，更美好。

2018 年的中央一号文件指出：乡村振兴，生活富裕是根本。农村居民对美好生活的向往是推动乡村振兴的动力。推动农村居民生活富裕可以从以下五个方面入手：首先是要通过促进三大产业融合发展、支持与鼓励农村居民就业创业以拓宽其增收渠道；其次是要通过加快农村社会保障体系建设建成多层次社会保障体系，满足农村居民多样化、多层次的保障需求；然后是要通过推动农村基础设施提档升级以提升农村基层公共服务水平；再其次是要通过优先发展农村教育事业，办好让农村居民满意的教育；最后是要把人民健康放在优先发展的战略地位，推进健康乡村建设。

4.5.2.1 拓宽农民增收渠道

拓宽农民增收渠道是乡村振兴战略中的重要发力点。一是以产业发展的方式促进增收与脱贫，建立龙头企业、经营大户与贫困户或者低收入家庭的帮扶对接机制。大力发展能带动农村居民收益的特色农业、劳动密集型加工业以及服务业等产业，积极培育新产业新业态，助力农村居民就地就近实现就业，汇聚各种生产要素，因地制宜发展特色产业，拓宽农村居民增收渠道。二是盘活农村集体资产，壮大农村集体经济。农村集体产权制度改革，可以盘活和保护农村集体资产、壮大集体经济，从而增加农民财产性收入。三是通过大力实施新型农业经营主体培育工程以培育壮大新型农业经营主体，从而发展多种形式的适度规模经营。健全新型农业经营主体扶持政策，培育发展农民合作社、家庭农场、专业大户、农业产业化龙头企业等新型农业经营主体与社会化服务主体。对新型农业经营主体的扶持力度与其带动小农户的数量与效果相挂钩，以促进小农户与现代农业发展有机衔接。四是利用互联网电商平台发展订单农业。利用互联网平台销售优质农副产品，不仅可以实现优质农产品的跨区域流通，而且可以促进农村居民增收。五是通过促进三大产业融合发展扩大农村居民就业门路。构建农村第一、第二、第三产业融合发展的产业体系，延长产业链，不断挖掘农业产业链的增值空间，提升农业的经营效益，支持农村居民就业和创业，增加其收入。

4.5.2.2　加快农村社会保障体系建设

我国农村的社会保障体系是整个社会保障体系中的薄弱环节，相关社会救助、医疗保障、养老保险等社会保障体系仍不完善，既不利于农村的和谐稳定，又影响到整个农村的长远发展。为了使城乡社会保障体系逐渐接轨，最终形成全国统一的现代化社会保障体系，我国计划到2020年，在农村地区基本建立全员覆盖的生活最低保障、养老、农村合作医疗等基本生活保障体系。农村社会保障体系的完善不仅有利于实现全社会的公平，而且有利于农村地区实现社会稳定、和谐发展以及留住人才。党的十八大报告提出统筹推进城乡社会保障体系建设，党的十九大报告对社会保障体系建设的严密度提出了更高的要求："按照兜底线、织密网、建机制的要求，全面建成覆盖全民、城乡统筹、权责清晰、保障适度、可持续的多层次社会保障体系。"目前农村社会保障体系建设主要存在以下几个方面的问题：一是社会保障范围窄且保障程度低，无法满足广大农村居民的需求。二是农村社会保障中的养老、医疗、低保、救济等由不同的部门进行管理，不同管理部门之间缺乏联动、监督约束及激励机制。三是信息化建设滞后，电子医保卡等工作进展慢。四是缺乏业务水平高、专业技术硬的技术人员，人才队伍建设需加强。五是法律制度建设得不健全，缺少相关法律基础，影响农村社会保障的管理运行效果。针对当前农村社会保障体系建设过程中存在的问题，应主要从以下几方面着手解决：首先是要对农村给予政策倾斜，逐渐消除城乡社会保障差异，构建完善的农村社会保障结构体系，实现农村社会保障体系多层次、全覆盖且均衡发展的目标。鼓励农民积极参保，对于经济落后的农村地区，要给予更多的政策支持，尽量提高保障范围和保障程度，构建起基础性的社会保障体系。激励更多的人才投身于农村社会保障体系的建设，以城促乡，促进农村经济发展，保证财政社保支出。其次是要从法律层面保障农村社会保障体系的建设。最后是要加强对农村社会保障的监督与管理。要加强对农村社会保障资金使用情况的监督与审查，定期将结果向社会公开，社会保障资金的收缴、管理与使用情况也应向社会公开。

4.5.2.3 推动农村基础设施建设提档升级

研究表明，农村在信息、卫生环境与交通运输方面的基础设施建设对农业经济增长有显著正效应①。基础设施建设是农村各项事业发展的基础，是改善农村居民生产与生活条件的民生和民心工程，是农业发展、农民增收和乡村振兴的根本保障。推动农村基础设施建设提档升级，有利于农民增收。2017 年 2 月，国务院办公厅《关于创新农村基础设施投融资体制机制的指导意见》指出，各地方政府要积极响应，根据各地实际加快农村基础设施建设步伐，不断改善农村生产生活条件，全力补齐农村基础设施建设短板。2017 年的中央农村工作会议强调，要坚持以工补农、以城带乡，将公共基础设施建设的重点放在农村，推动农村基础设施建设提档升级。

农村基础设施建设从根本上说是为了满足农村居民生产与生活的需求，为此需要充分尊重和倾听农村居民的心声，让农村居民满意。因此，推动农村基础设施建设提档升级，应充分发挥农村居民自治组织的参与程度，最大限度地调动广大农民的参与积极性。推动农村基础设施建设提档升级，这是一项长期的使命，可以从以下几个方面着手进行：一是要促进农村农业基础设施建设的投融资结构升级。通过多种方式拓宽农村农业基础设施建设的筹资渠道，变长期以来以政府投资为主的筹资模式为市场化、多元化、高效化的利益共享分担模式。二是要促进农业农村基础设施

① 张亦弛，代瑞熙．农村基础设施对农业经济增长的影响：基于全国省级面板数据的实证分析［J］．农业技术经济，2018（3）：90-99.

建设的产业布局优化。制订科学规范的基础设施标准，完善农村农业基础设施建设发展规划，突出强化顶层设计，因地制宜地加大农村农业基础设施建设。三是要促进农村农业基础设施的科学管理水平提高。健全农业社会化服务体系，对已建成的基础设施进行科学管理，引进专业技术人员及时进行后期维修和管护。

4.5.2.4 优先发展农村教育事业

我国的优质教育资源主要集中在大城市和特大城市，农村地区优质的中小学教育资源非常缺乏，更不用说高等教育。应借鉴学习发达国家和地区的经验，促使教育资源分布均衡，尽快制定并实施促使优质教育资源均衡布局的战略规划，引导特大城市、大城市的优质教育资源特别是优质中小学教育资源向农村地区布局。习近平总书记强调："教育是提高人民综合素质、促进人的全面发展的重要途径，是民族振兴、社会进步的重要基石，是对中华民族伟大复兴具有决定性意义的事业。"实施乡村振兴战略，振兴农村教育是关键，要将教育事业优先发展和农业农村优先发展有机融合起来。党的十九大报告指出，推动城乡义务教育一体化发展，高度重视农村义务教育，办好学前教育、特殊教育和网络教育，普及高中阶段教育，努力让每个孩子都能享有公平而有质量的教育。统筹加强乡村小规模学校和乡镇寄宿制学校建设，着眼处理好就近入学与合理寄宿、保障质量的关系，统筹布局规划，推进学校标准化建设，统一生均公用经费基准定额标准，鼓励地方提高公用经费水平，统一学校基本装备标准，提高装备应用水平，从办学条件、师资队伍、经费保障、教育教学等方面，实施底部攻坚，全面提升农村办学水平。2018 年的中央一号文件《中共中央国务院关于实施乡村振兴战略的意见》强调，优先发展农村教育事业，建好建强乡村教师队伍。

与城市教育相比较，目前农村教育仍存在较多问题，主要是农村人口多，教育需求大，但优质教育缺乏。究其原因，一是农村教育经费投入少。由于经济发展水平的差异，一些县级政府不具备承担农村教育管理相应的财政能力，导致农村教育经费严重缺乏，制约农村教育良性发展。从 2002 年开始，农村在校生数量明显减少，很多小学的资金投入不足，教室简陋，相应的教学设备设施缺乏、老化或单一。二是农村教育师资队伍弱。由于待遇与生活条件的差异，农村教师队伍的稳定性差，向城市学校流动的倾向明显，农村教师知识水平低、教育能力有限、教育观念和教学方法落后，严重影响农村教育的质量，农村与城市的教育差距日益拉大。三是农村教育的结构和功能不够完善。大部分农村教育结构单一，只有义务教育，职业技术教育和成人教育相对缺乏，无法满足农村对于成人和职业教育的需求。一些贫困农村甚至学前教育都成很大问题。幼儿园教师文化水平不高，没有幼师资格证，学前儿童多是留守儿童，家庭教育薄弱，这些都阻碍着农村幼教事业健康发展。农村教育事业的发展任重道远。首先要通过拓宽增产渠道来增加农村居民的经济收入以及地方政府的收入，让地方政府有充足的财力可以加大教育投入。在抓好基础教育的同时也要重视职业技术教育与成人教育，全面提高农村人口素质，改善农村教育结构，提升农村教育质量。为了提高教师队伍的整体素质与专业能力，一方面要提高农村教师的待遇与福利水平。教育部门可以为农村中小学优质师资制订实施专项计划，建立人才引进与自主培养相结合，学历教育、实践锻炼、技能培训等多种方式并举的人力资源开发机制，吸引大学生与优秀教师到农村任教，设立专项基金，对自愿到农村工作的师资给予津贴补助、安置住房等。另一方面要加大对农村教师的培训力度，加强城乡教育合作，建立城市教师定期服务农村的良性互动机制，促进城乡教育资源共享，健全农村教师在职进修制度，全面提高农村教师的专业技能。

4.5.2.5 推进健康乡村建设

健康是人民对美好生活最基本的需求，是促进人的全面发展以及社会全面进步的必然要求，同时也是经济社会发展的基础条件。健康是人力资本的重要构成因素之一，而人力资本是经济增长的重要源泉。哈佛大学研究表明，亚洲经济奇迹的 30%～40%源于健康的人群。据世界银行测算，在过去的40 年中，8%～10%的世界经济增长是可以归因于健康人群的。自改革开放以来，党和政府采取了一系列措施加强农村医疗卫生工作，在很大程度上改善了农村缺医少药的状态，农村居民的健康保障水平和平均预期寿命得到了很大程度的提高和延长。但农村居民可获得的医疗卫生资源在总体上远低于城市居民。2009 年的新医改使我国的卫生与健康事业进步显著，但卫生与健康事业发展不平衡和不充分的问题突出，主要表现为农村卫生事业发展落后，农村地区卫生事业的发展呈现出“洼地”现象：农村卫生事业发展相对缓慢，城乡卫生资源对比差距大，基本公共医疗资源与服务在城乡之间的分布高度不均衡，农村人均卫生费用仅为城镇的1/3，慢性病增幅为城镇的2倍，与城镇平均预期寿命的差距尚未得到根本改善，“因病致贫”人口占农村贫困人口的四成。加快破解农村卫生难题，保障全民健康，是乡村振兴战略的要求。习近平总书记在多个场合公开表示，与城市相比而言，我国农村的医疗卫生与社会保障等社会事业发展较为滞后，要推动医疗卫生资源下沉、医疗卫生工作重心下移，真正解决好农村基层群众看病难、看病贵的问题。

发展农村健康事业作为一项复杂的社会系统工程，无关乎传统医疗技术范畴，而是关乎城乡资源的均衡分配和经济社会的平衡发展。推进农村健康事业发展，地方政府需要落实好协调发展理念，破除传统发展模式下只注重国内生产总值（GDP）增长的发展观念，落实好“健康优先”发展的发展战略，促进城乡基本公共卫生服务均等化，推动经济社会的协调与平衡发展，促进农村健康事业的发展。农村健康事业的发展面临着很多具体工作任务，比如分级诊疗、家庭医生签约、健康管理等。而分级诊疗工作需要提高基层医疗机构的服务能力，因此需要加大对基层医疗机构人、财、物的投入，并建设一支强有力的家庭医生签约队伍。推动医保支付方式改革，则涉及卫生部门与人力资源和社会保障部门之间的工作协调问题，涉及部门利益和权限的协调问题。

对于推动健康乡村建设，重点从以下几个方面着手：首先要提高认识，健康乡村建设既是全面建成小康社会的重要内容，也是推动乡村振兴的重要抓手，要以农村居民身体健康为核心，以生态环境治理为重点，加大资金投入力度，将环保设施延伸到农村；其次要坚持公益性不动摇，加快建立分级诊疗制度，加大农村医疗投入力度，促进医疗资源向农村下沉，为村级卫生室配备必要的医疗设施，提升村级卫生机构服务水平，完善药品集中采购制度，健全廉价、短缺药品供应保障机制；最后要加强基层医疗卫生人才队伍建设，鼓励引导卫生人才下乡支农，通过常态化教育培训、业务指导等多种方式，提升村级医疗卫生机构医护人员的业务水平与职业素养以及医疗服务水平。

5 四川乡村振兴的人才支撑

要推动乡村人才振兴，把人力资本开发放在首要位置，强化乡村振兴人才支撑，打造一支强大的乡村振兴人才队伍。

——2018 年 3 月习近平总书记在山东代表团参加审议时强调

实施乡村振兴战略，必须破解人才瓶颈制约。要把人力资本开发放在首要位置，畅通智力、技术、管理下乡通道，造就更多乡土人才，聚天下人才而用之。

——2018 年中央一号文件《关于实施乡村振兴战略的意见》

把培养人才和发挥人才作用摆在乡村振兴战略全局中通盘考虑，依靠人才引领推动乡村振兴，在乡村振兴中培养造就人才。

——2019 年农业农村部《农业农村部 2019 年人才工作要点》

5.1 乡村振兴中人才的重要作用

人力资本理论之父舒尔茨认为，人力资本对于经济发展的推动作用远远大于物质资本，对人类前途起决定性作用的不是土地、空间和自然资源，而是人口的素质、技能和知识水平①。乡村振兴战略的实施关键在于人才。

首先，乡村振兴需要聚集人气。农村人口结构和治理结构的老化使得乡村振兴面临一个很大的难题，就是乡村缺人气和活力。要使得乡村有人气、有活力，就必须把人才振兴放在突出的位置。产业兴旺需要有人干，生态宜居需要有人气，乡风文明需要有人育，治理有效需要有人为，生活

① 曲秉春，金喜在. 农业大国怎能忽略农村人才［N］. 光明日报，2012-06-20（15）.

富裕需要有人享①。只有让更多的人，尤其是有创见、有工作、有收入的年轻人留在农村并且扎根农村，才有可能避免乡村的凋零和衰败，只有人丁兴旺，才有可能产业兴旺、生态宜居、乡风文明和治理有效。实施乡村振兴战略的关键在于吸引人才，把人才引入并留在乡村，进而形成人才聚集、人尽其才的局面，只有这样乡村振兴才有底气。

其次，乡村振兴需要各类人才的参与。人才振兴是乡村振兴的基础。乡村振兴战略的实施离不开党的领导、政府的支持、市场的推动以及社会各界的广泛参与，尤其是农民的参与。乡村振兴需要建立城乡要素双向流动的体制机制，特别要通过城乡融合发展，让更多的资源、技术和适宜的人才等生产要素流向乡村，让部分流出的农村人口理性回归农村，成为乡村振兴的谋划者、实施者及参与者，通过其努力，建设美丽乡村，破解农村空心化、老龄化与妇幼化的问题，化解城乡发展不平衡、农村发展不充分的难题。乡村振兴战略的实施，必须首先树立“人才是第一资源”的根本理念，把人才振兴放在乡村振兴的重要位置，充分认识到农民才是乡村振兴的真正主体，打造更多乡土人才，聚天下英才而用之，为乡村振兴提供强有力的人才支撑。

最后，乡村振兴是为了“人”。在乡村振兴战略的总要求中，共同富裕是根本，农民是乡村振兴战略实施的最终受益者。中国有句古语：“一切为民者，则民向往之”。乡村振兴只有以人为本、以民为本，把广大农民群众对美好生活的向往转化成乡村振兴的动力，把维护广大农民的根本利益、促进广大农民群众共同富裕作为乡村振兴战略的出发点和落脚点，才可以调动广大农民群众的积极性、主动性和创造性，把乡村振兴真正变成广大农民群众共同的责任和主动的要求，让广大农民群众切实参与到乡村振兴战略的实施中，乡村振兴才能行稳致远。

2018 年 6 月，习近平总书记在山东考察时强调：“乡村振兴，人才是关键。”2018 年中央一号文件《中共中央国务院关于实施乡村振兴战略的意见》提出：“实施乡村振兴战略，必须突破人才瓶颈。要把人力资本开发放在首要位置。”2018 年 3 月，习近平总书记在参加全国“两会”山东代表团审议时强调，乡村发展的“五个振兴”即产业振兴、人才振兴、

① 罗鸣忠. 以人才振兴推进乡村振兴［J］. 乡村振兴，2019（2）：48-51.

文化振兴、生态振兴、组织振兴，其中人才振兴是乡村振兴的核心要素。同时，习近平总书记还强调，要把人力资本开发放在首要位置，强化乡村振兴人才支撑，加快培育新型农业经营主体，让愿意留在乡村、建设家乡的人留得安心，让有意上山下乡、回报乡村的人更有信心，激励各类人才在农村广阔天地大施所能、大展才华、大显身手，打造一支强大的乡村振兴人才队伍，在乡村形成人才、土地、资金产业汇聚的良性循环。2019 年中央一号文件《中共中央国务院关于坚持农业农村优先发展做好“三农”工作的若干意见》明确指出，把乡村人才纳入各级人才培养计划予以重点支持，培养懂农业、爱农村、爱农民的“三农 ”工作队伍。中共中央在《关于实施乡村振兴战略的意见》中明确提出，要汇聚全社会力量，强化乡村振兴人才支撑。由此明确了人才在乡村振兴各要素中的核心地位。

5.2 乡村振兴的人才需求

城乡二元结构下的传统农村是典型的农业社会，农业是其主要产业，农村的土地、资金、劳动力等生产要素市场化的程度都非常低，部分主要农产品也是非市场化的，产业与经济形态都缺乏市场活力，导致乡村人才社会化程度很低，实施乡村振兴战略真正需要的职业型、专业型、复合型的社会化人才极为缺乏。实施乡村振兴战略是促进城乡融合发展的创新性变革。乡村振兴战略的深入推进，一方面会产生大量的人才需求，另一方面，农村第一、二、三产业融合发展程度的进一步深化，以及土地、人才、资金等生产要素的进一步放活，必将带来人才的聚集发展。

5.2.1 乡村振兴人才需求的总特征

乡村振兴的人才需求体现出职业型、专业型、复合型等社会化特征。

乡村振兴需要打造一支职业化的“正规军”，各类乡村人才需要“各司其职”。随着户籍制度、农业经营制度以及乡村治理制度改革的深化，农民身份的制度性固化将逐步消解，农民将逐步脱离传统的生产与生活方式、思维方式以及价值观念，慢慢过渡到现代化、产业化、商品化的生产方式与生活方式，职业化特征将逐步显现。随着农业产业经营规模的不断扩大，职业农民的队伍将会不断壮大，成为现代农业发展的主要力量。一些地方的村干部也开始专职化，有固定办公场所，还有村级办事大厅，方便处理村里的各种事务。但村干部的职业化应该谨慎。乡村振兴是一个庞大的系统工程，所配套的繁杂日常事务以及脱贫攻坚、"一村一品"、基层党建、村务信息化管理等一系列的工作，需要村干部用更多的时间和精力来完成。村干部职业化的前提是必须给其相应的工资收入，以弥补其不能再兼职家庭生产的损失，而且工资收入必须比原来不脱产的误工补贴要高得多，如果工资收入太低又不能兼职家庭生产，就会影响村干部的积极性，但是太高了又受制于财政支付能力。另外，村干部一旦职业化，就会成为自上而下行政体系中的一员和上级政府在基层的代理人，这样在村级治理中，村干部将依据上级指挥而非农民实际需要来行事，性质将发生重大变化。

随着农村第一、二、三产业的融合发展以及产业化、信息化、规模化的发展，农村社会的专业化分工程度越来越高，产业、生态、社会治理、教育、医疗、就业、养老、文化建设等领域都需要"术业有专攻"的专业人才，这些人才必须具备专业知识与技巧，并且能够紧密结合农村经济、社会的特点和实际需求开展工作。

乡村振兴所需要的人才在保持自身专业性的同时，还必须具备解决复杂问题的复合能力。乡村振兴战略下的乡村产业发展是第一、二、三产业互动的多产业融合发展。乡村人才也需要熟悉第一、二、三产业互动，必须是懂经营、善管理、全面发展的复合型人才，具备工商、税务、金融、管理等方面的专业知识，可以分析和定位产品市场，具有企业管理、财务管理、成本控制、市场营销等经验，能够适应市场、驾驭市场、抵抗市场风险等。

5.2.2　乡村振兴重点需求人才类型

乡村振兴战略实施的过程中重点需求的人才类型包括引领型人才、创新型人才和实用性人才。

5.2.2.1　引领型人才

乡村干部是最基层的社会治理人才。推动乡村振兴战略的实施，需要锻造一支高素质的基层乡村干部队伍，来引领乡村振兴事业的发展。实施乡村振兴战略，基层乡村干部应该有勇气、有担当，有开放开拓的眼界与思维，也有立足实际的踏实与勤奋，抛却不切实际的面子思想以及急功近利的政绩观，转变作风，为老百姓做好事、做实事，投身乡村振兴事业。现有的乡村社会治理人才队伍普遍存在年龄偏大、文化程度偏低、观念僵化的问题，缺乏带领村民长远发展的规划与思路，难以发挥“领头羊”的作用。为此，党中央国务院相继实施了“大学生村官”“三支一扶”以及“第一书记”等人才计划，以充实基层干部队伍。实践证明，选派到基层乡村的人才确实充分发挥其资源优势、信息优势和人脉优势，为乡村发展提供了强有力的支撑。实施乡村振兴战略，意味着农业农村的发展进入新的历史阶段，对乡村社会治理人才提出了新的要求。与传统农业相比，农业已经开始向集约化、规模化和市场化的方向发展，这要求乡村社会治理人才必须具备对新技术和新信息的接纳消化能力，真正做到“懂农业”。农村基层工作点多面广、人际关系错综复杂、待遇差，乡村基层社会治理人才又要长期扎根农村，耐心细致地做好服务，做到真正地“爱农村”。随着农民群众对政策的认知和法治意识逐步提升，其诉求越来越多元化，这就需要乡村基层社会治理人才认真吃透各项方针政策，直面群众，切实为农民群众办实事、解难事，真正做到“爱农民”。目前，大多农村基层干部年龄偏大，接受新思想、新知识和新技能的意识和能力差，不能熟练使用电脑、网络等基本工具，面对现代化办公设备、村务信息化管理力不从心，对于发展集体经济和特色产业思路不清、能力不足，因此亟须造就一支职业化的乡村基层治理人才队伍。乡村振兴战略的实施要创新农村社会治理，最终实现农村地区的有效治理，就需要重点引进那些素质高、专业技能强且有担当、真心为群众服务的乡村社会治理人才。

5.2.2.2 创新型人才

创新是发展的第一动力，是建设现代化经济体系的战略支撑。将创新发展新理念运用到乡村振兴战略的实施中，是现阶段农村工作的现实需要。因此特别需要培养一批具有前瞻性和引领性的创新型人才。创新型人才的核心是农业科技人才。农业高质量发展实质上是农业科技的提升，必须要注重农业科技人才对农业以及农村发展的支撑作用。目前，农业农村领域的创新型人才主要集中在高校、科研院所、具有创新能力的大中型企业等智库机构，主要包括从事涉农政策研究的政策设计者、从事涉农技术研究的专家学者以及涉农的学生等。这些创新型人才可以利用自身的身份优势将理论与实践有机结合，在农业新技术、新产品或新方案的研发、推广、应用等方面提出有效性较强的创见，并产生一定的价值，或者将研究成果进行转化，实现产学研深度融合，助力农业供给侧高质量发展。培养一批有思想、能创新、敢实践的创新型人才，是保障乡村振兴战略实施的重要选择。

5.2.2.3 实用型人才

乡村振兴战略实施所需要的实用型人才既包括乡村产业发展人才，也包括乡村公共服务发展所需要的医疗、教育、文化人才。

（1）乡村产业发展人才

产业兴旺是乡村振兴的基础，乡村振兴首先需要发展乡村产业的引领者。可以发展高端优质农业、可以推动农业产业结构调整，或者可以在种养及农产品加工方面形成较大生产规模且品牌效益较好的人才，都是乡村振兴中乡村产业发展所急需的人才。他们不仅需要具备长远的战略眼光与敏锐的市场意识，而且需要掌握丰富的资金、技术和人脉资源，在促进农村产业结构优化、发展壮大以及提质增效等方面具有一定的优势，是引领乡村产业振兴的重要力量。因此，实施乡村振兴战略首先需要广泛地吸纳与培养乡村产业发展人才，借助和发挥其资源优势与引领作用，着力打造具有当地区域特色的、同时具有品牌效应的龙头企业，形成以产业为载体、推动乡村全面协调发展的模式。

（2）乡村医疗卫生人才

随着经济的发展以及农民生活水平的提高，农民对医疗卫生服务不断增长的需求与乡村医疗资源配置不充分、不合理之间的矛盾日益突出，如何有效化解这一矛盾是乡村振兴的重要方面。在当前阶段，乡村振兴所需要的医疗卫生人才既包括具有一定权威和影响力的业务骨干和学科带头人，也包括本（专）科以上的医学专业毕业生以及中专以上的护理专业毕业生，只要是高素质、有医德并且爱岗敬业的医疗卫生职业者都是乡村医疗卫生服务所需要的。为此，一方面需要医学类高等院校重视和加强对乡村卫生人才的培养与教育，着力培养公共卫生、全科医学等适用范围广的专业乡村医务人才；另一方面需要加大资金、政策上的投入和扶持力度，保障乡村卫生人才的晋升、购房、待遇及子女入学等问题能得到妥善解决；同时还要注重对乡村现有卫生人才的培训与教育，大力提升其职业技能。

（3）乡村基础教育人才

“百年大计，教育为本”。给农村孩子以良好的教育机会，是乡村振兴的题中应有之义，也是公平合理分配教育资源的题中应有之义。乡村基础教育人才是达成这一目标的重要抓手。为此，需要加大对乡村基础教育人才发展的支持，尤其要加大教师专项计划等教育扶持政策向边远贫困地区、边疆民族地区和革命老区乡村基础教育的倾斜力度，整合并均衡教育资源，完善乡村学校的基础设施及配套，同时要通过“以考促学”等措施引导乡村教师在实践中反思、改进，确保乡村师资队伍的质量，最主要的是要建立起乡村基础教育人才服务保障体系，确保乡村基础教育人才“下得去、留得住、干得好、受尊重”。

（4）乡村文化传承人才

文化是乡村的灵魂。文化兴则乡村兴。随着城镇化的快速推进以及农村人口的大规模流出，农村社会的生产方式与生活方式出现极大的变化，传统的村落正在走向凋零，人们对传统乡村社会的记忆已经开始模糊，农民对自身身份的认可度大大降低，文化传承困难，民风不古，这些都是乡村文明开始没落的直接表现。培养可以传承乡村文化的人才成为乡村振兴的现实需要。习近平总书记在 2018 年 3 月 8 日参加山东代表团审议时强调：“深入挖掘优秀传统农耕文化蕴含的思想观念、人文精神、道德规范，培育挖掘乡土文化人才。”这为新形势下走出“谁来传承 ”的人才困境指明了方向。具体而言，要以乡村文化发展促进乡村振兴，就必须培养一批乡村文化传承人才：要实施传统工艺和文化振兴工程，积极挖掘乡土文化人才，拓展非遗产品新市场，培养乡村非遗传承人；充分发挥乡村文艺骨干的作用，广泛宣传优秀民间文化，积极弘扬精神文明正能量；要因地制宜完善农村文化设施，使村级大喇叭、村级道德讲堂等成为传播文明乡风的主阵地，并通过开办乡村文化讲习所、培训班、文化站，为乡村文化的交流和学习提供场地与平台，同时通过举办赛事或演出、发放认定证书等方式，体现乡村文化传承人的价值，提高其社会认可度。

（5）新乡贤

调查显示，乡贤文化越繁荣的地区，脱贫攻坚成效越显著，村民相处越和谐，乡村文化越繁荣①。传统农耕文明浸润下的村庄往往是一个相对独立的社会，新乡贤通常可以解决一些由于政府缺位、失衡而导致的或者按正常程序无法解决的问题，弥补传统基层治理过程中“正式”治理存在的短板。新乡贤在群众中有很强的公信力、话语权和号召力，在乡村振兴战略的实施过程中，要实现治理有效，同样需要将乡贤作为治理的非正式力量，继续加大对新乡贤的培养、规范与引导力度，不断壮大新乡贤队伍，使之持续发挥乡村社会治理“润滑剂”的作用。大力弘扬乡贤文化，培育新时代乡贤，村里德高望重的老干部、老党员、老教师以及群众公认的致富带头人等都有助于乡村治理，可以将这些人纳入乡贤群体中，让新乡贤带头摒弃陈规陋习，带头推进移风易俗，带头培育良好家风、传播淳朴民风、弘扬文明乡风。

（6）新型职业农民

随着城镇化进程的加快，农村青壮年劳动力流向城镇和第二、三产业是必然趋势，相应的结果就是农村的空心化和农业劳动力的老龄化及弱化。如何留住人才并吸引有知识、有技术、有资源的流出人才返乡，是实施乡村振兴战略必须考虑的问题。针对人口大规模流出导致的老龄化、空心化、土地抛荒、无人种田的问题，习近平总书记提出“就地培养更多爱农业、懂技术、善经营的新型职业农民 ”。新型职业农民是发展现代农业的重要主体，是农业及乡村振兴的重要力量。加大力度培育新型职业农民，有利于农民淡化身份属性，加快农业发展方式的转变，促进传统农业快速向现代农业转型升级，解决当前农村出现的“谁来种地”和“怎样种地”的问题。乡村振兴所需的新型职业农民分为生产经营型、专业技能型和社会服务型三种。生产经营型职业农民主要包括农业专业大户、家庭农场主、农民专业合作社带头人等，他们除了有一定的农业生产专业技能之外，还掌握一定的资源和资金投入能力，并且有丰富的农业生产经营经验，可以直接从事农产品生产经营。专业技能型职业农民主要包括在农民专业合作社、家庭农场、专业大户、农业企业等新型农业经营主体中较为

① 龚毓烨. 乡村振兴亟需哪些人才？[J]. 中国人才，2019（1）：42-44.

稳定地从事农业劳动作业，并以此作为主要收入来源的农民工人和农业雇员。社会服务型职业农民主要包括农村经纪人、农村信息员、统防统治植保员、村级动物防疫员、农机服务人员等农业社会化服务人员，其职能主要是服务于农业产前、产中和产后三个环节，保障农业生产顺利进行。

5.2.3 乡村振兴人才支撑的重要着力点

人才是农业农村发展的基础，特别是在农业现代化水平不断提高的背景下，亟须一批懂农业、爱农村、爱农民的“三农”人才来推动农业农村现代化发展的进程。只有汇聚各类人才，才可以为乡村振兴注入动力。为此必须要大力培育新型职业农民，加强农村专业人才队伍建设，发挥科技人才支撑作用、鼓励社会各界投身乡村建设等等，这是实现乡村振兴的重要抓手。

5.2.3.1 新型职业农民培育

产业兴旺是乡村振兴的基础，培育新型职业农民就是培育产业兴旺的新兴力量和骨干力量。与传统农民相比，新型职业农民具有来源多元化程度高、规模化经营程度高、农业绿色发展水平高、互联网利用程度高以及农业经营纯收入高的特点。

新型职业农民的概念首次出现于2012年的中央一号文件，该文件从加快农业科技创新以及促进农业科技成果的需求出发，提出要“大力培育新型职业农民”，该文件还提出了具体要求，比如要加快推进中等职业教育免费进程、尽快落实职业技能培训补贴政策以及大规模开展农村实用人才培训等。2013年，农业部在《农业部办公厅关于新型职业农民培育试点工作的指导意见》中对新型职业农民给出了定义：“以农业为职业、具有一定的专业技能、收入主要来自农业的现代农业从业者。”2014年的中央一号文件提出“加大对新型职业农民和新型农业经营主体领办人的教育培训力度。”2015年的中央一号文件提出：“积极发展农业职业教育，大力培养新型职业农民。”2016年的中央一号文件明确提出：“加快培育新型职业农民”，并强调：“将职业农民培育纳入国家教育培训发展规划，基本形成职业农民教育培训体系，把职业农民培养成建设现代农业的主导力量。办好农业职业教育，将全日制农业中等职业教育纳入国家资助政策范围。依托高等教育、中等职业教育资源，鼓励农民通过‘半农半读’等方式就地就近接受职业教育。开展新型农业经营主体带头人培育行动，通过5年努力使他们基本得到培训。加强涉农专业全日制学历教育，支持农业院校办好涉农专业，健全农业广播电视学校体系，定向培养职业农民。引导有志投身现代农业建设的农村青年、返乡农民工、农技推广人员、农村大中专毕业生和退役军人等加入职业农民队伍。优化财政支农资金使用，把一部分资金用于培养职业农民。总结各地经验，建立健全职业农民扶持制度，相关政策向符合条件的职业农民倾斜。鼓励有条件的地方探索职业农民养老保险办法。"2017年的中央一号文件指出："重点围绕新型职业农民培育、农民工职业技能提升，整合各渠道培训资金资源，建立政府主导、部门协作、统筹安排、产业带动的培训机制。"2018年的中央一号文件进一步提出："大力培育新型职业农民。全面建立职业农民制度，完善配套政策体系。实施新型职业农民培育工程。支持新型职业农民通过弹性学制参加中高等农业职业教育。"各部委也相继出台文件强调发展新型职业农民培育，大力培育新型职业农民。原农业部在开展新型职业农民培育试点的过程中，形成了"三位一体、三类协同、三级贯通"[①] 的新型职业农民培育制度体系。

具体而言，新型职业农民主要包括生产经营型职业农民、专业技能型职业农民以及社会服务型职业农民。生产经营型职业农民是指以农业为职业、具有一定的专业技能、占有一定的资源、有一定的资金投入能力和收入来源主要是农业的农业从业者，包括农民专业合作社负责人、家庭农场主、农业企业负责人、农村电商的创办人、农家乐经营者、专业种植户、专业养殖户，以及与农业高度相关的第一、二、三产业融合链条中的农户等。专业技能型职业农民主要包括在家庭农场、农民专业合作社、专业大户、农业企业等新型农业生产经营主体中比较稳定地（一年中有6个月以上）从事农业劳动作业、以此为主要收入来源、具有一定专业技能的农业

① "三位一体"是指对新型职业农民的培育需要通过教育培训、认定管理和政策扶持三个环节，才能培育成有文化、懂技术、会经营的新型职业农民。"三类协同"是指新型职业农民可以划分为生产经营型、专业技能型、专业服务型三种类型，新型职业农民培育以生产经营型为主，其他两种类型培育协同推进。"三级贯通"是指各地在认定新型职业农民时，根据其生产经营规模、文化程度和技能水平、辐射带动能力等将新型职业农民分为初、中、高三个级别，当前认定主要为初级新型职业农民。

工人、农业雇员等。社会服务型职业农民是指具有相应服务能力并且在社会化服务组织中或以个体身份直接从事农业产前、产中和产后服务，且以此为主要收入来源的农业社会化服务人员，主要包括农村经纪人、农村信息员、农机服务人员（包括农机手以及农机专业修理人员）、村级动物防疫员、统防统治植保员、农资经销人员以及在沼气、动物防疫等领域专门为农业各环节提供社会化服务的人员。

新型职业农民是现代农业生产的重要主体，其队伍的发展壮大可以提高农业生产力，带动农业农村的发展，进而实现乡村振兴。培育一批具有较高文化水平和技能素质、较强经营能力的新型职业农民，可以对农业产前、产中以及产后所出现的问题或困难予以解决和引导，同时可以引导小农户使用现代经营管理方式和技术手段，加快小农户与现代农业发展有机衔接，为乡村振兴的“三农 ”队伍建设提供智力支持。

5.2.3.2 农村专业人才队伍建设

> 扶持培养一批农业职业经理人、经纪人、乡村工匠、文化能人、非遗传承人等。建立县域专业人才统筹使用制度，提高农村专业人才服务保障能力。推动人才管理职能部门简政放权，保障和落实基层用人主体自主权。推行乡村教师县管校聘。实施好边远贫困地区、边疆民族地区和革命老区人才支持计划，继续实施“三支一扶”、特岗教师计划等，组织实施高校毕业生基层成长计划。支持地方高等学校、职业院校综合利用教育培训资源，灵活设置专业（方向），创新人才培养模式，为乡村振兴培养专业化人才。
>
> ——2018 年中央一号文件《关于实施乡村振兴战略的意见》

农村专业人才是指农村中以农业为职业且具有一定专业技能的现代农业从业者。农村专业人才中的经纪人、职业经理人、乡村工匠等属于社会服务类型的新型职业农民，文化能人、非物质文化遗产传承人属于生产经营型新型职业农民。因此，农村专业人才队伍建设可以跟新型职业农民培育结合起来，从教育培训、队伍管理入手。

教育培训可以将专业技术、技能和经营管理知识教授给农民，提升其岗位适应性和工作能力，使其不断提高农业生产和经营效率，还可以将具备一定文化基础与生产经营规模的农民培养成现代农业生产经营者，壮大专业人才队伍。培训可以采取分类教育培训的方式：为正在务农的农民提供免费教育培训，可建立中等职业教育免学费制度，并对其误工、误餐进行补助，实行农学结合弹性学制以及“送教下乡 ”等教育模式，同时鼓励和吸引农民参加农科学历教育，将其培养成具有农科中高等职业教育水平的新型职业农民，对没有条件参加农科学历教育的骨干农民进行免费且分产业、全生产经营周期的系统培训，旨在培养具有现代农业发展必备的科技素质、技能水平与经营能力的新型职业农民；对在农业领域创业或从事农业生产经营的返乡农民工以及农村退伍军人进行免费培训，助其提升经营能力、创业能力或职业技能；为具备一定专业技能的人提供再教育培训，优化其知识体系，更新其技术与管理方式，提高其市场竞争力。可以建立与工人岗位培训、干部继续教育相类似的经常性教育培训制度，明确教育培训的方式、机构、经费保障、内容、时间与频率，使农业从业者及时了解和掌握农业科技的更新、农业产业政策的调整和农产品市场的变化，从而提高农业生产的经营效益。在培养农业专业化人才的过程中，需要大力促进职业教育与普通教育、中等职业教育与高等职业教育的协调发展。可以推动职业教育与普通教育办学资源的共享与有机衔接。此外，在保证教育质量的条件下，地方高等学校、中等和高等职业院校可以综合利用教育培训资源，根据乡村振兴的需要灵活设置专业方向，扩大招生规模，并根据农业实际情况对教学计划大纲、课程安排进行总体设计、调整和统筹。

为充分发挥农业专业人才在乡村振兴战略实施中的示范带动作用与支撑作用，需要对农业专业人才队伍建设严格把关。其中，认定管理是对农业专业人才进行公平公正、科学合理评价的重要环节。专业人才认定主要包含三方面的内容：首先，专业人才需要具备一定的专业技能，获得相应专业技能证书；其次，专业人才必须具备职业道德，是否按照正规程序注册农产品商标，是否按照正规程序申请绿色食品认证、无公害农产品认证、有机食品认证以及其他符合国家标准的农产品认证等都可以作为专业人才职业道德的考核标准；最后，专业人才认证还需要综合考虑专业人才个人的整体水平，比如受教育程度、生产经营的规模与收入等。此外，对专业人才的认定管理还需要进行认定后的动态管理，如果专业人才造成严重的农产品质量安全事故、侵害农业雇工权益或者伤害农户利益、破坏农业生态资源或造成严重面源污染等，必须要对其进行追踪管理，以确保专业人才队伍建设的质量，发挥其带动农民发展和支撑产业发展的作用。

边远民族地区、贫困地区和革命老区需要继续实施“三支一扶”、特岗教师计划等专业人才支持计划，继续组织实施高校毕业生基层成长计划。对家庭困难的农村学生接受职业教育培训的可以加强资助与跟踪服务，通过“培训一人，输出一人”达到“帮扶一家，带动一片”的目的。增强职业教育的社会吸引力，建立促进农村学生优先和全面参加职业教育的制度，从国家政策上予以鼓励和保障。同时，将农村中、小学以及职业教育学校与农村文化技术学校有机结合，建设县域职业教育培训网络。紧密围绕产业发展，结合农业生产实际，探索与创新人才培养模式，积极利用广播、电视、网络等传统媒介与新媒介，组合资源要素，积极开展送职业教育下乡、进村、进社区活动，分产业、分品种培养专业人才，为民族地区、贫困地区、革命老区提供更多专业人才，带动其农业发展与乡村振兴。

长期工作在农村的专业人才熟悉农业政策，直接服务于农民的生产与生活。加强农村专业人才队伍的建设，可以为现代农业发展提供人才支撑，并促进乡村振兴。

5.2.3.3 发挥农业科技人才支撑作用

农业科技人才是指接受过专门的教育或者职业培训，掌握某一农业行业专业知识或技能，专门从事农业科研、教育或推广等专业性工作的人才，主要包括农业科研人才、农村实用人才、农业技术推广人才等。

随着农业现代化进程的不断加快，农业分工越来越细，农业生产过程也在日益专业化和协作化，这对科学技术产生了较高的需求。发展现代农业需要拓宽农业技术的范畴和建立现代农业技术体系，同时需要提高劳动生产率、土地产出率、要素利用率以及质量安全水平。因此，重视科学技术和发挥科技人才支撑作用至关重要。换言之，现代农业的发展越来越需要农业科技人才的支撑，在农业生产中越来越需要发挥农业科技人才的支持作用。发挥科技人才在乡村振兴实施过程中的支撑作用，除了取决于科技本身的应用效率以及科技对农业农村的适用性之外，还取决于科学技术应用主体对于技术进步的适应能力，以及与科技进步及其推广应用相关的体制机制变革①。

发挥农业科技人才在乡村振兴战略实施中的支撑作用，需要从以下方面着手：

---

① 黄祖辉. 准确把握中国乡村振兴战略［J］. 中国农村经济，2018（4）：2-12.

建立推动科研院所、高等院校等事业单位的专业技术人员到乡村挂职、兼职和创新创业的制度。探索公益性农技推广与经营性农技推广融合发展的机制，可以允许农技人员通过提供技术增值服务合理收取一定的报酬。以推进公益性农技推广机构与经营性服务组织融合发展为导向，深化基层农技推广体系改革，探索通过提供技术增值服务合理取酬的机制。继续全面实施农技推广服务特聘计划，提高农业科技成果转化与转让中科研人员的收入分配比例，探索科技成果以专利入股等形式参与收益分配，提高农业科技人员的收入水平，使其能专注于农业科研。增强农业科研单位及科研人员和乡村基层农技推广机构、涉农企业以及农民之间的合作关系，引导、鼓励农业科研机构及农业科研人员更多地开发出适用、实用的农业技术，并充分利用现代信息技术与信息网络促进农业科技成果转化，提高农业科研成果转化率，更好地为农业生产经营单位及农民服务。

以放活科技人员与科技成果为导向探索推进科技体制改革，健全农业领域科研人员在知识产权明晰的基础上以知识价值为导向的分配政策。培育农业科技成果转化与交易的市场，探索新型的农业科技成果转化与交易模式，为农业科技成果转化与市场交易提供便利；建立健全农业科技成果转化与交易的法律法规体系，规范农业科技成果转化与交易行为，为农业科技成果转化与市场交易提供法律保障。

5.2.3.4 鼓励社会各界投身乡村建设

> 人才振兴是乡村振兴的基础，要创新乡村人才工作体制机制，充分激发乡村现有人才活力，把更多城市人才引向乡村创新创业。
>
> ——习近平总书记在十九届中央政治局第八次集体学习时的讲话

乡村振兴是一项系统工程，需要充分调动社会各界的积极性，为乡村振兴提供强有力并且可持续的动力。实施乡村振兴战略，需要一批懂技术、懂管理、能创新的人才。这些人才不仅需要当地培训，同时还需要由城市向农村输送或回流。换言之，在培养乡土人才的同时，要鼓励社会各界投身乡村建设，振兴农村。鼓励社会各界投身乡村建设，需要从以下几个方面着手。

(1) 完善激励体制机制

建立有效机制，以乡情乡愁为纽带，吸引和支持社会各界人士通过各种方式服务于乡村振兴事业。例如，吸引和支持企业家、党政干部、专家学者、医生、教师、规划师、建筑师、律师、技能人才等，通过下乡担任志愿者、投资兴业、包村包项目、行医办学、捐资捐物、提供法律服务等多种方式服务于乡村振兴事业。最主要的是引导更多的城市企业家将资金运用于广阔的农村市场，这一方面可以为农村发展快速注入新的活力，另一方面可以突破传统农业的种植养殖限制，发展规模化经营，促进农产品加工、包装、物流等第二、第三产业的发展。同时还可以促进原有土地上的传统农民转化为农业产业工人，这样可以促进他们在农业生产环节增加更多的现金收益和发展机会。应加快制定鼓励和引导工商资本参与乡村振兴战略实施的指导意见，落实并完善有关配套设施建设补助、融资贷款、税费减免、用地等方面的扶持政策，明确政策的边界，以保护好农民利益。通过引导工商资本下乡参与乡村振兴战略的实施，激发企业投资农业与农村的热情与活力，带动人力、财力、物力以及先进的技术、理念与管理手段等进入乡村，推动产业发展和农民增收。

（2）发挥群体组织在乡村建设中的作用

发挥工会、共青团、妇联、科协、残联等群团组织的力量，发挥各民主党派、工商联、无党派人士等的积极作用，支持农村产业发展、生态环境保护、乡风文明建设、农村弱势群体关爱等。

青年是最富活力的创业力量，吸引青年人投身乡村建设，培养造就新型职业农民。现代青年农场主培养计划的实施可以拓宽新型职业农民培育渠道，是激发农村青年创造与创新活力、吸引农村青年在农村创业与兴业的重要手段。该计划经过培训指导、创业孵化、认定管理、政策扶持、跟踪服务等环节的系统培育，同时采取培育一批、吸引一批、储备一批的方法，形成一支技能水平高、创业能力强、带动作用大的青年农场主队伍，为现代农业发展和乡村振兴的实施提供强有力的人才支撑。对于毕业后回乡从事农业生产经营或者在农业领域创业的农业院校学生，尤其是中、高等农业职业院校的毕业生，现代青年农场主培养计划会在土地流转、金融信贷、就业补贴、税费减免、社会保障等方面予以扶持，以此鼓励和引导农业院校毕业生到农业领域就业和创业。同时还应建立农业院校的定向招生支持制度，对于定向招录农村有志青年尤其是家庭农场主、种养大户、合作社领办人等“农二代”子女的农业院校，在学生平均拨款、实训基地建设等方面予以政策倾斜，以鼓励和支持农业院校设立涉农的专业，为培养新生代职业农民创造条件。

妇女也是推动农业农村现代化和乡村振兴的重要力量。中华全国妇女联合会于2018年2月发布的《关于开展“乡村振兴巾帼行动”的实施意见》明确提出了五项实施“巾帼行动”的具体方法：加强思想引领，动员农村妇女积极投身乡村振兴战略；实施“农村妇女素质提升计划”，提高农村妇女参与乡村振兴的素质和能力；开展“美丽家园”建设活动，引领农村妇女共建共享生态宜居新农家；拓展“寻找‘最美家庭’”活动内涵，以文明家风促进乡风文明；持续深化“巾帼脱贫行动”，增强贫困妇女群众获得感。“农村妇女素质提升计划”要求“加大网络教育培训工作力度、增强农村妇女网络学习意识，开发多种形式网络教育培训课程，不断扩大妇女受训范围。面向农村妇女骨干、基层妇联干部和返乡下乡创业女大学生、女农民工等群体，开展现代农业实用技术、电子商务、乡村旅游、手工制作等示范培训，帮助农村妇女提高适应生产力发展和市场竞争的能力，在更广领域、更深层次参与农业农村现代化建设”。在开展“美丽家园”建设活动方面，《关于开展“乡村振兴巾帼行动”的实施意见》明确指出：“妇女从家庭做起、从改变生活和卫生习惯入手，清理整治房前屋后环境，清除私搭乱建、乱堆乱放，全面净化绿化美化庭院”。在“巾帼脱贫行动”方面，要求“以帮扶深度贫困地区妇女为重点，以增强贫困妇女内生动力和脱贫能力为突破口，以更有力的举措、更精细的工作，进一步抓实抓牢立志脱贫、能力脱贫、创业脱贫、巧手脱贫、互助脱贫、健康脱贫、爱心脱贫七项重点任务”。

5.3　四川乡村人才发展的总体现状分析

5.3.1　人口基础

近年来，四川的人口自然增长率呈现出回升的趋势，人口总量在缓慢增长。这主要缘于国家生育政策的两次调整：一次是2013年中国共产党第十八届三中全会启动实施的“单独二孩”政策；一次是2015年中国共产党十八届五中全会启动实施的“全面二孩”政策。在死亡率基本保持稳定的条件下，四川的人口的出生率从2010年的8.93‰增长到2017年的11.26‰，2018年稍有回落，下降至11.05‰。虽然低于同期全国的平均水平，增长较为缓慢，但低速增长趋势明显（详见图5-1）。由此遏止了21世纪最初10年四川常住人口总量平均每年减少19.3万人的趋势，四川常住人口数从2010年开始出现拐点，从8 041.8万人连续8年增长，到2018年，四川常住人口达到8 341万人，共增加了299.2万人，其中2011—2018年各年分别增加8.2万人、26.2万人、30.8万人、33.2万人、63.8万人、58万人、40万人和39万人，平均每年增加37.4万人，尤其是2015—2018年增加较多。

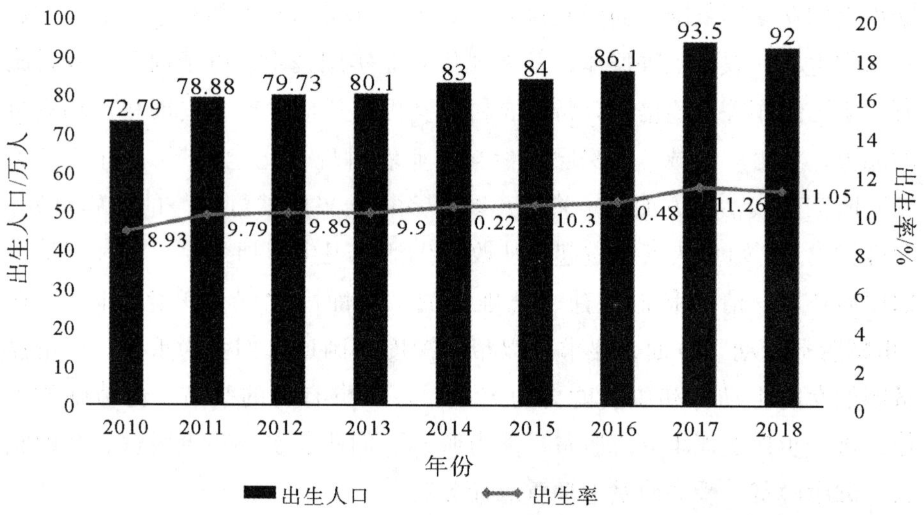

图5-1　2010—2018年四川出生人口走势

（数据来源：历年《四川统计年鉴》与《国民经济和社会发展统计公报》）

虽然四川常住人口总量在增加，但由于城镇化水平的不断提高（详见图5-2），四川农村的人口数量在减少，户籍人口与常住人口都是如此。农村户籍人口由2010年的6 646.1万人下降到2018年的5 850.3万人，8年间减少了795.8万人，平均每年减少99.5万人；常住人口的减少趋势更为明显，由2010年的4 810.6万人下降到2018年的3 979万人，8年间减少了831.6万人，平均每年减少104万人。

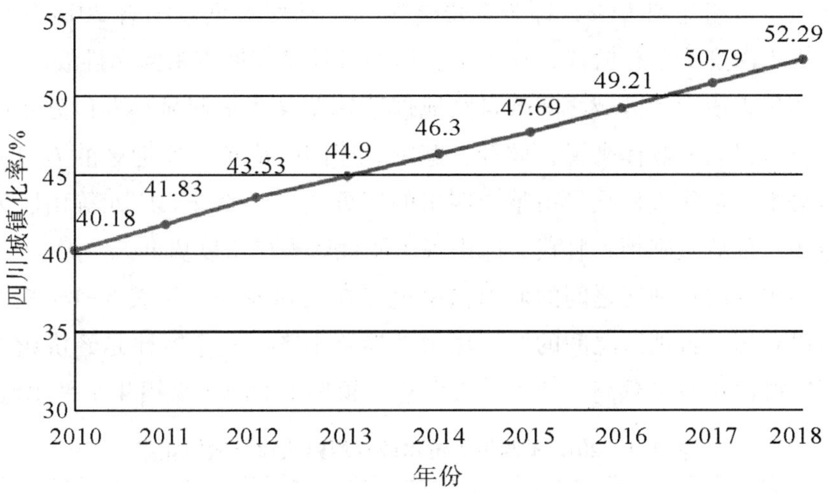

图 5-2　2010—2018 四川城镇化率走势

（数据来源：历年《四川统计年鉴》与《国民经济和社会发展统计公报》）

四川人口“净流出”趋缓。四川是人口流出大省。20 世纪 90 年代开始，四川进入“人口净流出”阶段，一直到 21 世纪初期这种现象依然非常明显，导致 21 世纪的前十年四川常住人口数量呈现出平均每年减少 19. 3 万人的趋势。这种状况在 2010 年之后开始有所改变，主要原因是随着四川自身经济水平的不断提高，对流动人口的吸引力增强，人口净流出的状况逐渐发生转变，四川常住人口的数量开始逐年递增，由 2010 年的 8 041. 8万人增加到了 2018 年的 8 341 万人。从 2013 年开始，常住人口与户籍人口的差距也呈现出逐渐缩小的趋势，人口净流出的数量由 2013 年的 1 025. 6万人减少到了 2018 年的 780 万人，这一现象背后，还包括了省内的人口流动。其中有人口生育政策转变所带来的影响，但主要还是四川经济发展所带来的人口吸引力在起作用。

人口老龄化程度加剧。四川人口的老龄化程度在不断加深。“第六次人口普查”资料显示，四川省 65 岁及以上老年人口占四川省总人口的 11%左右，仅次于山东，在全国 34 个省（市、区）中排名第二。2015 年，全国 1%人口抽样调查的数据显示，该比例上升至 13. 3%，已超过山东，位居全国首位，并且还有进一步加深的趋势。2018 年，该比例首次超过 14%，达到 14. 17%。按照国际通行划分标准，当一个国家或地区 65 岁及以上人口占比达到14%，即为深度老龄化。这些数据意味着2018年四川省已进入深度老龄化阶段，这无疑会给经济社会发展带来巨大挑战。

四川省境内各区域之间的自然地理环境差异非常明显，人口分布的地域差异也很大。具体来说，成都、德阳、绵阳等成都平原地区的人口分布更为集中，常住人口数量占整个四川的四分之一。雅安、广元等山区人口分布相对稀疏，阿坝、甘孜、凉山等民族地区人口密度更低。

四川境内各地区之间的城镇化率也存在明显差异。从表5-1、表5-2中可以看出，各地区之间的城镇化水平参差不齐，基本规律是经济越发达的地区城镇化水平越高，经济越欠发达、越偏远的地区城镇化水平越低。

表5-1 2018年四川分市州城乡户籍人口及城镇化率

地区	合计/万人	城镇人口/万人	乡村人口/万人	城镇化率/%
四川省	9 121.8	3 271.5	5 850.3	35.87
成都市	1 478.1	901.6	576.5	61
自贡市	322.4	135.7	186.7	42.09
攀枝花市	108.3	56.5	51.8	52.17
泸州市	509.7	210.1	299.6	41.22
德阳市	386.8	124.2	262.6	32.11
绵阳市	536.0	187.3	348.7	34.94
广元市	300.5	72.8	227.7	24.23
遂宁市	365.4	100.6	264.8	27.53
内江市	411.8	113.6	298.2	27.59
乐山市	350.5	129.0	221.5	36.80
南充市	728.7	211.1	517.6	28.97
眉山市	344.4	116.7	227.7	33.86
宜宾市	552.3	196.6	355.7	35.60
广安市	462.2	117.3	344.9	25.38
达州市	665.8	218.2	447.6	32.76
雅安市	153.3	67.4	85.9	43.97
巴中市	368.3	99.8	268.5	27.10

表5-1(续)

地区	合计/万人	城镇人口/万人	乡村人口/万人	城镇化率/%
资阳市	346.1	56.9	289.2	16.44
阿坝州	90.3	25.5	64.8	28.35
甘孜州	110.1	19.2	90.9	17.44
凉山州	530.8	111.4	419.4	20.99

数据来源:《四川统计年鉴2019》。

表5-2　2018年四川分市州城乡常住人口及城镇化率

地区	合计/万人	城镇人口/万人	乡村人口/万人	城镇化率/%
四川省	8 341.0	4 361.5	3 979.5	52.29
成都市	1 633.0	1 194.0	493.0	73.12
自贡市	292.0	153.6	138.4	52.61
攀枝花市	123.6	82.3	41.3	66.59
泸州市	432.4	218.2	214.2	50.46
德阳市	354.5	185.6	168.9	52.35
绵阳市	485.7	255.1	230.6	52.35
广元市	266.7	121.7	145.0	45.63
遂宁市	320.2	160.2	160.0	50.02
内江市	369.9	181.6	188.3	49.10
乐山市	326.7	169.3	157.4	51.83
南充市	644.0	310.0	334.0	48.14
眉山市	298.4	138.2	160.2	46.32
宜宾市	455.6	226.2	229.4	49.64
广安市	324.1	135.7	188.4	41.86
达州市	572.0	260.4	311.6	45.52
雅安市	154.0	72.1	81.9	46.85
巴中市	332.2	139.0	193.2	41.85
资阳市	251.2	107.3	143.9	42.71
阿坝州	99.4	37.8	55.6	38.03
甘孜州	119.6	37.9	81.7	31.66
凉山州	490.8	175.3	315.5	35.71

数据来源:《四川统计年鉴2019》。

5.3.2 农业农村人才发展情况

自党的十八大以来，在党中央的决策部署下，四川省委、省政府在对实施乡村振兴战略做出积极贯彻落实和谋划部署的同时，也对乡村人才振兴工作做出部署，强调要统筹推进乡村振兴之“五大振兴”，大力实施新型职业农民培育工程，建立健全基本公共服务体系，打好“乡情牌”“乡愁牌”和“事业牌”，让农村的机会吸引人、让农村的环境留住人，激励各类人才在农村广阔天地大显身手。

5.3.2.1 人才工作进展

四川省委、省政府坚持把人才工作放在全省经济社会发展的大局中来谋划和推进，在中央与省委的人才政策指导下，乡村人才队伍建设工作取得了一定的成效。

（1）政策体系逐步健全

四川省就乡村人才队伍建设出台了多个指导性文件，政策体系逐步健全。2010 年，为了深入实施人才强省战略，推进四川加快发展、科学发展以及又好又快地发展，依据《国家中长期人才发展规划纲要（2010—2020 年）》，围绕四川经济社会发展的需求及总体部署，出台了《四川省中长期人才发展规划纲要（2010—2020 年）》，这是四川首部中长期人才规划，是指导四川 21 世纪第二个十年期间人才工作的纲领性文件，其中提出建设“三高、两优、一领先”的西部人才高地，同时重点对农村人才发展、边远贫困地区与民族地区人才开发等内容进行了规划。2016 年，为了最大限度地激发出人才创新、创造、创业的活力，四川省委、省政府印发了《关于深化人才发展体制机制改革促进全面创新改革驱动转型发展的实施意见》，明确提出要实行更具竞争力的人才吸引制度，完善创新型人才培养模式，创新人才评价激励机制，健全人才顺畅流动机制，加快推进人才管理体制改革，优化人才创新创业生态环境，为人才创新创业提供了指引。2017 年 6 月，四川省委组织部、省委农村工作委员会、人力资源和社会保障厅、农业厅、省投资促进局等多个部门联合印发了《四川省农村实用人才队伍建设“十三五”规划》，该文件明确提出要建设多项重点人才工程，强调体制机制改革与创新，着力建设一支有文化、懂技术、善经营、会管理、能带动的农村实用人才队伍，并提出“十三五”规划期间，四川要重点组织实施农村实用人才"四大工程"，即新型职业农民培育工程、新型农业经营主体骨干人员素质提升工程、农村返乡人才回引工程和基层农业技术推广骨干人才培训工程，进一步引导四川的乡村人才队伍建设。2017年，四川省出台了《关于支持返乡下乡人员创业创新促进农村一二三产业融合发展的实施意见》等多个文件，密切围绕乡村人才的引进、培养、激励、管理、创新创业等多个重要环节，进一步完善了乡村人才制度体系。

四川省级各部门也分别从不同层面出台了相应的支持政策（详见表5-3）。

表5-3　近年来四川省级部门出台的人才政策

<table>
<tr><th>时间</th><th>部门</th><th>出台政策</th><th>中心主题</th></tr>
<tr><td>2015年</td><td>四川省委组织部</td><td>《关于进一步加强建档立卡贫困村党组织第一书记选派管理工作的意见》</td><td rowspan="2">选派管理"第一书记"，加强农村干部队伍建设</td></tr>
<tr><td>2018年</td><td>四川省委组织部</td><td>《四川省贫困村第一书记及驻村工作队队员管理办法》</td></tr>
<tr><td>2018年</td><td>四川省农业农村厅、四川省人力资源和社会保障厅</td><td>《关于开展四川省职业农民职称资格评定试点工作的通知》</td><td rowspan="2">新型职业农民和新型农业经营主体骨干人员相关工作</td></tr>
<tr><td>2019年</td><td>四川省农业农村厅</td><td>《四川省现代农户家庭农场培育行动方案（2019—2022年）》</td></tr>
<tr><td>2014年</td><td>四川科学技术厅</td><td>《四川省边远贫困地区、边疆民族地区和革命老区人才支持计划科技人员专项计划实施方案》</td><td rowspan="3">以"科技特派员"制度加强农业科技人才队伍建设及脱贫攻坚工作</td></tr>
<tr><td>2018年</td><td>四川科学技术厅</td><td>《关于组织开展科技特派员对贫困村全覆盖工作的通知》</td></tr>
<tr><td>2019年</td><td>四川科学技术厅</td><td>《关于成立科技特派员服务团的通知》</td></tr>
</table>

为了配合省级政策措施，进一步推进乡村人才队伍建设工作，四川各地市也因地制宜地就各类乡村人才出台了相应的政策。例如荣县出台了《关于激励农业科技人员创新创业推进农业科技体制改革的实施意见》，广元市利州区出台了《乡村振兴人才规划（2018—2022）》《人才政策助力脱贫攻坚和乡村振兴三年行动实施方案》，达州市达川区出台了《新乡贤引进激励机制（试点）方案》等。

典型案例：四川达州汇聚十类人才振兴乡村

为突破秦巴山区发展瓶颈，引进培养一支留得住、能战斗、带不走的乡村振兴人才队伍，2019 年 5 月，四川省达州市出台推进乡村人才振兴 10 条措施，引导 10 类人才助力乡村振兴。

（1）加大农业高层次人才招引力度

大力实施“达州英才计划”，深入开展招才引智活动，引进具有硕士研究生及以上学历学位的农业高层次人才 200 名；通过兼职聘用、项目合作、技术攻关等方式，柔性引进农业科研领军人才（团队）100 名（个）。

（2）强化新型职业农民素质提升

开展职业农民认定，对符合知识技能水平、产业发展规模、生产经营效益、经营管理能力等方面认定条件的，颁发新型职业农民证书。实施新型职业农民培育工程，每个行政村培育 5 名以上爱农业、懂技术、善经营的新型职业农民，全市着力打造一支万人新型职业农民大军。

（3）实施村党组织带头人提能计划

注重从政治素质高、带富能力强的村民、退役军人、经商务工人员、社会工作者、“大学生村官”、退休干部职工等群体中选拔村党组织书记。实施千名学子定制培养、千名书记专业提能、千名干部学历提升“三千计划”，建立村党组织书记后备人才库，每个村动态培养储备 2 名以上后备力量。每年全覆盖培训村党组织书记 1 次。

（4）引导教育卫生人才服务基层

引导城乡教师校长交流，基层义务教育学校校长、教师轮岗交流占应轮岗交流人员比例不低于 10%。落实城乡医疗卫生对口支援“传帮带”工程，引导卫生专业技术人员到基层开展驻点帮扶工作。鼓励基层教育卫生人才参加在职学历教育，对取得国家承认的硕士以上学位的，由所在单位一次性给予不低于 60%的学费补助。

（5）搭建高校毕业生成长平台

引导高校毕业生到基层开展服务，加大公务员定向招录服务基层项目人员力度，畅通基层高校毕业生参加职称评审通道。支持高校毕业生到基层创新创业，依托“四川青年创业促进计划”“青年创业小额贴息贷款项目”等，为大学生创业提供创业补贴、小额贴息贷款和一对一导师帮扶服务，吸引 5 000 名高校毕业生到基层干事创业。

（6）促进在外农民工回乡就业创业

加强基层就业创业社会保障平台建设，提供就业信息、创业指导、优惠政策享受等“一站式服务”。在本地农民工务工密集的城市建立服务站，为返乡农民工提供政策咨询，回引返乡创业农民工 7 000 名。

（7）激励农业科技人才创新创业

鼓励农业科技人员在达州市离岗开展创新创业活动，3 年内可保留人事关系，工龄连续计算，薪级工资按规定正常晋升，保留其原聘专业技术岗位等级，不影响职称评定。下放农业科技成果使用权、处置权和收益权，从农业科技成果转化所得净收入中提取不低于 90%的比例用于奖励给完成和转化科技成果做出突出贡献的人员。

（8）激活乡村旅游人才内在动力

依托“巴山夜雨·水墨达州”全城旅游品牌，扶持校、地、企共建乡村旅游实践实训基地 10 个，定期举办乡村旅游论坛、乡村旅游节等活动。充分发挥刘氏竹编、黄麻纸、巴山背二歌、薅草锣鼓等非物质文化遗产在乡村旅游中的特殊作用。实施乡村旅游人才定向培养，培养优秀乡村旅游人才 2 000 名。

（9）引导乡村贤能报效乡梓

实施乡村贤能培育工程，引导村内老党员、老干部、经济文化能人等群体扎根本土、建设家园。引导乡村贤能参与乡村治理，聘请乡村贤能担任“村事顾问”，允许符合要求的公职人员回乡任职。充分发挥文化名人、道德模范等典型教育引导作用。

(10) 聚集达商企业家支援乡村

完善市场准入、财政支持、金融服务、用地用电、税收优惠等方面的扶持政策，引导工商资本和企业投入乡村振兴事业。鼓励达商企业家以投资兴业、援建项目、助学助教、捐资捐物、法律服务等方式，实施乡村振兴项目，力争实现达商企业家支援的每个乡镇、村（社区）至少有1个增收致富项目。

——改编自《中国组织人事报》(2019年5月6日)

目前，四川的省、市、县三级乡村人才政策体系逐步形成，确保了乡村人才队伍建设工作有规可循，稳步推进。

(2) 人才培育工作稳步推进

四川省的组织部门、人社部门、住建部门等分别针对村干部、农民工、农村建筑工人等群体，建立起常态化的培训机制。各级各部门针对不同类型人才的需求，通过整合培训资源，多形式、多渠道开展乡村人才培训活动，包括农村劳动力技能培训、农村实用人才培训、创业培训、品牌培训、新型职业农民培训、青年劳动者技能培训、“千村万名后备干部孵化”“春潮行动”技能培训等。2018年，共培训村“两委”负责人约7万人次、新型职业农民约4万人次、驻村农技员约5万人次、农牧民约205万人次。四川省的人才规模不断壮大，人才结构不断优化。

(3) 人才类型更加丰富

四川先后开展了一系列农村人才培育工程——高层次农业科研人才推进工程、农业技术推广人才支持工程、农村实用人才带头人能力提升工程、农村实用人才创业兴业工程、农村实用人才技能开发工程、新型职业农民培育工程等，培育了一大批适应乡村发展需要的多种类型乡村人才。2018年11月，四川省政府办公厅印发了《促进返乡下乡创业二十二条措施》，其在市场准入、平台建设、基础设施、金融支持、创业吸纳等方面进行政策倾斜，加大了对农民工回乡创业的扶持力度，吸引了一批有资金、有技术、有项目的农民工走上返乡创业、带动就业的发展之路，返乡创业者数量不断增加。截至2019年5月，整个四川省返乡创业农民工累计达67.6万人，创办企业17余万家，带动就业210余万人，实现总产值近4 000亿元。人才数量不断增加，人才类型向多样化、多层次方向发展，为农村发展带来新活力和新变化。

5.3.2.2 农业农村人才发展总体状况

(1) 农村就业人员数量

农村常住人口数量与农村就业人员的数量均呈现出明显的下降趋势(详见图 5-3)。从 2009 年到 2018 年的 10 年时间里，整个四川省常住人口的城镇化率从 38.7%上升至 52.29%，乡村常住人口因此减少了 1 037.5 万人，呈现出明显的下降趋势。此外，四川是劳务输出大省，截至 2019 年 5 月，整个四川省转移输出了 2 488.4 万农村劳动力，占全省农村劳动力总量（3 517 万余人）的 70.8%①，其中大多数是青壮年劳动力，由此导致农村空心化、老龄化的趋势明显。换言之，大量农村劳动力外流不仅导致了乡村常住人口的减少，而且导致乡村就业人员出现下降趋势。2009—2018 年的 10 年时间，四川乡村常住人口由 5 017 万人降至 3 979.5 万人，下降趋势明显；乡村就业人员由 3 411 万人下降至 3 201 万人，减少了 210 万人。

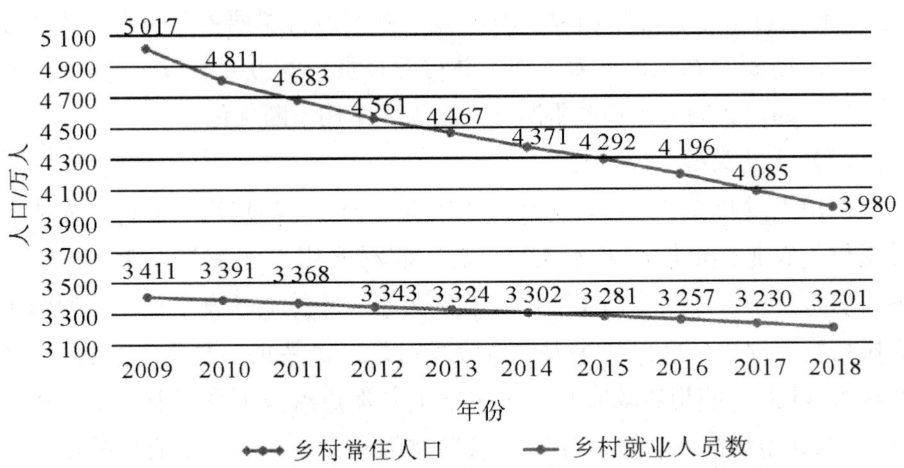

图 5-3 四川农村常住人口、就业人员变动趋势图

（数据来源：历年《四川统计年鉴》与《国民经济和社会发展统计公报》）

(2) 乡村人才规模

全省农村社会治理人才总量达到 51.6 万人，年龄结构以 30~50 岁的中年人为主，高、中、低学历层次人才各占三分之一。全省农业经营人才

① 杨秀彬. 2019 四川乡村人才发展报告 [M]. 成都：四川师范大学电子出版社，2019：23.

达到25.2万人。全省有专业农业科研人员8 578人，其中，具有博士学历的人员达877人、具有高级专业技术职称的人员达687人；各级各类农业技术推广机构达9 076个，在岗人员总数达67 553人，其中专业技术人员有44 832人，大学本科学历以上人员占比35%，专科以上层次人员达到80%以上。全省累计培训新型职业农民22万人、其中认定7.5万人，在认定的新型职业农民中，30~50岁的中年人占64%，中专及高中以上学历的新型职业农业占73%。截至2019年6月底，全省返乡创新创业人员达68万人，创办企业17.1万余户，带动就业210余万人。全省家庭农场有53 391家，其中省级示范场有1 100家；农民合作社发展到99 553个，联合社超过300家，其中有国家级示范社502家、省级示范社2 100家，农民合作社入社成员有469.9万户（其中建档立卡贫困农户有25.2万户），带动农户696.3万户，4 427个农民合作社和1 364个家庭农场拥有注册商标，3 439个农民合作社和709件家庭农场产品通过“三品一标”认证；规模以上农业产业化龙头企业11 620家，其中，省级重点龙头企业有851家、国家重点龙头企业有60家。据统计分析数据，全省农村乡土人才数量达到24.5万人，新乡贤人才队伍达到6万人。

（3）乡村人才结构

四川乡村人才队伍的构成特征是以初中及以下学历的中年男性为主。性别结构上，男女比例不均衡，女性占比仅为35%。年龄结构相对比较均衡，以30~50岁的壮年人口为主，老、中、青三个年龄段即50岁以上、30~50岁、30岁以下者占比分别为30%、45%、25%。学历结构呈现出整体上文化素质偏低的特征，初中及以下的低学历者占49%，中专及高中的中等学历者占37%，大专及以上的高学历者仅占14%。

（4）人才地域分布

四川省的乡村人才分布具有较大的地区差异。乡村人才存量主要集中在成都平原经济区，其余地区无论是人才总量还是不同类型的人才都无法与成都平原经济区相比。各市（州）的统计数据显示，四川五大经济区中乡村人才数量最多的是成都平原经济区，占全省乡村人才总量的41%；其余依次为川东北经济区（占比27%）、川南经济区（占比23%）、攀西经济区（占比7%）、川西北生态经济区（占比2%）。

5.3.2.3　主要人才队伍分析

(1) 农村工作队伍

农村工作队伍主要包括“两委”干部、乡镇干部、聘用干部、下派的“第一书记”“大学生村官”等。近年来，四川省各级政府及部门以政策为抓手引导干部队伍建设。2014年，四川省委办公厅出台了《关于加强乡镇干部队伍建设的实施意见》，对乡（镇）干部的选拔任用、教育培养、激励保障与管理监督等提出了一系列措施和意见。后来又相继出台了《关于加强贫困村驻村工作队选派管理工作的实施意见》和《四川省鼓励引导人才向基层流动十条措施》等一系列文件，深入实施“三支一扶”“特岗计划”“大学生村官”以及“大学生志愿服务西部计划”等项目，引导和鼓励青年人才向基层流动，充实基层干部队伍。同时启动实施“千名好书记培养引领计划”与“10万名村级后备干部培育工程”，省、市、县三级联动，采取示范培训、重点专题轮训、组织巡回宣讲、送教下基层等方式，对整个四川省的所有行政村后备干部进行轮训，实现换届后农村基层干部培训全覆盖。实施高校毕业生基层服务项目，选派驻村“第一书记”，进一步夯实农村工作队伍。随着“大学生村官”、驻村“第一书记”、农技员及“三支一扶”等新鲜力量的加入，农村工作队伍逐步得到充实，基层干部队伍的结构得到优化，村带头人的平均年龄逐渐降低，学历水平逐渐提高。为解决乡（镇）干部队伍建设中存在的乡（镇）公务员职级待遇低、留人难等问题，特别提出乡（镇）编制专编专用，县级机关不得占用，上级机关一般也不得借用乡（镇）干部；统筹制定激励措施，统筹研究完善工资待遇向乡（镇）干部倾斜的具体措施，适当提高乡（镇）公务员，尤其是条件艰苦乡（镇）公务员的待遇，探索以财政专项资金发放村干部绩效补贴的方式，切实改善乡（镇）干部的工作与生活条件；同时拓展村干部的上升渠道，让部分有能力的年轻村干部可以通过一定的考核方式进入乡（镇）政府与事业单位任职，降低其职业倦怠感。

统计数据显示，截至2018年，四川省的农村工作队伍规模达51.6万人，队伍内部结构体现出以下特征：男性数量上具有绝对优势，男性占比为71.1%，远远高于女性的28.9%；年龄结构是以30~50岁的中年人为主，其占比为49.6%，远高于其他年龄段；低学历者占比为35.3%，稍高于中等学历者（34.2%）与高学历者（30.5%）。

典型案例：四川省内江市资中县建立健全选拔培育后备干部储备机制

资中县建立推行“六选三引”制度，通过本村选、跨村选、企业选、社会选、乡（镇）选、县上选，引导在外的成功人士、农村家庭能人、优秀复员退伍军人参选进入村“两委”班子；推行审核备案制度，出台《资中县村（社区）“两委”干部县级审核备案管理办法》；推行定期研判制度，围绕“精神状态、工作思路、干部作风、实绩成效、组织运行、班子建设和民主管理规范化”等内容，采取座谈走访、民主测评等方式，对村“两委”班子运行情况进行研判，调整不胜任、不合格、不尽职村干部；推行强化培训帮带制度，选取宝山村庄发展学院、成都村镇学院作为培训基地，分批次全覆盖培训村级后备力量；落实导师帮带制度，由镇党政班子成员、联村干部和村“两委”主要负责人结成“3+1”帮带对子，突出理思路、教方法、传经验、抓指导。采取“现实表现季度评+履职情况半年评”方式，加强村级后备力量动态管理，对连续2次履职情况测评不称职率达到20%的，取消其后备力量资格，对表现优秀、成绩突出、组织认可、群众公认的村级后备力量，优先考虑进入村“两委”班子。通过一系列选举，选拔培养后备干部822名，有效提升了群众对基层干部的满意度。

——改编自《2019四川乡村人才发展报告》

2. 新型职业农民队伍

四川省将新型职业农民培育作为乡村振兴战略实施中的重点任务，农业农村厅特别成立了新型职业农民培育工作领导小组，编制了《四川省新型职业农民培育“十三五”规划》，建立了新型职业农民培育议事制度，通过建立健全培训制度、加强有序规范管理及构建扶持政策体系等，不断加大对新型职业农民的培养与创业支持的力度。

四川省从2012年开始推进新型职业农民培育试点工作：以中等和高等农业职业院校、农业广播电视学校等专门教育培训机构为主体，农技推广服务机构、农业科研院所、农业企业和农民合作社等多元机构参与，构建和完善“一主多元”的教育培训体系；将绵阳等3个部级整市示范推进市与81个部省级示范县作为重点示范区，开展新型农业经营主体带头人轮训与现代青年农场主计划调训活动；将家庭农场主、农民合作社负责人、专业大户、农业企业骨干、返乡大学生及返乡农民工等涉农创业者作为重点培育对象，在全省的180个县（市、区）实施新型职业农民培育工程。截至2018年，新型职业农民项目县累计共发生项目资金支出4 730.6万元；全省有了4个国家新型职业农民培育示范基地、10个省级新型职业农民培育示范基地以及750余家各类培训基地；全省已遴选了1 094个基地录入国家新型职业农民培育信息系统数据库。大部分县市已建立起新型职业农民档案库，可以对新型职业农民的信息进行有效管理。

为推进新型职业农民认定工作的科学化与规范化，四川省农业厅于

2014年制订了《四川省新型职业农民认定办法（暂行）》，并下发了《关于统筹开展新型职业农民和农村实用人才认定工作的通知》，建立了初、中、高“三级贯通”的新型职业农民认定体系，省、市、县三级分别认定高、中、初级新型职业农民；建立了新型职业农民信息管理系统与档案管理制度，对于通过认定的新型职业农民进行以县为单位的统一建档和统一管理；部署了职业农民的职称评定试点工作，在11个新型职业农民制度试点县打通了职称评定与职业农民认定之间的双向渠道，提高了评定和认定的政策含金量。

对于新型职业农民的扶持政策也切实落地。四川省的各级地方政府着力引导产业扶持、技术支持、金融保险、奖励激励等政策向新型职业农民倾斜。鼓励和引导涉农科研院所、大专院校及公益性农技推广机构积极参与构建“专家+农技人员+新型职业农民+辐射带动户”式的技术快速传递链，促使新技术、新品种率先在新型职业农民身上得到转化和应用。通过完善小额贷款机制，对于新型职业农民加大信贷投放，探索健全农业保险政策，鼓励融资担保机构向新型职业农民提供融资担保服务，鼓励有条件的地方设立融资担保专项资金、担保风险补偿基金等，加大对从事农业实体化经营的新型职业农民的扶持力度。

2017年，四川省出台《关于做好2017年新型职业农民培育工作的通知》，着力推进新型职业农民的培育工作，每年培训4万名以上的新型职业农民，截至2018年年底已累计培训新型职业农民22万人，其中得到认定的有7.5万人，计划在2020年累计培育30万人。新型职业农民队伍在性别结构上同样呈现出男多女少的特征，男性占比为66%，女性占比为34%；年龄结构上也是以青壮年为主，30~50岁的中年人与30岁以下的年轻人分别占59%和21%，50岁以上者占20.2%；学历层次整体上不高，中等学历者占48%，将近半数，低学历者占39%，大专及以上的高等学历者仅占13%。已认定的新型职业农民年龄结构与学历结构则相对更加合理，老、中、青三个年龄阶段的占比分别为23%、64%、13%，低学历者占比减少，学历结构更加优化。

典型案例：四川省崇州市的新型职业农民培育模式

崇州市按照因需而培、培而有为、为而有效的原则，围绕农村土地细碎化、农业兼业化、劳动力弱质化等问题，从提高经营水平入手，以提高新型职业农民素质和农业技能为核心，以资格评定管理为手段，以政策扶持为动力，由政府主导，整合各相关业务部门职能，联合土地股份合作社、农业服务超市等市场化主体，引领带动崇州市农业规模经营，促进了都市现代农业跨越式发展。建立产学研对接机制，“面对面”指导、“手把手”示范，实现“干中学、学中干”。依托四川农业大学、四川省农科院、成都市农林科学院，形成“农业专家+农业职业经理人+生产基地”的科技服务模式，开展专业机构培训农业职业经理人、农业职业经理人活动培训新型职业农民，实现农业科研成果到田间地头无缝对接。整合市级农业和基层农技专家，组建农业技术指导组，分片区对新型职业农民开展一对一“保姆式”教学指导和跟踪服务，实现新型职业农民因需而培。成都市崇州市建立的新型职业农民培训、认定和后续扶持一体化的培育模式，使崇州市在新型职业农民的培训、认定及扶持上走在了全省前列。

——改编自《2019 四川乡村人才发展报告》

（3）农业科技人才队伍

四川通过完善与农业科技人才相关的政策体系、构建农业科技研发平台与体系、健全市场需求导向的科技集成体系以及改善农业科技推广体系，不断壮大农业科技人才队伍。

2016 年 8 月，原四川省委农工委与四川省科技厅联合出台了《关于进一步扩大农业科技体制改革试点激励科技人员创新创业的实施方案》，该文件提出了包括鼓励科技人员离岗创办企业、允许兼职取酬、提高成果转化收益比例、完善岗位聘用和职称评定政策等在内的十项激励政策措施，极大地激发了农业科技人才的活力。同年，四川省农业厅与财政厅联合出台了《2016 年四川省基层农技推广体系改革与建设实施方案》，实施农业技术推广人才支持工程，鼓励引导农业科技人才到基层农技推广机构工作。四川省科技厅先后印发了《四川省边远贫困地区、边疆民族地区和革命老区人才支持计划科技人员专项计划实施方案》《关于组织开展科技特派员对贫困村全覆盖工作的通知》等一系列文件，启动实施了“三区”科技人员专项计划。2014—2020 年，根据“三区”的实际需求，四川省每年选派 2 万名科技人员为其提供科技服务、成果转化及开展农村科技创新创业，同时每年为其培养 2 500 名本土科技服务人员与农村科技创新创业人员，围绕当地的支柱产业大力引导科技成果的转移与转化，为当地经济社会发展提供有效的科技人才支持与智力服务。

四川省整合科研资源，打造特色科技研发平台，以聚集培养研发人才。到 2019 年 6 月，四川建成 35 个省级及以上涉农重点实验室、6 个国家农作物改良分中心、20 个国家级农作物原种扩繁基地、近 200 个原种分中心、56个工程技术研究中心、10家产业技术研究院、6个农业科技创新联盟，建设了93个（其中国家级9个）省级及以上农业科技园区、71家科技部备案“星创天地”。在打造农业科技研发平台的同时，四川省建立健全了以首席专家为代表的特色农业科技研发体系。具体做法是加强对农业科技专项的立项支持，使每个特色产业都有科技首席专家、科技创新团队或者科技研发项目的智力支持；逐步构建完善“产业需求为导向，关键技术为重点，专业院所为基础，创新团队为平台，科技项目为支撑”的特色农业科技研发体系。这些举措取得了丰硕的农业科技成果，四川的种业自主创新能力在全国排名中位居前列，全省年均育成突破性农畜新品种80余个，水稻“川优6203”、玉米“荣玉1210”、川黑猪、大恒肉鸡等优质高效品种在省内、外都得到了广泛推广，不仅终结了“蜀中无好米”的时代，而且打破了国外畜禽品种“一统天下”的局面。

四川省的各产业龙头企业积极发挥主体作用，在依托科研机构、科技创新团队、专家（院士）工作站的基础上，按产业、产品构建完整的生产加工销售技术链，逐步构建了“产业为主线，产品为单元，龙头企业为主体，科研单位为支撑”的农业科技集成体系。这些农业科技集成体系不断推动农业的新技术、新品种、新产品、新工艺、新模式在田间地头与企业车间得到示范应用，与此同时培育壮大了川粮、川油、川猪、川茶、川果、川桑、川渔等一批优势特色产业。

四川省各级政府着力理顺了乡（镇）农技推广体系，以政府购买为主要方式，充分发挥龙头企业、农民合作社、专业大户、专业协会和返乡下乡人员等社会力量的作用，支持各类农业社会化服务主体积极开展农技服务，搭建起了区域性农业社会化服务平台。同时大力推进农业科技“进村入户工程”，注重发挥农民夜校的作用，广泛开设田间科技学校，实现农业科技服务产业、区域及对象全覆盖。构建了“公益性农技推广机构为主体，社会化服务为补充”的特色农业科技推广体系。建成了“四川科技扶贫在线”信息服务平台，建立了省、市、县平台运管中心103个，覆盖了全省12个市（州）的88个重点贫困县。

截至2018年年底，整个四川省的农业科技人才队伍规模扩大至13.9万人。性别结构上男性多于女性，男性占比为67%，女性占比为33%；年龄结构上老、中、青三代呈两头小、中间大的纺锤形结构分布，分别占

26%、56%、18%；在学历结构上，高、中、低学历者呈上大下小的倒锥形结构分布，分别占48%、39%、13%，整体文化素质水平较其他人才队伍更高。

典型案例：四川省达州市渠县激励、扶持农业科技人才的举措

渠县以财政支持激发农业科技人才动力。对科技人员或团队一年内实际投入500万元以上的现代农业科技示范园区、农业科技型企业、农民专合组织等农业科技经济实体，渠县财政适当给予该农业经济实体一次性资金扶持。对在全县农业公益性创新转化推广的科研课题中有重大突破和成果转化中有突出贡献的领衔专家或团队进行奖励，县财政在项目投产年度一次性给予领衔专家或创新团队5万~30万元的奖励。以项目带动释放农业科技人才潜力。对于开展新品种、新技术、新工艺的培育、引进、试验、示范、推广的项目，项目所在单位在同等条件下优先予以立项支持和向国家、省推荐，同时给予基础、产业等国家（省）项目支持。在渠县创办的农业科技经济实体，可单独或联合申请实施国家（省、市级）项目，并享受渠县招商引资优惠政策。通过县级以上科技管理部门组织鉴定的科技成果（按知识产权有关法律规定属个人成果）和个人拥有的技术特长，均可入股，按股权效益提取报酬。实行“离岗不离薪，工作有保障”。农业科技人员在县内离岗承包、领办、创办农业科技经济实体期间，保留原单位身份不变，正常参加原所在单位年度考核和专业技术职称评聘。科研院所和高等院校农业科技人员来渠县从事创新创业、成果入股、兼积取酬、离岗成果转化等活动，享受股份分红或薪资，所取得的报酬归科技人员个人所有，不受其单位绩效工资总额限制，不受担任领导职务的科技人员身份限制。这些举措充分释放了体制内农业科技人员和科研团队的活力，已累计完成农业科技项目的引进和培育超过10项。

——改编自《2019四川乡村人才发展报告》

（4）农业经营型人才队伍

四川省“筑巢引凤”，通过乡村产业发展来吸引农业经营型人才。立足省情、农情与发展实际，为了着力培育“10+3”优势特色产业，四川相继出台了《关于加快构建政策体系培育新型农业经营主体的实施意见》《关于支持农业产业化龙头企业（工商资本）带动脱贫攻坚的意见》《关于支持新型农业经营主体开展农业社会化服务的指导意见》等文件，从产业项目、财政政策、金融政策、要素保障等方面提出了一系列政策措施，支持新型经营主体的发展。同时积极引导高校毕业生、农村经纪人、返乡农民工等领办、创办家庭农场与农民合作社，推动区域合作与同业联合发展，积极发展多种形式的农民合作社，推进新型农业经营主体多元化发展，探索形成“大园区+小业主”、农业共营制、农业联合体、农业BOT（Build-Operate-Transfer）等多种新型集体经济组织模式，逐步形成以新型经营人才为纽带的多种新型集体经济组织形式多元化发展的格局。

截至2018年年底，整个四川省的农民专业合作社已经由2014年的

47 189家发展到了 99 553 家，其中国家级示范社 502 家，省级示范社有 2 100家，联合社超过 300 个；家庭农场由 2014 年的 13 873 家发展到了 53 391家；全省龙头企业达到了 11 620 家，其中国家重点龙头企业有 60 家（与河南并列全国排名第三、西部排名第一），省级重点龙头企业 851 家。相应安排的财政扶持资金中，中央财政扶持资金为 10 406 万元，省级财政扶持资金 2 000 万元，支持了 600 个家庭农场与 240 个农民专业合作社用于建设规模化的基地设施、建设营销体系以及实体化经营，提升了家庭农场与农民专业合作社的经营能力与发展基础。新型农业经营主体辐射带动农民的能力逐步增强，持续引领农民发展特色优势产业，在实行规模化、专业化、标准化、品牌化生产经营方面显示出明显的主体优势。整个四川省农民专业合作社入社成员达 469.9 万户，社均成员 49.8 户。

四川各级党委和政府非常注重强化农业经营型人才的培养，省、市、县三级分别结合新型职业农民和农村实用人才培训项目，开展农业职业经理人与青年农场主省级调训、农业职业经理人市级调训、新型农业经营主体培训活动。2018 年举办的农民专业合作社省级示范社与家庭农场省级示范场以及贫困地区新型农业经营主体带头人专题培训班，全省共培训 700 余人次。还有开展家庭农场主专题培训，鼓励家庭农场经营者参加多种形式的中、高等职业教育，以提高学历层次和经营管理技能。2018 年，整个四川省在新型职业农民培育项目中共培育农业职业经理人 1 000 人、现代青年农场主 872 人，培训新型农业经营主体带头人 37 651 人；家庭农场主专题培训达 500 余人次。人社部门也将家庭农场主作为重点培训对象纳入其培训项目。

四川省的农业经营人才队伍建设还需要进一步加强。统计数据显示，截至 2018 年年底，整个四川省的农业经营型人才队伍规模扩大至 25.2 万人。性别结构上男女比例比较失衡，男性人占比为 69.0%，女性占比仅 31%；年龄结构上老龄化趋势明显，老、中、青三代人才占比分别为 40.7%、49.7%和 9.6%，青年人才储备不足，存在人才梯队断层的风险；学历结构上高中毕业者即中等文化程度者占比最高，高、中、低文化程度者占比分别为 11.5%、57.4%和 31.19%，整体学历层次偏低。

典型案例：四川省崇州市通过"农业共营制"新型农业经营体系助力农业职业经理人发展

崇州市"围绕土地股份合作社+农业职业经理人+农业综合服务"的"农业共营制"新型农业经营体系，健全管理机制，助力农业职业经理人发展。一是建立资格等级评定制度。成立农业职业经理人评价委员会，制订农业职业经理人评定标准和评定程序，探索建立初、中、高"三级贯通"资格等级评定制度。二是建立农业职业经理人才信息库。对获得职业经理人证书的人员，采取实名登记，建立个人档案，将其纳入农业人才库管理，及时公开诚信、技能、管理水平等信息。三是采取动态管理，实行准入退出制度。连续两年考核不合格或连续两年未上岗的农业职业经理人退出人才库管理，并取消或降低其等级资格。四是建立人才交流制度。采取土地股份合作社等新型农业经营主体公开竞聘农业职业经理人的方式，鼓励农业职业经理人不受地域限制，在全市范围内自由竞聘，实现新型农业经营主体与农业职业经理人的双向选择。五是针对农业职业经理人创新激励措施，健全扶持政策体系。农业职业经理人可享受粮食规模种植补贴、城镇职工养老保险补贴、信用贷款贴息扶持等，就农业职业经理人领办、新办土地股份合作社、家庭农场，符合农机购置补贴的，在享受国家农机购置补贴政策的基础上，优先享受本级财政追加补贴；评定为初级、中级、高级农业职业经理人的，金融机构分别给予 10 万元、20 万元、30 万元信用贷款支持，并按银行同期贷款基准利率的 50%给予贴息。

——改编自《2019 四川乡村人才发展报告》

（5）能工巧匠人才队伍

2017 年，四川省出台了《四川省非物质文化遗产条例》《关于传承发展中华优秀传统文化的实施意见》，2019 年又出台了《四川省非物质文化遗产传承发展工程实施方案》，非物质文化遗产（以下简称"非遗"）保护的制度化、规范化水平逐步提升，非遗保护不断加强，传承人才得以发掘和保护。同时从 2016 年开始，四川持续推进"代表性传承人群研培计划"，累计举办各种研培班 25 期，总共培训传承人 1 000 余人。2018—2020 年，四川实施省级非遗代表性传承人记录工程，旨在对所有 65 岁以上的省级非遗代表性传承人实施抢救性记录。截至 2018 年年底，整个四川省已经有 7 项联合国教科文组织非遗名录项目、139 项国家级非遗代表性项目、611 项省级非遗代表性项目、1 377 项市级非遗代表性项目和 3 389 项县级非遗代表性项目，各级代表性传承人总共有 5 200 余名。

四川各地依托文化创意、民间手工艺、特色旅游等产业，通过开展各类技能竞赛或者宣传优秀典型等活动，在乡村进一步发掘和培育能工巧匠。从 2017 年起，四川每年举办一届"四川省农村手工艺大师表彰大会"，评选出的能工巧匠会被授予"四川省农村手工艺优秀作品奖"，同时会向其提供配套的政策与资金扶持。各地会因地制宜地开展特色活动：成都连续举办了多届蜀绣作品创意大赛，目的是为了提升蜀绣从业人员的从业技能；都江堰举行“安龙杯”川派盆景制作技艺大赛，然后选派从大赛中脱颖而出的选手代表四川参加国家级赛事活动，与扬派、徽派、苏派等门派进行切磋与交流；南充针对其非物质文化遗产竹编工艺举行技能大赛，对农民的竹编作品现场评选；乐山举行“聚焦乡村振兴，寻找乡村匠人”活动，从中评选出编织、刺绣、铸造、雕刻、建筑、民间绘画等行业的优秀乡村匠人。这些以传统手工技艺为重点的文化宣传活动，对传统技艺和非物质文化遗产起着重要的生产性保护和生活化传承作用。

各地也在依托当地的特色，因地制宜地打造自己的匠人队伍。四川省自 2016 年起开始探索农村工匠培训制度，系统化培训“土工匠”，并向考核合格的学员颁发《四川省农村建筑工匠培训合格证书》。宜宾市的 172 个乡（镇）中有 105 个成立了农民文化理事会，其职能是组织乡土文化演出和开设贫困村文艺骨干、文化能人培训班，旨在弘扬非物质文化遗产。泸县整合农民演艺团队，构建起“县有演艺中心，镇有演艺站、村有服务点”的农村演艺全覆盖工作网络，合计培训乡村文化骨干、乡土文化能人 2 500 余人次；同时还积极探索初级民间艺术人才职称制度，对于评审合格的农民演员给予“艺术师”职称认定。蒲江县明月国际陶艺村引进了 100 多名陶艺艺术家与创客，以艺术文创为主题，形成了陶艺村的特有产业集群，使当地的农业转型和品牌产业链水平得到大幅提升。

统计数据显示，截至 2018 年年底，整个四川省的农村能工巧匠人才队伍规模达 24.5 万人。性别结构极不协调，男性、女性占比分别为 78%与 22%，男性数量占绝对优势，意味着四川的女性在技艺传承上有很大的开发空间；年龄结构上很不均衡，老、中、青三代占比分别为 32%、51%与 17%，青年一代能工巧匠的人数明显较少，说明许多民间工艺、手艺存在失传的风险，技艺传承可能出现断层；学历结构上整体文化程度不高，高、中、低文化程度者占比分别为 12%、37%与 51%，中、低学历者占据了大多数，不利于对技艺的凝练和传承。

典型案例：四川省宜宾市国家级非遗项目江安竹簧的传承

江安竹簧工艺是宜宾市乃至四川省的竹文化符号。江安素有“竹乡”之称，有丰富的竹资源，其竹簧工艺历史悠久，在明朝正德年间（1503 年）就非常兴盛。2008 年，江安竹簧工艺被批准列入国家级非物质文化遗产名录，同时江安被命名为“中国民间文化艺术之乡”。竹簧，是楠竹内壁最里面的一层，天然色泽近似象牙，用其制作的工艺品也宛如象牙，故有“竹象牙”的美誉，备受世人喜爱。江安竹簧工艺产品主要有竹簧、竹筷、竹根雕、竹筒雕、竹编、竹家具、竹装修等 7 大类上千个品种。江安竹簧工艺的技术力量非常雄厚，拥有 1 位中国竹艺大师、8 位省级工艺美术大师、4 位省级非遗代表性传承人，先后荣获数 10 个国际、国内金奖，产品远销国内外。江安竹簧的制作工艺，分为原材料制胚、工艺品造型、绘画与雕刻、打磨与涂饰等流程与工序。

中国传统工艺美术大师、四川省工艺美术大师、省级非遗传承人何素梅，于 2002 年创办了“竹艺轩”工作坊，2004 年成立江安何氏竹工艺有限公司，2010 年新建“宜宾市竹木艺术品”陈列馆，馆内包括竹工艺品展陈、技艺展演、传习基地等。传习基地常常聘请工艺美术方面的专家教授、研究学者以及大师传授知识与技能，于 2014 年 6 月被四川省文化厅评为“四川省第一批非物质文化遗产传习基地”与“四川省江安竹簧传习基地”。因本地技术技能人才匮乏，公司主要技术师傅被派到宜宾市竹材主产地对当地的竹农进行免费培训。同时与江安县职业技术学校合作共同建立竹工艺培训基地，对在校职中学生进行竹工艺技能培训。另外还与江安聋哑学校合作，培训部分可以学习竹雕工艺的学生学习竹刻，增加其就业机会。

公司的作品与产品多次作为我国文化艺术传播的精品参加国际文化交流和展示活动，先后去过墨西哥、韩国、法国等国家，还参加了“相约世博”全国竹刻展以及国际竹藤大会竹工艺展。公司负责人也是江安竹簧传承人何素梅，多次到乡（镇）通过无偿授课、现场指导以及参加阳光工程培训等多种形式为当地农民与下岗职工传授技术，帮助农户、残疾人与下岗职工脱贫致富。在中央、省市因地制宜引导发展竹产业的新形势下，何素梅利用所掌握的资源和影响力，积极为宜宾竹产业的发展提供信息和资讯，积极推动竹产业发展和竹簧工艺的传承，先后被评为“四川省工艺美术大师”“四川省省级非遗代表性传承人”“中国传统工艺美术大师”“亚太地区竹工艺工匠”等。

——改编自《2019 四川乡村人才发展报告》

（6）新乡贤人才队伍

新乡贤在乡村产业发展、乡风文明建设、矛盾化解与治理水平提升等方面都发挥着重要作用。2016 年，全国“两会”的讨论中提出要“培育文明乡风、优良家风、新乡贤文化”，“新乡贤”一词第一次出现在公众的视野中。四川通过政策支持、氛围构建积极引导和激励乡贤回归乡村。2018 年的四川省委一号文件《关于实施乡村振兴战略开创新时代“三农”全面发展新局面的意见》提出，要扶持和引导包括退休干部、知识分子与工商界人士在内的新乡贤返乡，发挥其在乡村治理中的积极作用，在有条件的县（市、区）政协设立新乡贤界别。四川各地根据各自地区特点，不断创新发展乡贤文化，完善体制机制，以乡情、乡愁为纽带，通过节日慰问、互通信息、拜访联谊等形式，吸引和凝聚各方面的成功人士为乡村发展献计献策，激发外出乡贤返乡投资的热情，最大限度争取外出乡贤对家乡的支持与反哺，最终实现资金回流、信息回转、企业回迁、人才回乡，充分发挥乡贤的能力，用活乡贤的社会资源。2018 年 8 月，眉山市彭山区义和乡成立了“新乡贤联谊会”，这是眉山市统一战线的首个新乡贤组织，有6名德高望重的村民当选为新乡贤。新乡贤联谊会旨在倡导构建德治、法治、自治相结合的乡村治理新格局，助力推进乡村振兴战略。“乡贤不闲，当好八大员”。联谊会规定，乡贤的任务主要是当好“国策乡情的宣传员、重点事务的监督员、助推发展的智囊员、社情民意的信息员、文明乡风的传播员、助人为乐的慈善员、基层矛盾的调解员、乡村治理的勤务员”。宜宾市着力推动乡贤文化的传承、弘扬与创新发展，为乡村振兴战略的实施提供了坚实的思想基础与精神动力。达州市达川区出台了《新乡贤引进激励机制（试点）方案》，其明确了新乡贤的标准、范围和要求，同时通过提高政治与经济双重待遇，激发新乡贤到基层乡村干事创业、参政议政以及捐资公益的积极性，积极推进“头雁引领”工程，发挥新乡贤在乡村振兴战略实施中的重要作用。由各村（社区）负责按照标准推选，由乡（镇、街道）负责管理落实，达川区建立新乡贤台账，成立新乡贤理事会与参事会，配专人指导协助工作，利用“乡村基金”对新乡贤进行奖励。通过建立新乡贤引进激励机制，达川区回引了一批返乡创业人员回乡发展现代农业。旺苍县在各村村委设立乡贤议事厅，通过乡贤调解员调解村民纠纷。南江县沙河镇大力发展新乡贤文化，对乡贤进行调查摸底，成立乡贤理事会、红白理事会和乡贤评理会，发动乡贤帮扶贫困群众、资助贫困大学生，乡贤作用显著发挥。凉山彝族自治州的雷波县充分利用当地特色旅游资源与特色民族文化，引导和支持了一批愿意留在家乡的老专家、老教师、老干部、老战士、老模范，共同为雷波马湖的文化旅游业发展献计献策。

相关统计数据显示，截至2018年年底，整个四川省的新乡贤人才队伍规模达6万人。其性别结构上以男性为主，男性占比为79%，女性占比仅为21%；年龄结构上老、中、青三代占比分别为57%、40%和3%；学历结构上高、中、低文化程度者占比分别为31%、42%和27%。新乡贤人才队伍以男性中老年为主，这与新乡贤人才自身的特点相符，一般说来，新乡贤人才大多年龄大、阅历丰富、资历深、在村子里的声望比较高。

5.4 存在的问题

5.4.1 综合性问题

5.4.1.1 缺乏整体性的规划

整体性的规划和统一的组织管理是有效发挥人才作用、助推乡村振兴的重要保障。因为农业农村工作任务重、条件差、生活待遇低、发展空间小，多数高层次、高素质的人才到基层工作的意愿不强，需要强有力的政策激励、组织管理和规划推动。目前已有的一些发展规划或政策文件都只是针对几类特殊的、急需紧缺的高端乡村人才，整体上比较零散，一方面缺乏就乡村人才队伍建设的统一针对性发展规划，另一方面缺乏针对部分新出现的特殊人才的制度体系。另外，乡村各类人才队伍建设的管理职能分别掌握在不同的部门，缺乏统一的乡村人才管理协调机构，存在多头管理、各自为政的问题，部门联动性差，乡村人才工作机制尚未成熟，难以对乡村振兴战略的实施形成强有力的人才支撑。

5.4.1.2 人才观念跟不上乡村振兴的趋势和要求

在传统农村社会，人们的观念中只有人手、劳力的概念，对人才的认识非常不足，还没有树立“人才资源是第一资源”的观念，没有完全形成尊重知识和尊重人才的良好氛围，人才成长的环境不够优化。传统农村社会只是局限于以身份或学历来界定人才，认为只有农业技术人员或大学生等才算得上是人才，而对“土专家”“田秀才”这样的乡土人才在农村社会发展中的重要地位和作用认识不够。随着乡村振兴战略的实施，城乡融合、产业融合以及“六次产业”的发展已经成为必然趋势，适应新业态、新融合发展趋势的创新型、复合型、实用型的各类人才将会有更大的发展空间，同时这些人才也将会日趋短缺。近年来四川各地深入实施乡村振兴战略，不断促进农村人才发展，但整体上仍然对人才成长发展的规律缺乏科学的认识，对乡村人才的引、育、用、留缺乏系统性的把握和战略性的指导，对乡村人才的规划只是局限于数字上的规定，而对农业人才队伍的整体性培养与利用缺乏系统的规划和对实施效果的评估。

5.4.1.3 人才队伍建设跟不上乡村振兴的要求

由于区位劣势加上地形地势所导致的经济社会发展水平的差异，整体上来说四川省乡村人才队伍建设的基础薄弱、层次不高。首先是人才在地域之间的分布极不均衡。四川各地区经济发展的状况差异很大，对乡村人才队伍建设的重视程度不一，导致地区间的乡村人才分布差距大。其中，成都平原经济区的乡村人才存量最大、质量最高、示范带动作用发挥得最显著；边远民族地区由于配套扶持政策的激励效应不足，在人才队伍建设方面劣势明显。其次是乡村人才队伍的内部结构不均衡，存在“三多三少”的问题：性别结构中男多女少；年龄结构中年人多，年轻人少，人才梯队层次不合理；学历结构中低学历者多，高学历者少，整体文化层次较低。最后是缺乏复合型人才。直接从事农业生产的生产型人才相对较多，而流通、服务领域的服务型人才相对缺乏，难以满足四川农业强省建设背景下农业现代化水平提升、农业产业链条延伸的要求。

5.4.1.4 制度激励不足制约人才投身乡村

城乡二元体制的惯性影响依然存在，导致对人才返乡和下乡的激励和驱动不足。首先，相对其他产业，农业产业的投资大、风险高、收益低，农业的自然风险和市场风险都比较高，很容易导致投资“打水漂”，影响人才回乡的热情。其次，农业产业发展用地难的问题依然存在。一方面宅基地改革进展缓慢，另一方面与当地农民群众的融合交流困难，导致土地流转合同的稳定性差，再加上农用土地普遍呈零星碎片化分布，农业产业发展的用地成本高、手续繁杂，实践操作中用地问题依然难以解决。再次，金融服务不到位。下乡或返乡人才创业形成的固定资产不能得到金融机构的抵押物认定，贷款难、资金短缺影响农业产业的可持续发展。然后，教育导向制约了人才回流农村。近些年来，虽然政府面向教育的总投资持续上升，九年义务教育的普及率也接近100%。但教育作为人力资本形成最重要的手段，却深深印有工业文明的烙印，教育的培养目标和体系设计均是以城市和非农就业为默认的对象，各级教育体系的最终目标是以城市生活为导向以及为工业文明提供服务，农业生产和农村生活的技能在很大程度上被忽略。在这样的教育导向下，离开土地几乎可以说是农家子弟读书受教育的最大动力，而毕业后真正回农村发展的大、中专毕业生极少，农村家庭在子女教育上的投资几乎都无法回馈到农村的发展上，导致农村精英群体大量流失。最后，农村产业的空洞化和传统农业无法承载大学生就业，导致真正留在农村发展的大学生极少。即使在大力推广“大学生村官”工程之后也无法改变这种趋势。据《2016—2017 中国大学生村官发展报告》，截至 2016 年年底，全国在岗大学生村官达 102 563 人，累计流动 37.2 万人，其中 13.6 万人进入公务员队伍，占 36.5%；11.7 万人进入事业单位，占 31.5%。绝大多数“大学生村官”是将此作为职业发展的过渡和跳板，花了大量时间去准备各种考试和做表面文章，而非真正地沉下心留在农村发展。

5.4.1.5 生活和发展条件差影响人才集聚

长期以来，城乡二元体制造成各种社会资源通过多种形式向城市和发达地区集中，导致城乡差距过大。一方面，乡村公共服务设施落后，且各地农村的公共服务设施供给水平还很不平衡，偏远地区的医疗卫生和教育问题非常突出，人才所需的生活和发展条件差，物质与文化产品供给、工资待遇、创业环境等对人才都非常缺乏吸引力，导致外地的人才和劳动力不愿来，本地的人才和优质劳动力留不住。另一方面，全省尚未建立乡村人才信息互通平台，各地的乡村人才管理体系也尚未真正建立，一些支持政策也只是“流于文件”，并没有真正落到实处，尚未真正实现为人才搭平台、给政策和创环境。因此，农村地区未能给乡村人才创造良好的创业环境，影响其创业积极性。一些乡村缺乏有实力的农业龙头企业和农村合作经济组织，吸纳就业能力和辐射带动作用有限，陷入不良循环。

5.4.2 个性问题

5.4.2.1 针对农村工作队伍的激励机制不健全

乡（镇）干部和村干部是最基层的社会治理人才，是乡村振兴战略实施中的引领型人才，日常事务量多、头绪繁杂，脱贫攻坚、基层党建、“一乡一业”“一村一品”、村务信息化管理等各项工作都要靠基层干部组织落实。这支队伍建设中存在的一个很大的问题就是优秀人才留不住，现有队伍动力不足，其主要原因在于激励机制不健全。首先是农村工作队伍的薪资待遇差，所获待遇与付出不相匹配。乡村基层干部职务职级低，从而薪资待遇也低，而且很不均衡，这会严重影响这支队伍的工作积极性。

以村干部为例，其薪资福利主要来源于财政转移支付，在成都平原地区与少数民族地区，在任村干部的月薪为 550~1 650 元，丘陵地区的在任村干部月薪为 515~1 430 元，山地地区的在任村干部月薪为 500~1 330 元。相对重庆市主要村干部的平均月薪大约 2 500 元，四川省的村干部收入普遍偏低，缺乏吸引力。除了薪资待遇，其他激励手段也不足。据现有政策体制，农村基层干部的上升渠道非常有限，干好干坏都如此。职务晋升、经济待遇提升之外的激励手段在很大程度上被忽略，关爱帮扶、人文关怀、心理疏导、职业规划、教育培训、轮岗锻炼等激励手段运用不足。村里的年轻人本来就非常少，加上村干部的补贴很低，还不如就近打零工的收入高，与村干部承担的繁重任务很难匹配，很难吸引年轻人担任村里的干部，因此年轻村干部不好找。每年都有一定数量的乡村基层干部辞职外出打工，影响了农村工作队伍的稳定。调研发现，70%以上的村干部年龄都在 50 岁以上，而且村干部的这种年龄结构状况是具有普遍性的，越是偏远贫困村这种情况越常见。一些资深村干部虽然工作经验丰富，但文化素质和学习能力欠缺，因循守旧，缺乏开拓进取的精神和创新的能力，很多贫困村的村干部不会使用电脑，带领群众致富的能力与乡村振兴的要求存在一定差距。一位派驻的村“第一书记”对此表示出担忧：“现在有我们驻村工作队员，以后咋办?”

5.4.2.2 针对新型职业农民队伍的培育不足

四川的新型职业农民培育工作存在四个方面的问题：首先是培训供需错位。四川的新型职业农民培训覆盖率不低，但培育的针对性、规范性和有效性不足。由于培训任务是“自上而下”的，因此培训机构在具体的培训过程中只考虑完成上级交代的培训任务，而忽略了对农户需求的调研。需求导向不够明确的培训无法完全满足现代农业产业化发展、规模化经营以及市场化发展的需求。其次是新型农业培育的认定评价标准体系不够完善。四川幅员广阔，省内各地区地形与经济社会发展状况存在较大差异，很难用一个统一的标准来认定评价新型职业农民。同时，新型职业农民这支队伍非常庞大，涉及面广，不同类型的实用人才之间也存在较大差异，用一个统一的标准来认定评价也存在很大的问题，而现有人才评价体系无法给出具有针对性的量化指标。再次是支持政策不配套。四川尚未形成针对新型职业农民的激励机制和配套政策体系，虽然政策扶持的指导性意见不少，但与新型职业农民相关的扶持政策和农民的需求吻合度较低，政策细化和落实还不够到位。比如，与新型职业农民相关的帮扶政策中提出获得新型职业农民资格认证的农民可以凭借证书获得无息、低息或者贴息贷款，但这一政策与银行贷款的授信系统要求不一致，无法取得相应的授信，金融帮扶只停留在政策文件上，可操作性不强。最后是政策的执行存在偏差。新型职业农民培育政策在推行过程中，由于各地的理解存在偏差，导致政策执行效果差异明显，存在象征式政策执行、观望式政策执行、基层变相执行政策等现象①。

5.4.2.3　农业科技人才队伍力量薄弱

四川每万名农村人口中的科技人员数量低于全国平均水平，农技推广体系“一主”活力不足、“多元”尚未形成。首先是基层农技推广机构空编严重，人员数量不足。农技人员待遇低、工作条件差、工作周期长，很难留住和引进人才，“招不来、下不去、留不住”的问题长期存在，农技推广队伍极不稳定。截至 2018 年，四川省的农技推广机构编制内空缺 8 899人，编制空缺率为 13.4%，其中，县和乡（镇）的农机推广机构编制空缺率分别为 19.5%和 12.3%、甘孜、阿坝、凉山三个民族自治州的空编问题更为突出，县级空编率达 30.2%，乡（镇）空编率达 36.5%。其次是混岗现象严重，更加弱化了基层农业队伍的力量。乡（镇）机构改革使得部分地区的乡（镇）农技、农机、水利和林业站合并成为农业服务中心，该中心归属当地党委和政府主管。在实际工作过程中，不少编制在农业服务中心的工作人员尤其是年轻人常常被抽调到乡（镇）政府机关的非涉农工作岗位，仅留下一两个工作人员在农业服务中心维持日常工作，造成农业专业技术人员实际上没有从事其本职工作，弱化了一线的农技推广力量。最后是人才评聘矛盾突出。基层的农业专业技术人才中高级专业技术岗位不够，存在聘用难、晋升难的问题。近年来职称评审向边远地区和基层专业技术人员倾斜，县和乡镇取得中、高级专业技术任职资格的人越来越多，但基层中、高级岗位比例偏少，聘用难度大。2018 年，整个四川省的农业系统事业单位中取得正高级、副高级、中级与初级任职资格但未获聘的人员分别为 66 人、1 702 人、5 213 人与 322 人，绝大部分集中在副

---

① 杨秀彬. 2019 四川乡村人才发展报告［M］. 成都：四川师范大学电子出版社，2019：55.

高级与中级职称人员，其中县、乡两级副高有 1 304 人未获聘，占副高未获聘人员总数的77%，县、乡两级中级有 4 576 人未获聘，占中级未获聘人员总数的 88%。一些单位专业技术岗位的评聘“论资排辈”，“择优竞聘”与“能上能下”的制度形同虚设。不少基层专业技术人员直到临近退休也无法获聘相应专业技术岗位，影响其工作积极性。

5.4.2.4 农业经营型人才队伍供需失衡

四川农业经营型人才的总量不足，尤其是高层次、创新型、复合型人才严重短缺。同时现有的农业经营型人才主要集中在生产周期长且经济效益低的传统产业，经营管理的质量较低，很难学习和运用到现代经营管理知识。针对农业经营型人才的培训教育体系不完善，国家的政策导向不强，投入也比较薄弱，培训的环境及方式单一，培训的内容、形式都比较缺乏，培训次数也不多。部分专业合作社的管理人员文化水平和管理知识水平普遍较低，市场意识和产品质量意识淡薄，市场开拓能力不强。财务、营销、管理等复合型人才缺乏，农村职业经理人队伍难以建立，已有的职业经理人过于注重传统经验，创新意识缺乏，不善于将农业产业与新技术、新模式相结合。

5.4.2.5 能工巧匠人才队伍后继无人

很多能工巧匠年龄结构出现断层，许多民间的传统技艺面临失传和断代的风险。现有的能工巧匠整体年龄偏大，各类工匠中除了木匠从业人数较多之外，其他一度兴旺的石匠、铁匠、篾匠、箍桶匠、弹花匠等工匠正日渐式微，传统手工技艺逐渐被边缘化甚至被淘汰。一些传统工艺手艺由于缺乏创新及现代技术，与现代消费水平脱节，无法满足市场需求，也面临边缘化和被淘汰的风险。例如，温江寿安镇的花匠发展具有深厚的历史基础和传统的技术手艺，但花木样式的手工艺人由于文化程度不高，甚至没有受过正规教育，对花木修剪与培养内涵挖掘不足，工艺和花木样式缺乏创新，导致花木产品结构单一，花木样式被大量模仿复制，缺乏市场竞争力。

5.4.2.6 新乡贤人才队伍工作机制不明确

新乡贤人才的概念出现的时间较短，因此定义还不是很清晰，认定标准还不统一，基层干部和群众对于什么是新乡贤、哪些人才属于新乡贤、评价标准是什么等等问题都尚未形成统一的认识，因此很多地方对新乡贤的认定、统计和管理等工作都无法开展。同时，由于缺乏新乡贤的吸纳和使用机制，一些地区很难吸引新乡贤返乡服务于乡村振兴，并在其中发挥自身价值；已经返乡的新乡贤也并没有实际参与到乡村建设和民生改善的公共事务中，发挥作用的空间非常有限，很难起到维护社会稳定与传承中华文明的重要作用。只有为数不多的地方建立了乡贤工作室、乡贤理事会、乡贤驻堂制度等“新乡贤组织”，搭建了人才沟通平台，开展了“同乡会”“团拜会”等各种仪式性活动。大部分地区地方政府缺乏对新乡贤的慰问与关怀和长效和保障机制，对于新乡贤的信息交流并不充分，开展相关活动的频率低、质量差。

6 强化四川乡村振兴人才支撑的对策

要推动乡村人才振兴，把人力资本开发放在首要位置，强化乡村振兴人才支撑，加快培育新型农业经营主体，让愿意留在乡村、建设家乡的人留得安心，让愿意上山下乡、回报乡村的人更有信心，激励各类人才在农村广阔天地大施所能、大展才华、大显身手、打造一支强大的乡村振兴人才队伍，在乡村形成人才、土地、资金、产业汇聚的良性循环。

——2018 年 3 月习近平总书记参加山东代表团审议时的讲话

没有人，乡村振兴就是一句空话。随着城镇化进程加快，大量青壮年劳动力离开农村，农民老龄化、农村缺人才和留不住人的问题愈发突出。推进乡村人才振兴，要想方设法创造条件，吸引更多人才参与乡村振兴。坚持两条腿走路，一方面就地培养，全面建立职业农民制度，培养造就一批扎根农村的“土专家”“田秀才”和农业职业经理人；另一方面“筑巢引凤”，引导外出农民工、退伍军人、农村大中专毕业生返乡创业创新，让各类人才、资本等要素在农村广阔天地发挥作用、大展身手。

——农业农村部部长韩长赋

乡村振兴战略的实施，人是第一要素。习近平总书记指出，要积极培养本土人才，鼓励外出能人返乡创业，鼓励大学生村官扎根基层，为乡村振兴提供人才保障。四川是人口流出大省，必须先破解人气和人才瓶颈的制约，所有促进乡村振兴及强化其人才支撑的措施，都要基于人口大规模流出这一基本现实，顺应这一基本形势对农业农村产生的基本影响和要求，针对其给农村农业生产带来的挑战，因地制宜，分类施策，将乡村人才开发放在一个很重要的战略位置，集中力量强化乡村振兴的人才支撑，畅通智力、技术、管理的下乡通道，造就更多的乡土人才，聚天下英才而用之，打造稳定而有力的乡村人才队伍。

6.1 基础性对策

“筑巢”才能“引凤”，人才的聚集需要一定的前提和基础，必须多方位地打造人才成长和发展的环境。

6.1.1 打造一种新型乡土文化

人口大规模流出之后的农村社会被一种短视的功利主义思想所主导，缺乏可持续发展的精神力量，需要通过乡村文化建设打造一种新型的乡土文化。乡村文化建设虽不能直接创造生产力和效益，提高农村居民的收入水平，但是可以为乡村振兴提供一种长久的精神源泉与支撑，为农村居民生活方式的转变提供一种积极、健康、文明的氛围。具体而言，需要顺势引导农村居民完成观念的转变，并通过大力发展基础教育与职业技能培训提高农村居民的综合素质与职业技能，同时开发利用优质乡村文化资源，充分尊重传统种养生产模式的文化内涵，在农业现代化过程中充分吸收传统农业生产经营方式的合理成分，保留农耕文化的精髓，通过文化体制及政策的完善树立新的乡土情结。

6.1.2 加大惠农政策力度

农村居民家庭不断受益于政府各项惠农政策，从中所获的转移性收入不断增加，这对“三农”的发展发挥了较大作用。但转移性收入的比例还有很大的上升空间，要持续减小城乡差距，必须继续加大对“三农”的转移支付力度，变相地提高其收入和资产水平。首先，应加大地方财政惠农力度。地方经济一直以来的发展战略都是牺牲农村、农业来换取城市和第二、三产业的发展，尤其偏重于第二产业，多年来的积累使地方政府早已具备了反哺“三农”的能力，大规模的流动人口为城市社会及非农产业发展所做的贡献足以成为地方政府反哺“三农”的理由。各级地方政府要通过财政补贴持续增强针对农村、农业与农民的扶持力度，根据“三农”的现实需求不断完善针对“三农”的扶持政策。其次，通过改进惠农补贴方式以确保惠农补贴资金能真正落地并且最大限度发挥作用。比如，能选择直接补贴则不必选择间接补贴、能选择明补就不选择暗补，以确保惠农政策可以真正促进“三农”的发展和乡村的振兴。最后，社会保障是农村居民家庭获得转移性收入的重要方式和途径，同时也是政府维护公平尤其是城乡公平的重要手段。农村居民家庭的资产较少，抗击风险的能力较差，再加上股票、债券、基金等投资方式对于农村居民而言可及性较低，因此农村居民很少能够通过购买股票、债券、基金等投资方式从中获益从而加快资产累积。在农村居民的资产累积过程中，储蓄发挥的作用相对而言更为重要。这是农村居民缺乏底气与安全感的表现。虽然人口大规模流出为农村居民家庭增加了很多收入，但就业与收入的不稳定性、不确定性以及未来生活中的风险都是不可避免的。为此农村居民不得不削减支出、增加储蓄，所谓的偏好储蓄更多是不得已而为之。而对储蓄的偏好又在相当大程度上限制了财富效应的进一步发挥，造成不良循环。因此政府必须逐步强化针对农村和农民的社会保障力度，进一步提高对农民的保障水平，增强社会保障对促进农民增收的有效性，继续扩大覆盖面，削弱流动人口就业、收入等方面的不稳定性，解除其后顾之忧。

6.1.3 促进土地流转

土地流转可以促进农业发展的规模化和机械化，是新型农业经营主体发展的基础性工作和必要前提，同时还可以解决土地抛荒问题。单靠表面意义上的宣传教育与行政手段是不足以解决这一问题的，必须从深层次的制度变革入手。人口大规模流出并不必然导致土地抛荒，农村居民可以通过土地流转来达到家庭利益最大化，这样一方面可以减少对土地的投入，同时获取土地流转的收益，另一方面也不影响流动人口外出务工获取工资性收入。然而我国农村土地承载的功能太多，且土地权属模糊，这些是制约土地流转以及新型经营主体良好发展的重要原因。因此，要解决人口大规模流出后土地抛荒问题，降低其对农业生产的负面影响，政府首先需要通过进一步健全农村社会保障体系来剥离土地的保障功能，还原其财产功能，为土地流转提供基础。其次，必须通过深化农村产权制度改革，建立土地流转制度，在确定土地权利的基础上，进一步完善农村要素市场，坚持依法、自愿、有偿原则，更大限度发挥市场作用，引导农村土地承包经营权有序流转，使愿意向城镇转移的农村劳动力能够便捷地将承包土地转出并获得合理的报酬，以加强土地资源的整合与有效利用，优化其配置，为农业的规模化、集约化经营创造条件，转变"一家一户"的小农生产方式为规模化、社会化大生产。至于如何选择包括租赁、转包、入股、托管等在内的土地流转方式，则完全可以把决定权交给农民。

6.1.4 加速农业的现代化、规模化与机械化进程

人才与现代农业是互相依赖、互相成就的。现代农业的发展需要人才，而人才也需要现代化、规模化的农业发展平台。传统农业中，现代物质资本和人力资本都极度缺乏，是因为传统农业提供不了人才所需要的平台。现代农业发展需要转变农业发展方式，采用新的农业生产要素，促进农业规模化发展，这一方面对农业科技发展以及相应的人才支撑提出了更高要求，另一方面也为人才提供了发展平台。人才支撑一方面需要强化农业科技创新人才队伍建设，另一方面需要大力培育农业科技成果应用主体，从两个不同方面共同促进农业科技发展所需要的人才集聚，夯实农业科技的人才支撑能力。同时需要通过加大土地流转力度，使土地向具有较高生产水平的新型农业经营主体适当集中，以提高农业生产的规模、效率与收益。

规模化经营是农业生产发展的必然趋势，这是解决人口大规模流出背景下农业劳动力数量与质量不足的主要手段。对四川这一劳动力输出大省来说，规模化经营势在必行。2014 年 9 月召开的四川省深化农村改革推进会提出，从实际出发，支持专业大户、农民合作社、家庭农场、农业企业等新型农业经营主体发展，让农民直接、充分、持续受益。目前四川开展比较多的模式是农民土地出租模式、农民土地和劳力入股模式、"公司+专业合作社+农户"模式、农民自组织模式等，这些模式社会资本投入度不够，主体规模较小且稳定性弱。应通过加大土地流转力度，使土地向具有较高生产水平的新型农业经营主体适当集中，以提高农业生产的规模、效率与收益[①]。政府应注重引导、鼓励农民将土地依法流转给适度规模大户、

① 李宾，马九杰. 多重资本约束下劳动力转移对农户生产经营模式选择的影响研究［J］. 江西财经大学学报，2014（5）：78-88.

农民专业合作社和其他新型农业经营主体。同时通过培训、引导等方式提高规模经营者的素质与组织程度，在经营形式上给予其最大限度的自主权，允许其立足于实际，因地制宜，多样化发展。

农业发展的根本出路在于机械化，因为它可以大幅度提高农业综合生产能力，是实现农业现代化必不可少的前提与基础，同时也是解决人口大规模流出背景下农业劳动力数量与质量不足的主要手段。而规模经营是机械化的前提与基础，要实现规模经营又离不开土地流转与集中的有力保障。因此，为了解决人口大规模流出地区的劳动力数量与质量不足及诸多衍生问题，应在促进土地流转的前提下，遵循“因地制宜、分类指导”的原则，大力提升各地的农业机械化水平，尤其是针对水稻、小麦等主要作物。要适度提高各地的农机具购置补贴金额，尤其要加大对于粮食主产区、关键农作物的补助力度。要持续拓展机械化覆盖领域，围绕减小劳动强度、节省作业时间、提升效率与收益等主要目标，加速引进、示范与推广粮食生产、农田水利基础建设等基础与重要领域所适用的新型农业机械。

6.1.5 扶持新型农业经营主体

2014 年中央一号文件提出鼓励培育专业大户、家庭农场与合作社等新型农业经营主体，从制度的顶层设计上明确了现代农业社会化大生产所依赖的“人”（组织）的问题；2015 年中央一号文件突出强调了“粮食安全”，将深化农业生产基本主体改革作为人口大规模流出背景下确保粮食安全的重要手段。应充分利用人口大规模流出这一现实转变，加大政策扶持力度，多角度、多方面、多层次鼓励新型农业经营主体的大力发展，以此促进农业产业化、现代化。

作为美国主要产粮地的得克萨斯州，有两项政策是利用劳动力大量外出来促进农业产业化发展的：一个是种植鼓励计划。农业经营主体耕种面积与其所享有的补贴额度、所获得的资金及保险等方面的支持程度呈正相关，以此鼓励经营主体扩大种植规模。另一个是农业企业促进计划。专业性比较强的农产品加工企业会受到来自政府的鼓励与扶持，在销售环节可以享受一定的税收优惠。受该政策的推动，多数农村家庭都用卖地的钱投资兴办农业加工企业，而买了地的农村家庭则利用所购买的土地进行大规模的机械化耕作，一方面可以获得规模效应降低单位成本，另一方面还可以获得补贴与支持。随着农业加工企业数量、种类与层次的发展与延伸，会自然而然地形成以产业链为纽带的城镇。四川在促进农业生产和新型经营主体培育的过程中，在认真落实中央各项支农惠农政策的同时，可以借鉴美国得州的做法，通过以奖代补等方式对农村新型经营主体加大政策扶持力度，完善种植养殖大户的直接补贴政策，小规模“小补”，大规模“大补”，激发种植养殖大户的积极性与热情。鼓励与引导新型农业经营主体探索发展农业与农村的新思路、新办法，利用新型经营主体带动农业生产的规模化、产业化与科技化。发展专业化、细分化的市场，发挥新型经营主体在品种创新、品质创优、品牌创响、技术推广等方面的带动作用。

6.1.6 大力发展农业社会化服务体系

农业社会化服务体系对于乡村振兴背景下的农业生产发展至关重要，四川很多农村地区尤其是丘陵地区自然资源欠缺，自然灾害频发，分散经营的小农生产成本高，市场信息匮乏，独立抗击风险能力差，基本靠天吃饭，农业生产极不稳定。2013 年中央一号文件要求在坚持主体多元化、服务专业化、运行市场化的基础上，加快构建公益性与经营性相结合、专项服务与综合服务相协调的新型农业社会化服务体系。地方政府必须根据人口大规模流出地区的农村实际，引导构建综合配套、跟踪全程、覆盖全域的社会化服务体系，为农业、农村与农民提供所需的农业科技研发、农产品供销、农业信贷以及垂直一体化操作等全方位服务，使农村居民家庭在机耕、播种、排灌、植保、收割、物流运输等方面均可得到社会化服务的供给保障。根据实际需要持续创新政府购买社会化服务的形式，加大扶持力度，有效促进经营性社会化服务组织的壮大。鼓励新型经营主体积极参与到农业社会化服务的供给中来，以增强供给的竞争性，提高服务品质。

6.1.7 重视农业科技的作用

国际经验表明，要把农业科技成果快速转化为现实的农业生产效率，离不开健全、高效的农业技术推广体系。农村青壮年劳动力大量流出，导致从事农业生产的农民科技素质下降，综合素质也呈弱化态势，这对农业科技推广提出了极大的挑战。职业教育与培训对于推广农业技术、提高农村劳动力的农业科技素质及综合素质都有很大的促进作用。把职业教育和农业技术推广有机结合，重视农业生产技术教育，逐步提高农业生产者的农业科学素质和解决农业生产难题的能力；促进农业技术推广部门专业职能的发挥，不断扩大其服务覆盖面；增加投入，加大对基层农业技术培训机构的支持力度；采用多种方式对农户进行技术培训和指导，在传统培训班的基础上，增加对手机短信、网络媒体以及广播等现代信息传播渠道的应用，发挥其信息传播及时、受众面广以及互动性强的优势，增强培训效果；加快培养有文化、懂技术、懂经营、接受能力强的新型职业农民；鼓励外出务工经商的流动人口通过培训提升其自身农业经营能力和动力，促使其反向流动，以降低人口大规模流出给农业科技推广带来的负面影响以及给农业生产带来的人力资本损失。

6.1.8 大力发展非农产业以创造更多就业机会

刘易斯（Lewis）认为，增加农民收入，必须大力发展非农部门及增加就业率①。除了成都及周边地区，四川乡村多处于一些丘陵及山区地带，非农产业发展滞后，限制了非农就业机会的增加，才导致人口大规模外出务工和人才的流失。应抓住国际、国内产业转移的良好机遇，充分利用四川劳动力资源丰富的比较优势，因地制宜承接发展特色优势产业；充分发挥四川农副产品种类众多且品质优良的相对优势，加速发展特色农副产品深加工、精加工业，发展与之配套、前后一条龙的农业社会化服务业；利用四川旅游资源、文化资源丰富的特征大力发展文化旅游业等非农产业。除了通过促进产业发展增加就业机会，还要通过建立并完善城乡统一、充分竞争的劳动力市场，确保人才的自由流动。

6.1.9 打造良好营商环境

相对城市而言，乡村地区的市场经济发展相对落后，良好的营商环境是乡村产业兴旺的关键。在乡村振兴战略实施的过程中，需要充分调动有利于“三农”发展的要素，大力改善农村的营商和发展环境。

习近平总书记明确要求，党政一把手是乡村振兴的第一责任人，省、

---

① W A LEWIS. Economic development with unlimited supplies of labor [J]. The Manchester School, 1954, 22 (2): 139-191.

市、县、乡、村五级书记抓乡村振兴。乡村社会是熟人社会，人与人之间关系密切，不良风气容易相互传染。要打造良好的营商环境，首先，村支书需要以身作则，带领村民转变不良风气。其次，要肃清"村霸"以及宗族黑恶势力，规范乡村社会秩序，严厉抵制黑恶及宗族势力干扰和破坏基层政事，净化乡村基层干部队伍和基层政治生态环境。最后，搭建一站式综合服务平台，简化改革投资审批制度，为涉农企业开办和经营提供尽可能多的便利，提升乡村商品流通便利化水平。开通便捷营商的"绿色通道"。

6.1.10 加强农村公共服务体系建设

公共服务体系建设一直是乡村振兴的一个主要短板，同时也影响了乡村的人才振兴。破解农村公共服务发展的不平衡不充分问题，是解决乡村人才吸引难题的重要突破口，有利于吸引农村人才回流和城市人才下乡。为此需要继续加大政府对乡村公共服务的投入力度，同时要吸纳社会资本参与乡村公共服务体系的建设，推动乡村生活环境的提质升级。人口大量外流加剧了乡村公共服务需求的萎缩，需要为参与公共服务体系建设与运营的社会资本提供稳健的受益预期，可尝试探索为长期运营公共服务的社会资本提供必要的政策与税收优惠。

6.2 综合性对策

人才是第一资源，乡村人才是乡村振兴战略实施中最根本的要素。只有强化乡村人才的支撑能力，才能加快农业科技进步，转变农业发展方式；同时强化农村公共服务能力，从而促进农村社会全面进步。四川的乡村人才队伍建设水平还不足以支撑四川乡村振兴战略实施中农业农村经济发展目标的实现。应根据问题导向，综合考虑，为强化四川乡村振兴的人才支撑能力提供思路与对策。

6.2.1 树立人才优先发展的理念

2018年中央一号文件《中共中央国务院关于实施乡村振兴战略的意见》提出："实施乡村振兴战略，必须破解人才瓶颈制约。要把人力资本开发放在首要位置。"2018年3月，习近平总书记在参加全国"两会"山东代表团审议时强调，乡村发展的"五个振兴"即产业振兴、人才振兴、文化振兴、生态振兴、组织振兴，其中人才振兴是乡村振兴的核心要素。2019年的中央一号文件提出，要坚持农业农村"四个优先"发展：优先考虑"三农"干部配备、优先满足"三农"发展要素配置、优先保障"三农"资金投入、优先安排农村公共服务。实施乡村振兴战略是解决"三农"问题的重大战略举措，需要进一步树立人才优先发展的基本理念。在人才优先发展的基本理念之下，推进乡村人才发展的体制机制改革与政策创新，聚天下英才而用之。同时遵循市场经济规律与人才发展的基本规律，破除一切束缚乡村人才发展的思想观念，建立更为灵活的乡村人才管理机制，消除乡村人才流动和使用中的体制机制障碍，增强人才活力，进一步强化乡村振兴中人才的支撑作用。要基于城乡融合发展的需求，怀有兼容并包的大人才格局，树立整体性的人才开发理念与科学的人才评价观，对人才的评价不唯学历、不唯资历，而是突出专业性和实用性，对特殊人才有特殊政策，不求全责备、不论资排辈。对待乡村人才，要用乡情吸引和留住人才，同时更要以事业和环境吸引和凝聚人才。

6.2.2 创新乡村人才工作机制

乡村振兴战略的实施，农业农村现代化的实现，迫切要求激励各种人才在农村广阔天地中大施所能，在乡村形成人才、土地、资金、产业的良性循环。为此必须创新乡村人才工作体制机制，在吸引人才、留住人才、培育人才、使用人才等方面下足功夫，使人才振兴成为推动农业农村现代化和乡村振兴的内生动力。

首先，建立部门联动的乡村人才工作机制。坚持党管人才原则，各级党委主要从宏观的战略规划、政策制定、统筹协调与管理服务方面发挥作用，组织、农业农村、人社、科技、教育、财政、环境、民政、文化旅游等部门共同参与乡村人才队伍的建设与发展。各级党政部门应该专门组建相应的乡村振兴人才工作领导小组，主要负责对乡村人才工作的规划布局、重要工作部署、重大决策研究。应增加对乡村人才队伍建设工作的考核评价与激励约束，健全乡村人才队伍建设的考核评价与奖惩机制，定期开展考核评价，将考核结果作为选拔和任用干部的重要依据。

其次，完善本土人才成长机制。要把本土人才当作乡村振兴的重要支撑，尽可能激发乡村现有人才的活力和潜力。一方面，要激励本土各类人才积极投身乡村建设，充分激发其投身乡村建设的主动性和积极性，发挥本土乡村人才的技能优势，促使其做强产业、带动致富，为农业农村发展注入活力。另一方面，要不断优化本土乡村人才的成长环境。为此需要完善多元投入保障机制，增加对农业农村的投入，推动公共服务向农村延伸，改善农村基础设施、人居环境、教育、医疗、就业等，为本土人才的成长营造良好的环境。

再次，完善引才机制。要引导农民工、大专及中专毕业生、工商企业者、退役军人和科技人员等群体返乡创新创业。这需要政府部门制定人才、财税等优惠政策，为人才搭建干事创业的平台，为各类人才返乡创业营造良好的环境，同时要改善乡村基础设施，尽可能缩小城乡基本公共服务水平之间的差距，解决返乡创业者的后顾之忧。

最后，建立引导和鼓励高校毕业生到基层工作的长效机制。“大学生村官”计划是向农村引进人才的重要途径，有利于建设高素质、专业化的“三农”工作干部队伍，是乡村振兴中一支重要的人才队伍。要继续努力做好这项工作，继续完善各项配套政策，建立引导和鼓励高校毕业生到基层工作的长效机制，做到“下得去、留得住、干得好、流得动”，激励更多有志青年扎根基层、服务乡村振兴。

6.2.3 构筑和完善各级乡村人才信息数据化管理平台

信息数据化管理平台有利于分析乡村人才的现状与需求，并可以监测乡村人才的流动状况。我们应该面向乡村振兴需求，建立省、市、县、乡、村五级人才信息数据库。该数据库由各级乡村人才领导小组办公室负责，通过科学的手段对本辖区内的各类乡村人才进行信息采集与统计，做好档案资料收集、整理以及维护工作，以实现信息资源共享。同时建立数据采集、分类、发布及共享的相关配套标准，以确保数据和信息的完整与可靠。构建和不断完善管理科学、实用规范、安全可靠的乡村人才信息管理平台，并使其在人才的选拔录用、培训开发、激励约束等方面充分发挥作用，为各级部门实现科学管理和透明服务提供依据。借助信息平台和乡村人才数据库，同步构建乡村人才的“云课程”体系，逐步实现乡村人才登记入库、协调安排、培养规划等信息调转工作的信息化与网络化，为乡村人才培育、挖掘和使用打下扎实的数据基础，不断提升乡村人才的信息化管理能力。

6.2.4 搭建人才发展的产业平台

乡村振兴要吸引和留住人才，就需要为人才搭建适合其创业、就业和发展的平台。首先需要搭建农业园区平台。现代农业园区是促进智力创新要素聚集、从而推动产业融合发展、最终实现农业现代化的重要载体，需要按照政府搭建平台、平台聚集资源、资源服务创业的总体思路，围绕四川“10+3”产业体系的发展目标，建成一批产业特色鲜明、产业链条完善、生产方式绿色、农村三大产业融合、要素高度聚集、辐射带动有力、品牌影响力大的现代农业园区，为乡村人才创业就业提供重要平台。其次要搭建基础平台。依托示范合作社、知名农业企业、小康村以及现有的各种项目开发区等为乡村人才提供创业就业的平台。再次要搭建新型融合发展平台。积极支持各种新型农业经营主体联合起来，发展成为“龙头企业+专合组织+家庭农场+农民”的产业联合体，从而促进农产品的精深加工以及乡村旅游、休闲农业、农村电商等新业态、新产业的发展，为乡村人才搭建新的发展平台。随后要搭建产学研发展平台。可以借助研究机构的力量，依托各类院校以及科研院所研究示范基地、专家服务基地等平台引才引智，积极开展产学研融合，为园区的企业、新型农业经营主体以及农户提供服务。最后要搭建网上创业平台。可以依托农业部的“信息进村入户试点”平台，鼓励龙头企业、金融服务商、电信运营商、信息服务商、平台电商针对乡村特点建设电子商务交易服务平台、商品集散平台以及物流中心，为乡村人才创新创业和就业发展搭建新平台，同时鼓励乡村人才积极发展电子商务。

6.2.5 培育农民的自我发展能力

提高农民自身的素质，增强农民的自我发展能力，充分尊重农民意愿，激发农民内在活力，充分调动农民群众的积极性和主动性，发挥农民群众在乡村振兴中的主体作用，让他们真正成为乡村振兴的参与者和受益者，将政府主导与农民主体两者有机统一，这是实现乡村振兴的基础性工程。为此需要建立职业农民制度，积极推进农民职业化，重点在于如何吸引年轻人务农和培养职业农民，目标是通过培训提高、吸引发展、培育储备打造一大批有文化、懂技术、会经营、能创新的新型职业农民，为乡村振兴提供强有力的人才支撑。政府部门要加大支持力度，为新型职业农民的培育提供良好的政策环境，同时在信息咨询、技术指导、资金扶持、经营培训等方面提供支持，帮助农户了解、适应和开拓市场。

6.2.6 引导推动城市人才反哺农村

城市人才反哺农村是国际上一些发达国家的通行做法。1970 年，韩国实行“新村运动”，具体做法是针对全国的 3.5 万个村，每个村指派 3~5 名“新村指导者”，其任务是手把手地教农民致富，直到全村富裕起来。日本专门开设“营农大学”，招收有农业实践经验且高中毕业的农民进校学习培训。在瑞士，政府要求农场经营人员至少接受九年教育，而且必须进行技术培训和实习才能从业。在法国，只有经过农业技术培训的人才可以取得农业经营的资格并享受政府的农业补贴及优惠贷款。发达国家的成功经验可以为我国实施乡村振兴人才支撑战略提供一些有价值的参考。在目前的乡村振兴战略实施阶段，城市对农村的人才反哺不仅必要而且可行，还可以带动资金、信息、科技、管理等关键要素一起向农村流动，发挥人才资源在要素组合中的“放大”和“倍乘”效应①。

6.2.6.1 畅通人才双向流动机制

缺乏高效的人才市场机制限制了人才在城乡之间的双向流动。建设完善的乡村人才市场，充分发挥其信息交流功能，方便乡村人才供需双方及时有效地分享就业信息与人才信息。构筑以乡村人才市场为代表的信息共

---

① 许冰凌. 城市人才要反哺农村［N］. 光明日报，2012-06-02（7）.

享平台，依托平台汇聚乡村人才供需、技术服务等各类供需信息，建立真实有效的人才信息系统，并对信息进行分析和整理，按照所需人才的性质、区域、专业、层次等进行分门别类的加工整理，建立人才需求信息库，为乡村人才就业和乡村产业发展选人提供针对性的服务。各级政府与职能部门应加大对乡村人才市场的协作与支持力度，逐步形成以县级人才市场与劳动力市场为依托、乡（镇、街道）人才服务站与劳动力服务站为网点、进而辐射广大乡村的乡村人才市场体系。通过乡村人才市场的配置作用促进人才城乡融合，满足乡村振兴的人才需求。

6.2.6.2　强化政策推动

如果完全按照市场规律，生产要素必然会表现为由农村向城市的单向净流动，因此，推动城市人才反哺农村，必须要借助于强大的行政力量来遏制市场机制的负面作用，引导人才资源向农村的有序流动。但行政力量的介入不应过度，否则会导致要素配置对行政力量的依赖，而且会削弱市场活力。所以，实施城市对农村的人才反哺战略，既需要发挥市场规律的作用，也需要行政力量的引导和推动。行政力量的表现形式为政策的引导和制度的规范，市场力量的表现形式则是城市人才向农村的扩散效应及涓滴效应。只是在目前这个阶段，由于农业农村的弱势地位，在人才流动中市场机制难免失灵，其负面影响会被无限放大，因此在目前阶段的人才反哺中，行政力量的引导和推动起着决定性的作用。

6.2.6.3　教育培养

乡村振兴的人才支撑，实质上是要打造有现代农业意识与技能的新型从业者。在教育经费分配方面，应大力向农村倾斜，提高农村基础教育水平。城市应开放优质教育资源，中小学通过远程教育共享优质的教师资源，高等院校、职业技术院校的学科建设和专业设置应高度重视农村实用人才和农村专业技术人才的培养。同时，鼓励农民积极参加各种形式的技能培训，引导相关领域的专业技术人才深入农村现场培训和指导农民从事新型农业以及农副产品加工业等，切实帮助农民增产增收。

6.2.6.4　加大创业扶持

目前留守农村的大部分是老人、妇女和儿童等，对他们的培养培训当然也非常重要，但更有效的途径是支持和引导企业家、专家学者、党政干部、医生、教师、律师、建筑师、规划师、技能人才等，通过投资兴业、包村包项目、行医办学、捐资捐物、担任志愿者、法律服务等方式服务于乡村振兴；鼓励和引导农民工、退伍军人、农村大中专毕业生等群体返乡到农村创新创业，加速农村的人才资本积累。为此需要提供良好的投资创业环境，需要加大财政和金融服务的支持力度。

6.2.6.5 进行舆论引导

应通过舆论宣传在全社会树立城市理应反哺农村的观念。加大对城市人才反哺农村先进人物、优秀典型的表彰和奖励力度。对在这方面做出成绩、具有成功经验的各级政府、科研院所、高等院校、优秀企业等应大力宣传和嘉奖，以期在全社会形成一种助力农村经济社会发展的正面舆论导向。

6.2.7 完善人才教育培训机制

强化乡村振兴的人才支撑，不仅要促进城市人才向乡村流动，而且要重视就地培养人才，同时要提升人才在乡村就业和创业的能动性和创造性，教育培训在其中起着关键的作用。史料表明，农村居民的技能与知识水平和其耕作生产率之间存在着明显的正相关关系。就整体而言，四川农村居民的受教育程度原本就不高。一方面，人口大规模流出加剧了这种状况，尤其是流出人口的性别结构、年龄结构与文化结构导致农业生产者老弱化、妇幼化，不具备应用最新农业科技的能力与动力，这严重制约了农业生产的效率和传统农业向现代农业的转型。另一方面，流出人口自身素质的限制，在很大程度上影响其在非农产业的就业和收入以及家庭总收入水平的提升。农村与城镇居民在收入与财产水平上的差距主要是由从业者的受教育水平以及劳动技能水平的差别所导致的。教育对提升农村居民的素质和收入具有明显的积极作用。政府应加强对农村劳动力的正规教育与职业技能培训，从而提高其就业率、就业层次、家庭收入与财产水平，这是持续、长久提高农村居民家庭收入水平的根本之道。

教育是提高人口素质的关键途径，是人力资本投资最重要的方式。“人力资本之父”舒尔茨认为，旨在提高人口素质的投资可以在很大程度上促进经济繁荣并增加穷人的福利。针对四川存在的乡村教育资源分布不均衡以及高等教育中对农村所需专业人才培养的重视程度不够的问题，应该大力加强对乡村人才的培养力度。具体而言，一方面需要构建公共教育资源的均衡配置机制，大幅增加农村地区的基础教育投入，加强乡村学校建设，改善办学条件，提高教师收入与教学水平，建立健全城乡教师交流轮岗制度，力争做到城乡之间的办学条件与基本标准相统一，确保城乡学龄儿童可以平等地接受教育，从而普遍提升农业后备劳动力的科学文化素质。另一方面，需要大力推进涉农高等教育的发展，从而可以为乡村振兴培养高素质、高层次的农业专业人才。需要推进农林院校改革，突出办学的“农”字特色，建立农业农村专业技术人才的委托培养与定向培养制度、农村学生涉农专业优先录取制度、农村优秀学生协议保送制度等。

培训也是人力资本投资的重要方式，可以提高农村从业者的从业能力。年轻一代大多很早就外出务工，缺乏农业技术和对传统农村社会的体验，回乡就业与创业都非常需要有效的培训。国家虽然非常重视对乡村从业者的教育培训，并构建了针对各类乡村人才的教育培训体系，但仍然存在培训资源分散、培训宣传不够、培训效果不佳等突出问题。针对乡村人才的培训对象广泛、需求多元，需要构建更有针对性的培训体系。首先需要理顺并构建乡村人才培训体系。针对不同群体，构建组织、人力、农业农村、教育等各部门分工协作的乡村人才培训体系，要将下乡返乡的就业与创业人员纳入培训范围，建立培训对象分类登记和建档制度，做好培训规划，同时建立统一的信息发布与交流平台，以让培训更具针对性和有效性。其次需要整合乡村人才培训资源。打破掌握培训资源的各部门以及行业之间的界限，促进高等院校、职业学校、技工学校、远程教育等培训资源的共享，鼓励行业协会、产业园区、龙头企业、农民专业合作社等主体积极主动地承担培训任务，农业科技带头人、能工巧匠、“土专家”“非遗”传承人等都可以被纳入培训师资队伍。最后还需要推动乡村人才培训方式的多元化与实用化。农业专业知识、乡土人文知识都可以被纳入专业人才与乡镇党政干部的培训内容，新型职业农民培训可以与创业扶持培训相结合，传帮带、示范、交流、跟踪辅导、参与、模仿等都可以作为主要的培训形式。

特别需要强调的是，对人才净流出的乡村地区，可以依据人才流出的规模与质量建立转移支付制度。探索建立区域间的补偿机制，由乡村人才净流入区域对乡村人才净流出区域依照流量进行一定的经济补偿。

6.3 主要人才队伍建设的对策

6.3.1 加强农村工作队伍建设

农村工作队伍是一支懂农业、爱农村、爱农民的工作队伍，是整个乡村振兴战略实施过程中的引领型人才，是农村各项方针政策贯彻落实过程中的组织者、实践者与推动者。针对当前农村工作队伍动力不足和人才高流失问题，我们应从以下四个个方面着手解决。

6.3.1.1 加强村“两委”班子建设

2017 年 12 月，习近平总书记在徐州马庄村考察时指出：“农村要发展好，很重要的一点就是要有好班子和好带头人，希望大家在十九大精神指引下把村‘两委’班子建设得更强。”2019 年四川省委一号文件《关于坚持农业农村优先发展 推动实施乡村振兴战略落地落实的意见》提出，要优先考虑“三农”干部配备，选好配强“三农”干部，把优秀干部充实到“三农”战线，建立“三农”干部队伍培养、配备、管理、使用机制。乡村振兴，人才是关键，优化村干部队伍势在必行。要充分利用村级换届选举的机会，以“两推一选”“公选直选”的方式，选出能力强、素质高、群众认可度高的村干部。要打破身份界限，从退伍军人、返乡农民工中广泛遴选村干部尤其是村级带头人。通过选派“第一书记”和挂钩结对等方式，对个别村进行重点帮扶。要进一步完善“大学生村官”选聘管理制度，对“大学生村官”在岗在职时间、工作业绩等进行刚性考核和刚性约束，促使其沉下心来，真抓实干。在不断提高村干部队伍整体能力和素质的基础上，提高村干部的工资待遇，加大从村干部中选拔公务员和事业单位职员的力度，让会干事、能干事、有情怀、有实绩的村干部有出路。

6.3.1.2 提高农村干部经济待遇

建议出台相关具体政策和措施提升农村干部待遇，落实农村干部基本工资标准调整机制，完善农村干部绩效工资和年终奖金政策，实现待遇与工作绩效挂钩，乡（镇）干部经济待遇应高于同级干部至少 10%，村党支部书记经济待遇至少应该双倍于所在地（县、市、区）上一年度的农村居民人均可支配收入。建立和完善针对农村干部的关心关爱及帮扶机制，完善其养老保险、医疗保险等社会保障制度，提升农村干部的综合受保障水平。

6.3.1.3 打通优秀基层干部选拔和晋升通道

建立“绿色通道”让优秀乡村社会治理人才可以进入基层正式编制，加大对优秀乡村社会治理人才进入基层正式编制的支持力度。探索优秀乡村社会治理人才经考核或者推荐录用成为乡镇机关公务员的方式方法，探索构建常态化的优秀实职干部遴选成为乡镇事业干部同时兼任村社党支部书记的制度，推动乡（镇）干部下沉兼任村社党支部书记。通过给予一定工资补助与晋级晋升机会，鼓励乡（镇）干部“走基层、到一线、接地气”。在干部人才选拔任用中优先考虑基层一线和乡村振兴工作中做出重大贡献的“三农”干部。实施后备人才选拔计划，加大力度从致富能手、种养殖能手、产业带头人、技术带头人、返乡大学生、退伍军人等群体中发展村级后备干部。拓宽乡（镇）干部和“三农”工作部门干部的来源渠道，鼓励和支持优秀村干部到乡（镇）挂职锻炼。

6.3.1.4 加强农村工作队伍的培育工作

以“懂农业、爱农村、爱农民”为标准，探索建立系统的农村工作队伍培养模式，加强农村工作队伍的培育工作。主要针对基层一线急需紧缺专业人才，加大培训力度，通过远程教育网、举办专题培训班、建设远程教育站点等多元形式，开展农业技术应用、经营模式、现代管理理念等方面的培训。乡（镇）政府可联合专业培训机构探索建立干部培训学校，对乡镇和村级干部开展系统化的针对性培训，引导乡村干部适应农村工作的形势变化，学会创新理念与工作方式，勇于开拓，因地制宜，提高服务意识和能力，做好农村工作。

6.3.2 加强新型职业农民培育的体系建设

新型职业农民是乡村振兴战略实施中乡村人才中的“主力军”。针对当前四川新型职业农民培育不足以及配套体系缺乏的问题，应该从以下五个方面加强新型职业农民培育体系建设，以加快从“简单知识培训”向“人才体系培育”转变。

6.3.2.1　培训项目的设置需要以市场需求为导向

地方政府应立足于当地的培训需求，制订相应的培训计划和预算，经省级部门审核后予以划拨。应促进培训资源的整合与优化，促进培训形式的丰富和多元化，确保培训内容切实有用。

6.3.2.2　课程体系的构建需要围绕培训需求同步进行

在坚持政府主导、尊重农民意愿、立足产业需求、突出培育重点的基础上，尽力整合各层级的职业技能培训资源。可以适当参考省外、国外等先进和发达地区的课程体系，根据新型职业农民的分类——经营管理型、专业技术型与社会服务型三种类型，针对性地建立培训课程体系，并分别设置公共类、专业核心类与实践类课程模块。

6.3.2.3　根据课程体系合理组建师资库

探索建立新型职业农民培育教师认证与考核机制，探索制订统一标准，构建规范化、系统化的师资库体系。可以通过单位推荐、部门遴选，聘请语言表达能力强、专业水准高、实践经验与教学经验丰富的涉农专业技术人员和管理人员担任培训教师。设立新型职业农民培育教师资格证书制度，鼓励各类涉农人才通过考核等形式获取新型职业农民培育教师资格证；探索建立师资培训制度，积极为涉农的“土专家”“田秀才”提供学习机会，助其成长为高素质的、理论与实践兼备的新型职业农民培育教师。

6.3.2.4　完善教育基地建设

建立线上线下相结合的培训模式，组织设立职业农民教育培训的“课程云”，以丰富现有的培训手段。完善“村庄是教室、村干部是教师、现场是教材”的教育培训模式，促进培训对象从“要我学”向“我要学”转变。探索“农学交替、一点两线、全程分段”的培育模式，坚持以产业发展为立足点，同时以提升生产技能与提升经营管理能力为两条基本的主线，在至少一个产业周期内，分阶段通过集中培训、实训实习、参观考察以及生产实践等形式进行培训，这样方便农民即学即用、学以致用和融会贯通，并可以对学习成果进行及时和有效的检验。

6.3.2.5　强化认定、扶持与后续跟踪体系

培训只是新型职业农民培育中的一个重要环节，之后还要通过“认定管理”“政策扶持”与“跟踪服务”等多个后续的环节才能完成一个完整

的培育过程。首先应该大力完善新型职业农民培育认定体系。在坚持政府主导、农民自愿和公开公平公正的基础上，以能力素质、生产经营规模、收入水平以及示范带动作用等要素作为评判的内容，构建新型职业农民的认定标准和体系。通过认定的从业者，可以颁发资格证书，进而对其实行建档立册、全程管理，同时进行星级评定与荣誉扶持，高级别者还可以享受项目倾斜扶持。其次应该加强对新型职业农民的扶持保障机制建设。构建和完善新型职业农民教育培训、信息服务、创业、劳动保障、风险支持等多方面的综合扶持政策体系，同时为创业的新型职业农民在土地、信贷、技术服务、税费等方面给予适度优惠，让新型职业农民充分享受到优惠政策的支持，以此吸引农村的初、高中毕业生学农、爱农、务农，增强新型职业农民的培育动力和潜力，保持新型职业农民的队伍稳定。成立新型职业农民发展基金，建立由财政资助的农业专项贷款体系，以简化新型职业农民的贷款手续并降低门槛，同时实行农业保险全覆盖，且给予新型职业农民社会保险、社会福利、社会救助等社会保障待遇。最后还要搞好对新型职业农民的跟踪服务。打造跟踪服务工作平台，为新型职业农民提供多极化服务与精准式服务，将其“扶上马再送一程”。多极化服务是通过农业科技网络书屋、农信通、移动互联农技推广服务云平台等信息化手段进行提供的。精准式服务是从基层农技推广队伍中，选取一批优秀的技术人员直接与新型职业农民对接，以实现产业发展规划的制定、生产布局、模式组装、生产技术指导、产品贮藏、加工、市场信息及产品营销等各个环节的服务。

6.3.3 破除农业科技人才的体制局限

人才兴农，科技强农。乡村振兴离不开农业科技人才。针对当前农业科技人才管理中的体制障碍和岗位结构失衡的问题，我们应该从以下两个方面着手解决。

6.3.3.1 继续破除“用人”局限

首先要打破论资排辈的束缚，根据农业科技规律设计针对农业科技人才的培养选拔和使用机制，真正建立“以用为本”的人才培养和使用机制。其次应适当增加农业科技人才队伍的编制总量。特别是要适当增加基层农业科技推广机构人员的编制数量。拓宽人才引进渠道，积极选聘实际经验丰富的中青年农业科技人才，建立学科专业结构优化、年龄梯队结构合理的农业科技人才队伍。最后是改革现行职称评聘制度，对基层农业科技人才职称评定适当放宽条件。尤其是对达到一定工作年限的基层农技推广人员，可以在高级职称的评聘中给予一定的政策倾斜，对于在基层服务中有特殊贡献者，可以突破学历与科研要求的限制，破格让其申请职称评聘。

6.3.3.2　优化针对农业科技人才的评价与激励制度

针对农业科技人才的绩效评价体系，应重点关注其基层服务业绩与时长，应鼓励各机关事业单位构建由自我评价、上级评价、同级评价、群众评价与基层服务业绩以及时长相结合的综合评价体系。建立分类科学、激励有效的农业科技人才评价考核机制，避免过度频繁的考核。探索扩大用人单位的自主权，以建立动态调整机制为重点，改进事业单位的编制管理方式与岗位管理模式。构建和完善“名利双收”的人才激励机制。在建立与岗位职责要求相匹配、可以体现知识价值导向的农业科技人才收入分配激励机制的同时，加大对农业科技人才的荣誉褒奖。对于长期服务基层的农业科技人才，可设立逐年递增的年功薪酬，乡（镇）事业单位对所聘用的高层次农业科技人才，可灵活采用协议工资、年薪制、项目工资等收入分配办法，探索农业科技人才兼职为农户、合作社等经营主体提供增值服务时可合理取酬的机制。

6.3.4　大力培育复合型的农业经营型人才

农业经营型人才懂经营、善管理，熟悉第一、第二、第三产业的互动发展，正是乡村振兴战略实施中产业融合及新产业、新业态发展所需要的人才，可以有效带动农业生产和产业化经营。针对当前四川农业经营型人才供需失衡、复合型人才紧缺的问题，应该不断创新经营组织模式，围绕三大产业融合培养复合型农业经营人才。

6.3.4.1　围绕三产融合培养复合型农业经营人才

在乡村振兴战略实施的过程中，随着第一、二、三产业的融合发展，农村社会的市场化程度会大幅度提高，对新型农业经营主体经营者的要求也会大幅度提高。现有涉农企业多是中小型企业，家庭农场、农业专业合作社等农业新型经营主体的规模也不大，这些涉农经营主体的人才配备通常都不完整，在客观上对经营者提出了非常高的要求，要求其是懂技术、懂生产，懂经营、懂投资、善于管理、熟悉市场的复合型人才。应该依托新型职业农民培育工程的培训渠道和培训资源，实施新型农业经营主体带头人轮训计划、农村实用人才带头人培训计划以及现代青年农场主培养计划等，加大对农村复合型经营人才的培养力度，鼓励新型农业经营主体的经营者通过线上线下、“半农半读”等多种形式接受职业教育。

6.3.4.2 创新经营组织模式

当前，包括家庭农场、种养大户、农业专业合作社组织、农业产业化龙头企业、农村集体经济组织等在内的新型农业经营主体普遍规模较小，可以推动农业新型经营主体联合起来构建产业链联合体，通过产业链的协同发展来推动农业经营型人才的培育与发展。具体可以在产业或者行业的基础上，由政府指导，由龙头企业带动，共同推动新型农业经营主体通过多种组合形式联合构建新型产业链联合体组织模式，这样可以有效地贯通和整合产前、产中、产后整个产业链的资源，同时可以有效整合政策、人才、土地、资金、技术、市场等要素资源为全产业链服务。通过产业链和要素的整合，既可以实现完整产业链的构建和价值链的共同创造，也可以构建产业和行业的生态圈，从而实现联合体内部各经营主体之间的资源互补和协同发展，最终实现共生共赢。各经营主体以及共同组建的联合体都可以通过全产业链的组织模式达到吸引和培育人才的目的，尤其是吸引和培育复合型的经营人才，实现产业与人才的协同发展。

6.3.5 积极培育能工巧匠

能工巧匠是乡村文化的重要传承者，对乡村振兴中的文化资源的保护和乡风文明的传承起着重要的作用，应当对这支人才队伍进行摸底、抢救、保护和传承。针对当前能工巧匠队伍发展中存在的传承脱节、市场效益低下等问题，我们可以重点从以下两个方面着手解决。

6.3.5.1 探索创新能工巧匠的培养管理机制

一是可以组织代表性传承人更多地开展各种学习和交流活动，从而提升其传承工作的理论知识水平，具体包括组织开展文化优秀传承人对外交流研讨、公益性宣传推广、展示表演等活动。二是将传统工艺引入课堂教育。可在义务教育阶段增设劳动技能课程，适当增加以乡土教育为目的的自编乡土教材，培育学生的兴趣；可以探索在职业教育与高等教育中创建和发展相关手工艺学科及教育模式，依托院校及培训平台，让非遗传承人走进课堂，同时注重产学研合作，培养兼具现代科技创新理念和传统工艺技术的高素质手工艺人才。三是规范传承人认定与退出程序，完善其资格认定制度。以非遗项目名录为基础来限定传承人的资格，带有徒弟同时尽到“传承”义务者可纳入认定范围；认定应该在专家委员会意见的基础上，同时广泛征求意见，尤其需要非遗来源群体对传承人认定的有效参与，这样可以增强认定工作的权威性与社会性。因年龄、健康等原因而丧失传承和传播能力者，终止其代表性传承人资格，授予其荣誉称号并给予一次性补助；由其他原因而丧失传承和传播能力并且连续两次评估不合格者，可取消其资格。四是建立工艺传承和传播工作的经费保障机制。各市州应因地制宜设立不同级别代表性传承人的补助专项经费，一方面可以为代表性传承人提供固定金额的补助，另一方面可以设立奖项，以鼓励与支持各方力量开展传承和传播活动，同时鼓励手工艺人搞创作。五是加强工匠精神的宣传。可以为传统工艺拍摄纪录片进行宣传，举办各种宣传活动并发放宣传资料，在旅游景点组织手工艺人现场制作手工艺品等。

6.3.5.2 促进手工艺传承与文化产业融合发展

可以借助于“一县一业、一乡一品、一村一特”项目，大力推进手工艺传承文化与农业和乡村旅游等产业深度融合，推动具有地域和民族特色的文化体验等新兴业态的发展。着力扶持一批手工作坊、家庭工场、乡村车间，培养一批能工巧匠，打造一批乡村“乡字号”“土字号”特色品牌。鼓励和支持代表性传承人以及其他社会资本联合起来，针对具备生产性保护条件的非遗项目展开生产性保护，打造一批纯手工技艺的“私人定制”特色品牌和行业。为了加强国际合作，一方面可以“走出去”，鼓励和引导非遗传承人进行国际交流和学习，拓展及创新自身文化传承的思路；另一方面可以“引进来”，通过引进国外先进技术工艺，创新相关非遗工艺，提升相关非遗产品的质量。通过促进非遗项目的产业融合发展以及经济效益转化，建立长效的传承机制，使项目与能工巧匠共同可持续发展。

6.3.6 推动新乡贤队伍的规范化建设

新乡贤是乡村振兴的生力军，是传统与现代之间接续的文化载体，也是改善乡村治理的重要力量。针对目前新乡贤概念还不够明晰以及缺乏规范的工作机制的问题，我们可以从以下三个方面着手解决。

6.3.6.1　尽快研究出台新乡贤人才队伍建设的指导意见

在明确新乡贤政策概念的基础上，制定新乡贤队伍发展的规划，健全新乡贤队伍建设的体制机制，明确新乡贤的权利和责任，规范新乡贤的治理行为，建立新乡贤的常态化工作机制，搭建新乡贤参与乡村治理的渠道。

6.3.6.2　弘扬乡贤文化和新乡贤精神

为了弘扬乡贤文化和新乡贤精神，可以将新乡贤的事迹在广播、报刊、电视、微博、微信公众号等传统与新兴媒体上进行广泛传播；举办“团拜会”等各种仪式性活动，通过村民推荐、公开评选的方式挖掘新乡贤人才，评选出新乡贤的典型，创作相关题材的文学与影视作品，形成尊重和支持新乡贤的良好舆论环境；可以学习和借鉴浙江上虞通过建立乡贤广场、乡贤榜、乡贤廊积极弘扬新乡贤事迹的做法，来弘扬新乡贤精神。同时各地应对传统乡贤文化进行抢救性的保护和挖掘整理。

6.3.6.3　建立新乡贤激励机制

对有特殊贡献的新乡贤可以通过给予物质奖励、授予荣誉称号等形式进行激励，为开展新乡贤活动提供经费支持。同时帮助新乡贤解决实际困难，引导新乡贤树立大局观念，鼓励新乡贤充分发挥其才能和智慧，逐步产生示范带动效应，形成一批自愿服务于乡村振兴的新乡贤群体。

6.3.7　促进农民工返乡下乡创业

返乡下乡人员创业创新，有利于将现代科技、生产方式和经营理念引入农业，提高农业质量效益和竞争力；有利于发展新产业、新业态、新模式，推动农村第一、二、三产业融合发展；有利于激活各类城乡生产资源要素，促进农民就业增收。

——2016 年国务院办公厅《关于支持返乡下乡人员创业创新促进农村一二三产业融合发展的意见》

建立城市人才入乡激励机制。制定财政、金融、社会保障等激励政策，吸引各类人才返乡入乡创业。鼓励原籍普通高校和职业院校毕业生、外出农民工及经商人员回乡创业兴业。推进大学生村干部与选调生工作衔接，鼓励引导高校毕业生到村任职、扎根基层、发挥作用。建立选派“第一书记”工作长效机制。建立城乡人才合作交流机制，探索通过岗编适度分离等多种方式，推进城市教科文卫体等工作人员定期服务乡村。推动职称评定、工资待遇等向乡村教师、医生倾斜，优化乡村教师、医生中、高级岗位结构比例。引导规划、建筑、园林等设计人员入乡。允许农村集体经济组织探索人才加入机制，吸引人才、留住人才。

——2019 年中共中央、国务院《关于建立健全城乡融合发展体制机制和政策体系的意见》

乡村振兴战略的实施，对四川人才的规模、结构和素质均提出了更高的要求。自改革开放以来，号称“川军”的四川农民工无论在规模、质量还是发展态势上都形成了具有显著优势的人力资本积累。农民工在长期的外出务工实践中，不仅掌握了新的知识技能，学到了先进管理经验，而且接受了现代工业与城市文明的熏陶与洗礼，提高了自身的综合素质。外出务工成为农村人口快速提升自身素质的一个重要途径。在城市与家乡之间不断往返的过程中，农民工带回了先进的理念、信息、知识，改变了家乡人的思想观念与行为方式。部分农民工既了解城市与市场，同时又了解农业和农村，关键是对土地有着深厚的情感，不但可以成为返乡创业就业的主力军，还可能成为乡村治理的主要力量，推动乡村从传统走向现代。

如何科学引导和利用 2 500 万农民工所蕴含的人力资本潜力，是四川乡村振兴战略实施中一个非常重要的内容。近年来四川省委、省政府审时度势，将农民工视为乡村振兴战略实施的重要力量，将做好农民工工作作为要事来抓，要从优秀农民工中物色培养一批入党积极分子和基层干部，进一步健全完善机制，吸引更多优秀农民工返乡创业就业。2018—2019年，四川省委书记彭清华相继在“珠三角”的广州、四川“长三角”的杭州以及四川省会成都等地看望慰问农民工代表，召开农民工座谈会，提出要千方百计服务好广大川籍农民工，同时强调要吸引优秀农民工返乡创业，培养乡村治理干部，认为这是四川乡村振兴的根本之道。

搞好农民工返乡创业工作确实是关系到四川乡村振兴的大事，必须深化对农民工返乡创业工作全局性和重要性的认识，把加强农民工返乡创业工作作为各级党委和政府工作的大事、要事来抓。

7 贫困地区的乡村振兴及人才支撑

四川虽有“天府之国”的美称，但由于地理环境的差异以及历史的原因，各区域的经济社会发展并不平衡，且差距非常明显。四川要实现乡村振兴，就必须确保大小凉山彝族聚居区、高原藏族聚居区等深度贫困地区与全省同步小康，就必须要加强人才的引进、培养、使用和激励，在深度贫困地区打造一支能战斗、留得住、带不走的人才队伍。

7.1 脱贫攻坚：乡村振兴的前提

7.1.1 四川的扶贫脱贫历史发展

四川是一个内陆农业大省和人口大省，其农村贫困问题历来突出。新中国成立后，土地改革使广大农民获得了基本生产资料与生活保障，但依然普遍贫困。截至1978年年底，四川农村的绝对贫困发生率为39.9%，尚未解决温饱的绝对贫困人口仍然有2 600万人①。自改革开放以来，历届省委、省政府都高度重视扶贫工作，扶贫脱贫成就显著。四川扶贫工作大体可以分为五个阶段。

① 杨秀彬. 四川农村改革40年［M］. 成都：四川人民出版社，2018：16.

7.1.1.1 第一阶段：1979—1985 年

中国共产党第十一届三中全会后，四川率先在农村进行土地“大包干”的改革，农村人口的生活显著改善，绝对贫困人口大幅减少，普遍性贫困的状况得到了改变。至 1985 年年底，四川农村的绝对贫困发生率下降到 22.8%，没有解决温饱的绝对贫困人口降至 1 509 万人。

7.1.1.2 第二阶段：1986—1993 年

1986 年起，四川省委、省政府对传统的救济式扶贫进行了彻底改革，成立了扶贫开发的专门机构，制定了专项政策，确立了开发式扶贫的方针，开展了大规模的有组织、有计划的扶贫开发工作。到 1993 年年底，四川农村的绝对贫困发生率下降到 12.7%，没有解决温饱的绝对贫困人口降至 877 万人。

7.1.1.3 第三阶段：1994—2000 年

党中央、国务院于 1994 年决定用 20 世纪剩余的 7 年左右的时间，使全国 8 000 万贫困人口的温饱问题基本得到解决。四川省因此制定了《四川省七——八扶贫攻坚规划》，该文件提出用这 7 年左右的时间大打扶贫攻坚战，使四川 1 180 多万贫困人口的温饱问题基本得到解决。这 7 年间，四川省委、省政府年年召开扶贫开发工作会议，研究制定政策措施。其中的“黔江（现归属重庆）精神”“巴中经验”得到了党中央和国务院的充分肯定。截至 2000 年年底，四川农村的绝对贫困发生率下降到 4.4%，没有解决温饱的绝对贫困人口降至 308.2 万人。

7.1.1.4 第四阶段：2001—2013 年

21 世纪，扶贫开发进入了新的阶段。国家于 2001 年确立了扶贫开发工作重点县，并且首次提出了一个新的概念——“低收入贫困人口”。根据这一概念以及国家确定的标准，四川除了尚未解决温饱的 308.2 万绝对贫困人口外，还有 733.4 万的低收入贫困人口，列入国家扶贫开发工作重点县的有 6 个县。2001 年，四川省委和省收府坚持开发式扶贫的方针，联合印发并启动实施《四川省农村扶贫开发规划（2001—2010 年）》，推动实施了一系列扶贫工程。2011 年年底，四川省委和省政府又印发了新的 10 年扶贫开发纲要，并且于 2012 年年初召开扶贫开发工作会议，对扶贫开发工作进行部署，要求推动贫困地区与整个四川省同步实现全面小康的目标，提出把高原藏族聚居区、秦巴山区、乌蒙山区和大小凉山彝族聚居区等四大连片贫困地区作为主战场。截至 2013 年年底，四川农村的贫困发生率为 9.6%，还有 88 个贫困县（其中 36 个国家扶贫工作重点县）、11 601 个贫困村、625 万贫困人口（按照每人每年 2 300 元的标准计算）。

7.1.1.5 第五阶段：2014—2018 年

按照党中央、国务院的统一部署，四川扶贫工作进入了精准扶贫、精准脱贫的新阶段。四川省人大颁布了《四川省农村扶贫开发条例》，配套出台了若干专项方案，并且每年制定若干实施方案。聚焦“两不愁、三保障”的目标，各级地方政府全面组建脱贫攻坚领导小组，由党委和政府的主要负责同志任“双组长”，层层签订脱贫攻坚责任书，全面落实“六个精准”，把藏族聚居区、彝族聚居区作为重中之重，集中力量攻艰深度贫困地区，脱贫攻坚成为全省上下最大的政治责任。

根据中央的部署，确保到 2020 年我国现行标准下农村贫困人口实现脱贫，贫困县全部摘帽，让贫困贫困地区同全国一道进入全面小康社会，是我们党的庄严承诺，是对中华民族、对人类具有重大意义的伟业。的绝对贫困人口将基本消除。《中共中央国务院关于实施乡村振兴战略的意见》明确提出，乡村振兴，摆脱贫困是前提。乡村振兴离不开脱贫攻坚。脱贫攻坚是乡村振兴的重要前提。深度贫困区域自然条件差，基础设施与基本公共服务严重落后，产业发展难度大，经济基础薄弱，贫困程度深，脱贫难度非常大，是脱贫攻坚中的“硬骨头”。从剩余贫困人口的结构看，由于受多种因素的影响，深度贫困地区的贫困人口自我发展能力严重不足，脱贫成本高、脱贫速度缓、脱贫难度大，靠常规举措很难摆脱贫困现状。打赢脱贫攻坚战不仅是简单的经济活动，还是一种社会动员，要求必须精准扶贫、精准脱贫，将提高脱贫质量放在首位，采取更有力的举措、更集中的支持、更精细的工作，坚决打好精准脱贫攻坚战。

7.1.2　现阶段的脱贫手段

目前进行的精准扶贫主要方式有：产业扶贫、转移就业扶贫、金融扶贫、资产收益扶贫、易地扶贫搬迁、生态保护扶贫、健康扶贫、教育扶贫与兜底保障扶贫。其中的产业扶贫、转移就业扶贫、金融扶贫与资产收益扶贫是着眼于直接提高贫困人口的经济发展能力和收入水平；易地扶贫搬迁与生态保护扶贫是着眼于在扶贫中协调人与自然的关系；教育扶贫和健康扶贫是着眼于贫困人口人力资本的提升，以从根本上增强其发展能力；兜底保障扶贫是针对无法通过产业、就业等方式实现脱贫的家庭提供的社会保障救济。

7.1.2.1　产业扶贫

贫困户持续脱贫、防止返贫一直是精准脱贫工作中的重中之重。产业扶贫是长久“造血”的手段，也是当前可以实现持续脱贫和防止返贫最主要的帮扶手段。产业扶贫的效果好坏与产业选择是否契合当地的种养传统、产业基础、资源禀赋、技术匹配等客观条件密切相关，同时跟产业发展方式与模式是否为贫困群众所接受紧密相关。

产业扶贫具体有特色产业扶贫、旅游扶贫、电商扶贫等。特色产业扶贫是指围绕地方特色产品建设生产基地，延长产业链，发展地方品牌，从而可以在发展产业中解决贫困人口的就业及增收问题。旅游扶贫是产业扶贫的重要形式。很多贫困地区位于偏远闭塞、交通条件差的地区，但自然环境较好，生活习俗各异，蕴含着丰富的旅游资源，可以大力发展旅游产业。电商扶贫是近些年扶贫领域出现的重要产业扶贫形式。2015 年，李克强总理提出“互联网+”，互联网与传统行业的结合开始飞速发展。各地可以探索当地的特色农产品、手工艺品以及旅游等产品与互联网相结合的方式，贫困人口既可以拓宽销售渠道，使产品与市场对接更加紧密和及时，同时可以获得物美价廉的生活用品和生产资料。贫困地区的交通通信设施、物流设施也可以借此得到相应改善，贫困人口的市场经济意识也可以逐步形成。

产业扶贫优化了产业结构，发挥了贫困区域的资源优势，带动了贫困人口就业以及持续增收。但当前的产业扶贫主要是依靠政府推动的，部分产业项目对于市场规模以及持续发展考虑不周，产业项目在发展前期由于受到政府的大力支持，项目可以快速上马并且在短期内实现迅速地增加就业、提高收入、致富脱贫，但产业项目明显缺乏长远规划，而且不注意控制规模。未来产业项目是否有持续的资金投入，产品能否持续获得市场认可，都是潜在的问题和风险。另外，在扶贫产业的发展过程中，贫困人口对自身能动性的发挥不够重视。精准扶贫在短期内给予了贫困区域与贫困人口有力的外部支持，很多扶贫项目短期效果显著。但同时会使贫困人口滋生依赖思想，导致贫困区域、贫困户与贫困人口过分依赖外部支持，“等、靠、要”思想严重，缺乏自我发展动力。在电商扶贫的过程中，交通运输问题和品牌问题是主要的制约因素。贫困地区多是位置偏远、交通不便，生鲜农产品容易腐烂，要通过电商实现远距离运输面临很大困难。再加上贫困地区加工企业少、品牌建设落后、产品质量缺乏保证，这些都限制了农产品以及加工品电商的发展。

7.1.2.2 转移就业扶贫

转移就业扶贫是精准扶贫的重要方式，同时也是城乡劳动力资源优化配置的有效途径，就是通过对农村贫困人口进行人力资源数据库建设、职业培训、岗位推介、就业帮扶以及跟踪维权等各项工作，以促进贫困人口转移就业和增收。具体而言，首先是要建立农村贫困家庭劳动力台账。深入农村贫困家庭对其劳动力进行调查登记，详细掌握贫困家庭的劳动力年龄结构、就业意向、素质技能、培训意愿等，建立农村贫困家庭劳动力数据库以及实名制登记台账。其次是要对贫困劳动力开展针对性的劳动力培训。需要在了解贫困家庭劳动力培训意愿并且开展试点培训的基础上设置培训方向、安排培训课时。最后是要积极为农村贫困家庭劳动力提供就业岗位推介服务。可以通过开办专场招聘会、“送岗位进贫困村”等方式，将就业岗位和贫困劳动力对接起来。转移就业扶贫中存在的问题是转移就业偏好年轻劳动力，年龄大、技能偏低的贫困群体转移就业的难度很大。

7.1.2.3 金融扶贫

自从2014年建档立卡工作推行以来，《关于全面做好扶贫开发金融服务工作的指导意见》《关于创新发展扶贫小额信贷的指导意见》等政策在逐步推动精准扶贫小额信贷的发展，目的在于为建档立卡贫困户在发展生产、增收脱贫方面提供资金支持，激发其内生动力。精准扶贫小额贷款主要有两种方式：一种是直接支持方式。这是精准扶贫小额信贷的主要模式，即由银行机构向符合条件的贫困户直接提供扶贫小额贷款，贫困户可以通过自主经营或合作经营的方式实现增收脱贫。直接支持方式主要存在两个问题：一是将贷款直接提供给贫困户由其自主使用，贫困户有可能违背精准扶贫小额信贷的初衷，改变贷款用途，将生产性贷款用作生活支出；二是在一些贫困地区，可能存在农村居民缺乏发展相关产业的技能，而政府对技能培训又不够重视的现象，这样贫困户即使获得资金也很难发展相关产业，起不到帮扶的作用。另一种是间接带动方式。即贫困户与合作社、家庭农场、企业、能人大户等新型农业经营主体签订协议，由这些主体使用贷款，但在其需要用工的时候首先考虑贫困户，并且要按协议分红给贫困户。间接带动式的精准扶贫小额贷款可以解决贫困户由于缺乏好的产业项目或者自身能力不足而不敢贷款的问题，可以一举两得，在缓解新型农业经营主体资金约束的同时，能够带动贫困户增收脱贫。但这一模式也有局限性，要确保贫困户稳定增收，必须要以新型农业经营主体有好的盈利能力为基础，因此要发挥间接贷款模式的持续扶贫效应，应该进一步优化利益分配机制，协调好贫困户、新型农业经营主体、银行与政府各方之间的利益。

7.1.2.4 资产收益扶贫

增加贫困户的资产性收益是促进其增收脱贫的重要方式。贫困户的资产性收益最主要的有两类：一类是对于占用集体土地发展的森林旅游业、种养业、矿产开发业等产业，可按户或按人头分享产业发展收益；一类是贫困户或贫困人口可以以土地、技术、资金、设备等与农民合作社、龙头企业等新型农业经营主体进行股份合作，从而实现股份到户、利益到人。当前我国扶贫工作进入了脱贫攻坚阶段，各级政府和社会各界对于贫困地区的资金支持力度都很大，如何有效使用扶贫资金是贫困地区和贫困户面临的突出问题。将扶贫资金入股于农民合作社、农业龙头企业等新型农业经营主体不失为一种好的选择，这样可以持续获得股份收益，使扶贫资金持续增值，促进贫困户增收脱贫。但这一模式的扶贫效果受农民合作社、农业龙头企业等新型农业经营主体经营效益的影响较大，亟须政府、贫困村集体长期和密切关注龙头企业、农业合作社的发展，确保扶贫资金的安全。

7.1.2.5　易地搬迁扶贫

深度贫困地区往往多是山区，这里地形崎岖、土壤贫瘠、交通闭塞，经济文化落后。尤其是一些高寒山区，自然生态条件恶劣严酷，自然灾害多发，生态环境脆弱，就地扶贫难度很大，即使依靠外界力量暂时脱贫，也很容易受自然生态条件的影响导致返贫。易地搬迁扶贫是稳定解决生态贫困问题的根本举措。如何保证搬迁后的人口稳定就业、稳定增收，如何有效利用由于扶贫搬迁而闲置的耕地、林地、宅基地等土地资源是易地搬迁扶贫中存在的突出问题。可以将资金、技术、管理等现代生产要素与搬迁后大量闲置的土地资源相结合，积极从事多元化经营，兼营种植养殖、农产品加工、乡村旅游等，不仅可以规避山区生态脆弱、土壤贫瘠的劣势，而且可以通过多功能化农业的发展提高经济效益。但这种发展往往会面临一些问题：一是市场问题。需要异地搬迁的山区往往交通、通信等基础设施都非常落后，难以配套发展旅游业所要求的交通路线和通信设施，加上由于缺乏统一规划和宣传，很难形成品牌，影响客流，且旅游资源同质性强，农产品加工业品牌建设落后，同业竞争严重。二是资金问题。搬迁开发前期投入大、回报周期长、见效慢，面临较强的资金约束，可以抵押的资源基本上只有土地资源。但相对于其他抵押品，银行一般不会轻易接受土地经营权作抵押发放贷款，因为土地经营权抵押涉及的关系更为复杂，不确定性更大。三是人才问题。搬迁开发涉及规划、市场、管理、经营等方面，所要求的懂经营、善管理的综合性人才通常很难被吸引到这些搬迁区域来。

7.1.2.6　生态保护扶贫

生态保护扶贫是把生态保护和扶贫开发相融合，是绿色发展理念在扶贫开发领域的集中体现，是将生态保护作为贫困地区脱贫与发展的新动力。具体而言，生态保护扶贫的方式有人工造林扶贫、生态补偿扶贫、退耕还林扶贫、森林经营扶贫、林业科技扶贫等。以林业科技扶贫为例，林业系统以有林业发展意愿的贫困人员作为培训对象，通过集中培训传授发展林业的技术，同时指导其发展林业生产项目，促使其实现稳定增收。生态保护扶贫中存在的主要问题有三个：一是部分贫困户发展能力不足，无法胜任林业经营项目。政府方面非常重视技术培训，但建档立卡户大多自身条件太差，不具备经营林业产业的能力。二是扶贫资金不足。在脱贫攻坚任务下，很多扶贫产业项目大量上马，需要大量资金投入，但政府财力有限，影响生态保护扶贫项目的投入。三是林业产业的发展难以规模化。深度贫困村大多位置偏远、交通不便，对接市场的难度大，再加上很多贫困户的观念落后，对发展林业项目信心不足，林业发展规模有限。

7.1.2.7 健康扶贫

疾病是贫困人口致贫和返贫的主要原因。因病致贫、因病返贫一直是扶贫工作中的难题。深度贫困地区自然环境恶劣、医疗资源欠缺、贫困文化根深蒂固等多种因素加剧了贫困户的健康脆弱性。2015 年 11 月，《中共中央国务院关于打赢脱贫攻坚战的决定》提出，实施健康扶贫工程，保障贫困人口享有基本医疗卫生服务，努力防止因病致贫、因病返贫的情况发生。以凉山彝族自治州为例，自然环境恶劣、自然灾害多发，给凉山彝族人埋下了不少健康隐患；贫困人口营养供给不足、缺乏卫生常识比如常常凉水洗头等，也容易引发一系列疾病；整个村子环境卫生差，没有垃圾存放与处理设施，对居民健康构成很大威胁；家庭环境卫生差，人畜混居，生活用水仍为窖水而非自来水，厨房卫生条件差，没有厕所，粪水横流；医疗卫生设施薄弱，交通不便，这一方面会增加就医成本，另一方面也会耽误病情，再加上凉山彝族人传统上生病就会求助于“毕摩”，因此凉山彝区所面对的健康扶贫任务复杂且艰巨。国家通过实施“三个一批”工程来推动健康扶贫，大病集中救治一批、慢病签约服务管理一批、重病兜底保障一批，可以建立贫困人口因病致贫的动态管理数据库，加强乡镇卫生院、村卫生室建设，推动医务人员对贫困人口的对口帮扶，加强卫生健康指导。

7.1.2.8 教育扶贫

“治贫先治愚，扶贫先扶智”已成为整个社会的共识。习近平总书记强调：“贫困地区发展要靠内生动力。”内生动力主要就是激发贫困人口自身脱贫的主动性、创造性与自我发展能力。教育是可以达到这一目标的最佳手段。教育可以传授知识与技能，通过学历教育、职业教育与技能培训等方式提升贫困者的谋生技能，提升其收入水平与社会地位，还可以转变人的观念，将“等、靠、要”的“要我脱贫”转变为“我要脱贫”，激发贫困者的主动性，助力贫困户跳出“一代穷，代代穷”的恶性循环。教育是从根本上解决贫困问题的关键，是实现个人和家庭脱贫、区域经济发展的最佳途径。教育扶贫以教育为手段，以贫困地区和贫困人口为对象，以提升贫困人口的人力资本、进而提升其发展能力以达到脱贫致富和阻断贫困代际传递的目的，兼具“扶志”与“扶智”的双重功能。教育扶贫是中国精准扶贫、精准脱贫政策体系的重要组成部分，是“拔穷根”的战略性决策，是精准扶贫的根本之策，是从根本上解决贫困地区的人口素质提升与人才短缺问题，为贫困地区的长远发展提供智力支持与保障，切断贫困“代际传递”、促进乡村振兴的有效举措。

2013 年，教育部等七部门下发《关于实施教育扶贫工程的意见》，其明确提出要把教育扶贫作为扶贫攻坚的优先任务，让教育充分发挥促进脱贫致富的作用。在 2015 年减贫与发展高层论坛的主旨演讲中，习近平总书记强调“授人以鱼，不如授人以渔”；在同年 10 月提出的精准扶贫“五个一批”战略中，又把“发展教育脱贫一批”作为脱贫攻坚的重要路径。2015 年 11 月，《中共中央国务院关于打赢脱贫攻坚战的决定》提出“让贫困家庭子女都能接受公平有质量的教育”，教育扶贫被赋予了“阻断贫困代际传递”的使命。2017 年 10 月，习近平总书记在党的十九大报告中强调，要坚持大扶贫格局，“注重扶贫同扶志、扶智相结合”。

自改革开放以来，我国的教育扶贫政策随着经济发展水平的提高和贫困状况的改变而不断演变：教育扶贫的对象从区域性整体扶持向区域扶持与重点资助特殊人群相结合转变，教育扶贫的主体由政府向与社会力量合作转变，教育扶贫的领域从义务教育向学前教育与继续教育延伸，教育扶贫的内容从基础教育向职业教育、技能培训等多元教育不断扩展[①]。党的十八大以来，政府实施了 20 多项重大教育扶贫政策，启动教育扶贫全覆盖行动，要让贫困地区的每一所学校、每一名教师、每一个孩子都从中受益，为脱贫攻坚奠定基础。深度贫困地区应该大力发展学前教育，均衡发展义务教育，引导和推动普通高中多样化发展，对接经济社会发展的需要，促进中等职业教育的发展。教育扶贫中存在的首要问题是教育扶贫专项资金的短缺和不到位。深度贫困地区财政薄弱，主要依靠转移支付，常常出现行政管理机构、扶贫机构与各级政府工作人员对教育扶贫资金进行

---

① 向雪琪，林曾. 改革开放以来我国教育扶贫的发展趋向 [J]. 中南民族大学学报（人文社会科学版），2018，38（3）：74-78.

侵占与挪用的问题，也存在教育扶贫资金被非贫困人员占用的现象。此外，教育扶贫缺乏师资力量保障，师资缺口较大，师资结构不合理问题普遍存在。

7.1.2.9 兜底保障扶贫

兜底保障扶贫是指为保障完全或者部分丧失劳动能力的贫困人口能够稳定脱贫，必须充分发挥社会保障的兜底作用。社会保障兜底扶贫的主要参与主体是政府，旨在通过加强社会保障与扶贫开发的结合，多渠道筹集所需资金，精准识别社会保障对象，以社会保险、社会救助和社会福利的方式向贫困人口或贫困户提供援助，提升其生存发展能力，帮助其摆脱贫困。最常采用的社会兜底保障扶贫形式是最低生活保障、养老保险与医疗保险。社会保障兜底扶贫的主要作用在于保障贫困人口的基本生活，这是对精准扶贫工作的补充与完善，是贫困人口基本生活的“安全网”，同时可以降低贫困地区潜在的社会风险。发挥社会保障在脱贫攻坚中的兜底作用，需要充分考虑社会保障体系的建设进程、深度贫困地区的发展状况以及贫困人口的实际要求。

精准扶贫战略实施以来，四川省稳扎稳打、有力且有序地推进脱贫攻坚工作，聚焦彝族聚居区和藏族聚居区等深度贫困地区，统筹推进产业扶贫、转移就业扶贫、金融扶贫、资产收益扶贫、易地扶贫搬迁、生态保护扶贫、健康扶贫、教育扶贫与兜底保障扶贫等各方面工作，脱贫攻坚取得了很大的成绩。全省贫困县的数量从 2013 年年底的 88 个减少到 2019 年年底的 7 个，四川藏族聚居区所有的贫困县全部脱贫摘帽，凉山彝区有 4 个贫困县脱贫摘帽，88 个贫困县的农村居民人均可支配收入由 2013 年的 7 573 元增加到 2019 年年底的 14 398 元，增长率达 90.1%，年均增长率达 11.3%；全省贫困村的数量由 2013 年年底的 11 501 个减少到 2019 年底的 300 个，除凉山彝族自治州以外四川其他市（州）都实现了贫困村退出；全省贫困人口数量由 2013 年年底的 625 万人减少到 2019 年年底的 20.3 万人，贫困发生率由 9.6%下降至 0.3%，年均减贫 100 万人以上；2019 年最后一个建制村通了硬化路，基本消除了贫困地区乡村医疗卫生机构的“空白点”，群众出行难、用电难、上学难、看病难、通信难的问题基本得到解决。

2020 年是脱贫攻坚的收官之年。四川是全国脱贫攻坚战的主战场之一，全省尚有300个贫困村、20.3万贫困人口。其中300个贫困村全部集中在凉山彝族自治州的7个贫困县。贫困人口的87%集中在凉山彝族自治州，而凉山彝族自治州的贫困人口99.6%集中在这7个贫困县。凉山彝族自治州的贫困县占全国贫困县总数（52个）的13.5%，300个贫困村占全国贫困村总数（2 707个）的11.1%，贫困发生率超过10%的县全国总共有6个，其中凉山彝族自治州占了4个，分别是布拖县22.6%，金阳县14.7%，美姑县12.7%，昭觉县11.3%。加上新冠肺炎疫情带来的新的冲击，直接影响全国各地开工复工，严重影响农村居民外出务工就业和工资性收入，同时农副产品的市场需求下降，交通物流不畅，贫困地区的一些农副产品卖不出去，直接影响贫困户的经营性收入。此外，防止已经脱贫的人口返贫的任务也十分艰巨。根据摸排，整个四川省的已脱贫人口中，存在返贫风险的大致有8.2万人，边缘人口中存在致贫风险的大致有14.6万人，还有分布在凉山彝族自治之外的“插花式”贫困人口2万多人，都需要采取有力措施才能脱贫。

7.2 脱贫攻坚人才支撑的已有做法

7.2.1 已有的做法

相对非贫困地区的乡村，深度贫困地区的人才支撑能力更弱，具体来说，深度贫困地区的人才支撑存在总量不足、非专业人员太多、学历职称水平低、年龄普遍老化以及乡村农技员空白等问题。

四川省委、省政府将脱贫攻坚当作头等大事，分别从省、市、县三级机关选派年轻干部到深度贫困县、重点乡镇挂职分管脱贫攻坚的党委副书记。截至2018年6月，仅民族地区就选派了对口帮扶的援藏援彝干部人才2 677人[①]。2018年，四川省启动了深度贫困县人才振兴工程，其明确目标是“一年补足空岗、三年提质增量、八年建强队伍”（具体目标详见

① 我省新选派1 376名干部人才援藏援彝[EB/OL].[2018-10-10].http://www.sc.gov.cn/10462/10464/10797/2018/10/10/10460413.shtml.

表 7-1)，同时针对深度贫困地区存在的人才瓶颈制约，特别实施“五大工程”，即人才的定向培养、在职培训、人才招引、人才援助、人才稳定(详见表 7-2)，将人才引进与人才培养并举，优化环境与搞好服务并重，立足发展需求聚集各类人才，研究并出台了涉及农业、教育、卫生等 10 个重点领域人才队伍及 24 项重点人才工程的实施方案。截至 2018 年年底，45 个深度贫困县事业单位空编率已降至 3.5%，深度贫困地区的人才振兴组合拳已初见成效，但人才振兴仍然任重道远。

2019 年，深度贫困县人才振兴工程的工作计划是要为 45 个深度贫困县培养培训各类人才共 5.4 万余名，同时要求各深度贫困县通过公开招聘、考核招聘、赴外招才引智等方式，进一步加快本地急需紧缺人才的引进，力争做到基本补齐行政和事业单位空岗，推动深度贫困县人才队伍从量变到质变，从而能够以人才扶贫促进精准脱贫。

表 7-1　四川深度贫困县人才振兴工程的主要任务

人才种类	截至 2020 年				截至 2025 年
	总量/万人	定向培养/万人	重点培训/万人次	招录招聘/万人	
教育人才	7	0.24	4.9	1	教师配备达到国家规定标准
卫生人才	2.5	0.18	3.3	0.6	每千人医师和注册护士数量达到省均水平，实现每个村至少 1 名医学中专学历的合格村医
农业人才	11.15	0.12	3	1.31	农业人才总量达 12 万人，实现每个村至少 1 名农技员
林业人才	1	0.1	0.6	0.1	实现每个乡镇林业工作站至少配备 1 名林业专科及以上学历人员
旅游人才	5.1	0.045	0.33	0.5	旅游人才总量达 8 万人，基本满足民族地区发展全域旅游需要
规划建设人才	0.45	0.06	0.1	0.31	基本实现每个乡镇配备 3~5 名规划建设专技人才
环保人才	0.22	0.03	0.1	0.1	基本实现每个乡镇配备 1~3 名环保工作人员

表7-1(续)

人才种类	截至 2020 年				截至 2025 年
	总量/万人	定向培养/万人	重点培训/万人次	招录招聘/万人	
会计专业人才	2	0.03	考试选拔2 000 人	—	基本实现每个乡镇配备3 名会计专业人才
电子商务人才	0.58	0.045	4	0.53（新增人才）、0.23（载体）	电商人才总量达 1 万人，基本满足深度贫困县电商事业发展需要
工业经济人才	8.53	0.03	0.3	0.96	工业经济人才总量达10.13 万人，基本满足深度贫困县工业发展需要

数据来源：四川省委、省政府办公厅《关于实施深度贫困县人才振兴工程的意见》。

表 7-2　四川深度贫困县人才振兴工程

工程类别	具体项目
人才定向培养工程	紧缺专业大学本科生免费定向培养
	高职、专科技能人才免费定向培养
	乡村实用人才免费定向培养
	乡村医生定向委培
人才在职培训工程	紧缺专业骨干进修培训
	中小学教师素质能力提升培训
	县乡医疗卫生人员能力提升培训
	林业专业技术人员能力提升培训
	产业技能技术人才提升培训
	旅游领军人才和从业人员培训
	“9+3”学历干部全覆盖培训
	“一村一幼”辅导员培训提能
	“一村一医”培训提能
	“一乡一全科”培训提能
	“一村一名农技员”培训提能
	“一户一名技术能手”培训提能

表7-2(续)

工程类别	具体项目
人才招引工程	“三支一扶”计划
	特岗计划
	大学生志愿服务西部计划
	1 万名人才专项事业编制保障工程
人才援助工程	千名干部援藏援彝行动
	年轻干部服务锻炼计划
	科技扶贫万里行
	城乡医疗卫生对口支援

资料来源：四川省委、省政府办公厅《关于实施深度贫困县人才振兴工程的意见》。

7.2.2 具体人才工程

7.2.2.1 人才定向培养工程

人才定向培养工程主要包括紧缺专业大学本科生免费定向培养、高职和专科技能人才免费定向培养、乡村实用人才免费定向培养以及乡村医生定向委培四个具体项目。

（1）紧缺专业大学本科生免费定向培养

主要采取定向招生、定向培养、定向上岗的方式，每年为深度贫困县培养 1 000 名紧缺专业大学本科生，其中免费师范生 300 名，免费医学生 300 名，农业技术 100 名，林业、旅游发展、规划建设、环境保护、会计、经济管理各 50 名。实行降分录取的优惠政策，优先面向深度贫困县生源定向招生，所有毕业生必须到深度贫困县事业单位定向上岗，服务不少于 6 年。

（2）高职、专科技能人才免费定向培养

主要采取定向招生、定向培养、定向上岗的方式，每年面向深度贫困县考生招录培养 2 500 名高职、专科学生，要求所有学生毕业后必须到深度贫困县的企事业单位和基层一线定向就业，且服务期不得少于 6 年。具体主要采取四种不同的模式：由公办高职（专科）院校以单列计划、单设批次、单独录取的方式招收 1 200 名 3 年培养期的专科学生；由省属医学院校以对口招生的方式面向中职卫校深度贫困县生源招收 300 名 3 年培养期的专科学生；由中、高职院校以“9+5”的方式面向初中毕业生定向招收 500 名 5 年培养期的专科学生；由高职院校以单招的方式面向“9+3”中职毕业生录取 500 名 3 年培养期的专科学生。

（3）乡村实用人才免费定向培养

每年从深度贫困县选送 1 000 名具有一定实用技能的乡村人才，对其开展为期一年的实训，期满合格后发放中等职业学校（含技工学校）毕业证书。

（4）乡村医生定向委培

每年选送 600 名在职村医到中职卫校接受为期 3 年的农村医学专业学历教育，毕业后安排到村卫生室工作。

7.2.2.2 人才在职培训工程

人才在职培训工程主要通过紧缺专业骨干进修培训、中小学教师素质能力提升培训、县乡医疗卫生人员能力提升培训、林业专业技术人员能力提升培训、产业技能技术人才提升培训、旅游领军人才和从业人员培训、“9+3”学历干部全覆盖培训、“一村一幼”辅导员培训提能、“一村一医”培训提能、“一乡一全科”培训提能、“一村一名农技员”培训提能以及“一户一名技术能手”培训提能等项目的实施，实现专业人才全员培训、在职人员学历提升以及乡土人才素质提升。

（1）专业人才全员培训

专业人才全员培训是针对专业技术人员的知识更新工程，其目标是到 2020 年实现深度贫困县专业人才全覆盖轮训，重点是对专业技术人员进行继续教育，由省、市（州）相关部门分级负责培训高级和中初级专业人才。

（2）在职人员学历提升培训

在职人员学历提升主要是通过实施远程教育计划来实现，具体来说是依托广播电视大学等开放教育资源，同时结合深度贫困县的人才培养需求针对性地开设特色专业。对于基层干部与农村技术人员等群体，实施注册入学与业余学习的方式，而不设招生考试环节。远程教育分本科、专科、中专三个层次进行，学籍 8 年内有效，学习年限最短为 2.5 年，学习合格后发放国家认可的开放教育学历文凭。在职人员学历提升计划，是由所在市（州）提出培养需求，并选择省内具备较强专业能力的高等院校，通过网络远程教育、集中脱产等形式进行教育，该学历教育所取得的结业合格证，可以在深度贫困县范围内享受相应层级的毕业生待遇。对参加成人教育、网络远程教育等方式取得相应结业证书的人员，由所在单位报销学费。

（3）乡土人才素质提升培训

乡土人才素质提升培训主要是针对村幼辅导员、村医、农技员、技术能手的能力提升培训以及其他专项培训。“一村一幼”辅导员培训提能项目的实施，目标是到2020年实现由省内师范院校对深度贫困县的所有“一村一幼”辅导员轮训一遍。“一村一医”“一乡全科”培训提能项目，就是组织村医开展服务能力达标培训，组织具有执业（助理）医师资格者开展全科医生转岗培训，目标是到2020年实现在岗村医全员参加培训并考核合格，实现每个乡镇卫生院最少配备1名全科医生。“一村一名农技员”培训提能，目标是到2020年通过购买服务的方式为所有深度贫困村配备至少1名农技员。依托就业培训扶贫计划等，实施“一户一名技术能手”培训提能，到2020年实现有劳动能力的贫困户每户至少有一位劳动者可以掌握一门就业技能。另外，对接深度贫困县的发展需求，开展规划建设、生态环保、旅游文化、林业建设、电子商务等方面的专项培训。

7.2.2.3 人才招引工程

人才招引工程主要包括“三支一扶”计划、特岗计划、大学生志愿服务西部计划以及1万名人才专项事业编制保障工程，目的在于引导大学生向深度贫困县流动、畅通人才招引渠道和发挥编制岗位倾斜保障作用。

（1）引导大学生向深度贫困县流动

支持深度贫困县通过聘任制公务员的方式招录急需紧缺专业的大学毕业生，符合条件者5年过后经批准可以转为委任制公务员。大学生服务基层项目的力度加大，每年通过特岗计划、“三支一扶”计划、大学生志愿服务西部计划等项目选派1 500名人才到深度贫困县服务，服务期满、考核合格者，可直接招聘到当地县、乡事业单位，同时被纳入高校毕业生基层成长计划继续培养。通过实行奖补制度来引进大学生，对于非定向培养的省属高校毕业生，如果自愿到深度贫困县工作并且符合条件可以享受基层学费奖补政策条件的，按规定奖励补贴其学费或者代偿其助学贷款，鼓励对引进的紧缺专业本科以上学历者发放一次性安家补助。

（2）畅通人才招引渠道

深度贫困地区需要主动走出去招才引智，开展专场招聘、跨区域招聘、网络招聘等活动，积极引进高层次的急需紧缺人才。农、林、牧、渔、水、卫生、艺术等专业技术人员以及幼儿园、中小学与中等职业学校（含技工学校）的教师招聘，可采取公开考核招聘的方式；乡镇及以下幼儿园和中小学补充音、体、美等急需紧缺的教师，或者乡镇卫生事业系统补充医学专业技术人员，对于大专以上学历者可采取直接考核招聘的方式。

（3）发挥编制岗位倾斜保障作用

加强深度贫困县的基层事业单位空编补员，乡镇原有事业编制要确保只增不减。在深度贫困县推行岗编适度分离的新机制，对于事业单位的新进人员实行县招乡用，积极引导 1 万名县级事业单位的专业干部工作力量下沉乡镇。由地方财政负责经费，实施 1 万名人才专项事业编制保障工程，从深度贫困县的现有空编制中划出 9 000 名用于接收定向培养的大学生，从省属事业编制中划出 1 000 名用于支持深度贫困县引进急需紧缺人才。适度提高基层事业单位中、高级专业技术岗位设置比例，支持不受事业单位岗位总量和结构比例限制，而通过特设岗位引进高层次人才和基层急需紧缺人才。支持通过开发公益性岗位、政府购买服务等方式，引进大学毕业生到深度贫困县工作。

7.2.2.4　人才援助工程

人才援助工程主要包括千名干部援藏援彝行动、年轻干部服务锻炼计划、科技扶贫万里行以及城乡医疗卫生对口支援四个项目。

（1）继续开展干部人才援藏援彝

每两年选派 2 000 名干部人才到四川藏族聚居区和彝族聚居区进行援助，每年从深度贫困县选派 150 名优秀干部人才到四川省直部门或对口支援地挂职锻炼，统筹部分县、乡领导岗位实行双向交流任职。每两年从省、市机关和对口支援地选派 400 名优秀年轻干部到深度贫困县挂职乡镇党委副书记。依托中直单位定点帮扶、博士服务团、东西部扶贫协作等项目，每年选派 100 名优秀干部人才到深度贫困地区挂职。充分利用“五个一”与“三个一”驻村帮扶力量的作用，积极发挥传帮带的作用。

（2）鼓励引导专业人才服务基层

深化省内对口帮扶机制，推动科研院所、医疗卫生机构、高等学校、国有企业跟深度贫困县建立“一对一”的帮扶关系，向受援贫困县选派大批专业技术人员，旨在为受援县培养专业技术骨干。统筹科技特派员、千名专家服务基层、农业科技人员进万村等计划，实施“科技扶贫万里行”，围绕深度贫困县的经济社会发展急需领域尤其是产业扶贫项目，选派大量的科技专家与技术推广人员，开展点对点技术指导、人才结对帮扶、组团式咨询服务。鼓励支持省、市科技人员按照有关政策规定到深度贫困县的企事业单位兼职、挂职或开展援助服务。

7.2.2.5 人才稳定工程

人才稳定工程的主要思路是鲜明导向激励人才、保障待遇留住人才和严格政策稳定人才。

（1）鲜明导向激励人才

明确用人导向，坚持将脱贫攻坚一线作为培养和锻炼优秀干部人才的主要阵地，优先提拔重用在脱贫攻坚一线表现突出、群众公认的干部人才。深度贫困县脱贫摘帽后，及时提拔重用表现优秀的干部人才，符合条件的，还可以选调到省、市、县机关或企事业单位工作。专业技术人才在深度贫困县脱贫攻坚中的工作经历与业绩贡献，可以作为重要依据在其职称晋升、待遇提高、评优评先、岗位聘用等方面发挥作用，同等条件下优先考虑。长期在基层一线工作并且做出重要贡献的干部，可以破格晋升职称等级。在选拔享受政府特殊津贴人员、具有突出贡献的优秀专家、“千人计划”“天府万人计划”、青年科技奖等人才时，或者开辟贫困地区专项，或者分类评审，对于符合条件的可以重点倾斜。

（2）保障待遇留住人才

贯彻落实好《切实关心爱护脱贫攻坚一线干部激发干事创业活力办法（试行）》，将艰苦边远地区津贴、乡镇工作补贴、高海拔地区折算工龄补贴、绩效工资、应休未休假补助等政策落在实处。鼓励提高贫困地区事业单位绩效工资水平，并在绩效工资分配中奖励长期在基层与高海拔地区工作的人员。落实新录用到深度贫困县以下机关事业单位就业的高校毕业生高定级别工资或者薪级工资的政策。将在深度贫困县基层工作的高校毕业生纳入人才政策扶持的范围，符合条件的给予落户、住房、医疗、子女就读、职称申报等方面的配套支持。鼓励各地设立深度贫困地区干部人才关爱基金，建立脱贫攻坚一线干部健康档案。

（3）严格政策稳定人才

新进人员最低服务年限制度必须严格执行，在规定的最低服务年限内，其他地区与上级单位不得以任何理由将其借出或调走；违规的必须追究借（调）出单位与组织人事部门主要负责人的责任。纳入定向培养计划的学生，如有违约行为将纳入个人诚信记录，5 年内如参加省内机关、企事业单位的公开招录（聘）考核，将被视为不合格，单位不得予以录（聘）用。深度贫困县制定的特殊政策，在国家招生政策、职称政策以外获得的学历与职称，实行定向使用，在深度贫困县予以认可。

7.3 深度贫困地区乡村振兴的人才发展思路

深度贫困地区经济社会发展基础差、水平低，整体上滞后于四川省乡村发展的平均水平，其人才发展也是如此。因此深度贫困地区的人才发展在未来比较长的一段时期内仍然需要沿用一些特殊的政策，需要特别的扶持，在扶持中发展和培养本土人才。人才振兴工程在脱贫攻坚中发挥着重要的作用，在往后的乡村振兴战略实施过程中可以继续发挥其作用。除此之外，深度贫困地区需要历经普通乡村历经过的人口大规模流出和相应的乡村生产生活发展过程，从中培养产业和人才。习近平总书记指出，在建档立卡贫困户中，三分之二以上的人主要靠外出务工和产业脱贫。所以深度贫困地区脱贫攻坚及乡村振兴中的人才支撑也主要从这两方面着手。

7.3.1 充分利用劳务输出培养人才

劳务输出是深度贫困地区实现脱贫奔小康最重要的手段。2019 年，7 个未摘帽的贫困县劳务收入占农村居民总收入的一半以上。脱贫攻坚战的决胜阶段需要继续加强和完善贫困地区的劳务输出工作。以凉山彝区为代表的民族地区，由于语言、文化和生活方式上的差别，当地劳动力外出务工面临更多的困难，需要政府提供更多的帮助和支持。2019 年末爆发的新型冠状病毒疫情给少数民族贫困人口外出务工就业造成了直接的冲击。春节前凉山彝族自治州返乡的贫困劳动力有26.1万人，而截至2020年3月中旬，返岗的仅有10.9万人，贫困劳动力有一半还未外出务工，严重影响贫困人口的就业收入。脱贫攻坚战应采取精准和有效的措施，进一步拓展贫困劳动力就业渠道，尽快让贫困劳动力返岗就业，确保每个贫困户至少有1人就业，从而可以促进其实现稳定增收。应改变政府大包大揽、层层分解下派劳务输出指标的做法。鼓励基层政府通过政策引导，依托劳务输出服务机构或劳务经纪人等市场行为来推动就业。要加大劳务输出力度，关键是要打通与东部沿海省份和重要城市的对接渠道。同时深入了解贫困劳动力的务工意愿和存在的困难，需要用好东西部扶贫劳务协作以及省内劳务合作机制，充分利用政府补贴引导劳务公司等市场主体发挥作用，定期跟踪企业的用工需求，落实好就业促进政策，减轻企业负担，支持企业吸纳就业、稳定岗位。组织扶贫龙头企业、扶贫车间继续扩岗以吸纳贫困劳动力，引导优秀农民工返乡创业，用好以工代赈资金，积极开发公益性岗位和临时性岗位，采用劳动奖补等方式，帮助贫困劳动力就近就地就业。要强化就业技能培训，积极开展订单式培训等，加大线上培训力度，提升贫困群众就业能力。

7.3.2 产业发展中吸纳和培养人才

坚持“就业不足产业补”，农牧业是四川深度贫困地区农村居民赖以生存和发展的基础产业，同时也是其赖以增收脱贫的支柱产业。但长期以来，这些区域农业农村人才严重不足、产业发展水平较低。近年来，通过产业精准扶贫，已经培养了一批本土的农业骨干人才和乡土专家，通过产业发展带动了一批贫困人口脱贫，依靠农牧产业发展增收脱贫的人口占比大约为37%。为切实强化特色产业人才支撑，应进一步加强深度贫困地区农业人才队伍建设。一是加强深度贫困县基层农技服务体系建设，制定深度贫困县基层农技人员激励政策，考（选）聘一批专业技术人员补充到乡镇农技推广机构。二是实施深度贫困县人才振兴工程，每年为深度贫困县免费定向培养一批农村实用人才，继续开展“一村一名农技员”提能培训，提升基层农技人员服务产业的能力。三是大力实施农技推广服务特聘计划，以政府购买服务的方式，为深度贫困县特色产业发展招募一批特聘农技员，缓解深度贫困地区产业发展科技支撑和人才保障不足的问题。四是加强产业扶贫技术帮扶，组织农业科技专家开展“深度贫困县科技扶贫万里行活动”，为特色产业发展提供技术帮扶和促进本土专业技术人员成长。

参考文献

[1] 叶敬忠. 乡村振兴战略：历史沿循、总体布局与路径省思 [J]. 华南师范大学学报（社会科学版），2018（2）：64-69，191.

[2] 费孝通. 家庭结构变动中的老年人赡养问题：再论中国家庭结构的变动 [J]. 北京大学学报（哲学社会科学版），1983，20（3）：7-16.

[3] 贺雪峰. 农村家庭代际关系的变动及其影响 [J]. 江海学刊，2008（4）：108-113-239.

[4] 李银河. 家庭结构与家庭关系的变迁：基于兰州的调查分析 [J]. 甘肃社会科学，2011（1）：6-12.

[5] 王跃生. 农村家庭代际关系理论和经验分析：以北方农村为基础 [J]. 社会科学研究，2010（4）：116-123.

[6] 卢海阳，钱文荣. 子女外出务工对农村留守老人生活的影响研究 [J]. 农业经济问题，2014，35（6）：24-32，110.

[7] 罗楚亮. 收入增长、劳动力外出与农村居民财产分布：基于四省农村的住户调查分析 [J]. 财经科学，2011（10）：82-88.

[8] 李宾，马九杰. 劳动力转移、农业生产经营组织创新与城乡收入变化影响研究 [J]. 中国软科学，2014（7）：60-76.

[9] 李实. 中国农村劳动力流动与收入增长和分配 [J]. 中国社会科学，1999（2）：3-5.

[10] 段成荣. 人口流动对农村社会经济发展的影响 [J]. 西北人口，1998（3）：3-5.

[11] 蔡昉. 农村剩余劳动力流动的制度性障碍分析：解释流动与差距同时扩大的悖论 [J]. 经济学动态，2005（1）：35-39，112.

[12] 张占贞，王兆君. 我国农民工资性收入影响因素的实证研究[J]. 农业技术经济，2010（2）：56-61.

[13] 张车伟，王德文. 农民收入问题性质的根本转变：分地区对农民收入结构和增长变化的考察 [J]. 中国农村观察，2004（1）：2-13，80.

[14] 叶彩霞等. 城市化进程对农民收入结构的影响分析 [J]. 城市发展研究，2010，17（10）：26-30.

[15] 费孝通. 江村经济 [M]. 南京：江苏人民出版社，1986.

[16] 李银河. 生育与村落文化 [M]. 北京：中国社会科学出版社，1994.

[17] 王跃生. 家庭结构转化和变动的理论分析：以中国农村的历史和现实经验为基础 [J]. 社会科学，2008（7）：90-103，191.

[18] 李小云."守土与离乡"中的性别失衡 [J]. 中南民族大学学报（人文社会科学版），2006（1）：17-19.

[19] 胡愈等. 城乡居民收入差距及农民收入结构分析：来自湘南国家示范区三市的证据 [J]. 经济理论与经济管理，2012（10）：90-98.

[20] 孙文凯，路江涌，白重恩. 中国农村收入流动分析 [J]. 经济研究，2007（8）：43-57.

[21] 北京大学国家发展研究院综合课题组，李力行. 合法转让权是农民财产性收入的基础：成都市农村集体土地流转的调查研究 [J]. 国际经济评论，2012（2）：127-139，7-8.

[22] 郑祥江，杨锦秀. 农业劳动力转移对农业生产的影响研究 [J]. 华南农业大学学报（社会科学版），2015，14（2）：50-56.

[23] 王国霞. 中部地区人口迁移与区域经济发展：基于"五普"与"六普"的分析 [J]. 经济问题，2017（5）：123-129.

[24] 王秀芝. 农村劳动力转移与农业产出：一个静态均衡分析模型 [J]. 南昌航空大学学报（社会科学版），2010，12（3）：63-67.

[25] 范东君，朱有志. 二元经济、农业劳动力流动与粮食生产 [J]. 云南财经大学学报，2012，28（1）：50-56.

[26] 吴敬琏. 农村剩余劳动力转移与"三农"问题 [J]. 宏观经济研究，2002（6）：6-9.

[27] 都阳，朴之水. 劳动力迁移收入转移与贫困变化 [J]. 中国农村

观察，2003（5）：2-9，17-80.

［28］马忠东，张为民，梁在等. 劳动力流动：中国农村收入增长的新因素［J］. 人口研究，2004（3）：2-10.

［29］刘洪银. 我国农村劳动力非农就业的经济增长效应［J］. 人口与经济，2011（2）：23-27，51.

［30］胡雪枝，钟甫宁. 农村人口老龄化对粮食生产的影响：基于农村固定观察点数据的分析［J］. 中国农村经济，2012（7）：29-39.

［31］展进涛，陈超. 劳动力转移对农户农业技术选择的影响：基于全国农户微观数据的分析［J］. 中国农村经济，2009（3）：75-84.

［32］孔祥智，周振. 发展第六产业的现实意义及其政策选择［J］. 经济与管理评论，2015，31（1）：98-103.

［33］钱忠好. 非农就业是否必然导致农地流转：基于家庭内部分工的理论分析及其对中国农户兼业化的解释［J］. 中国农村经济，2008（10）：13-21.

［34］李旻，赵连阁. 农业劳动力“女性化”现象及其对农业生产的影响：基于辽宁省的实证分析［J］. 中国农村经济，2009（5）：61-69.

［35］盖庆恩，朱喜，史清华. 劳动力转移对中国农业生产的影响［J］. 经济学（季刊），2014，13（3）：1147-1170.

［36］李琴，宋月萍. 劳动力流动对农村老年人农业劳动时间的影响以及地区差异［J］. 中国农村经济，2009（5）：52-60.

［37］李宾，马九杰. 多重资本约束下劳动力转移对农户生产经营模式选择的影响研究［J］. 江西财经大学学报，2014（5）：78-88.

［38］向丽. 武陵民族地区农村产业转型背景下农民生活方式变迁研究［J］. 西部经济管理论坛，2015，26（3）：48-52.

［39］人民银行四川省分行调研室. 四川乡镇企业发展情况［J］. 西南金融，1985（9）：21-24.

［40］马草原. 非农收入、农业效率与农业投资：对我国农村劳动力转移格局的反思［J］. 经济问题，2009（7）：66-69，73.

［41］刘晓梅. 关于宣汉县农村耕地抛荒情况的调研报告［J］. 新农村（黑龙江），2016（2）：37-38.

［42］张建龙. 全面开启新时代林业现代化建设新征程［J］. 国土绿

化，2018（2）：6-9.

[43] 马林. 草原生态保护红线划定的基本思路与政策建议［J］. 草地学报，2014，22（2）：229-233.

[44] 项继权，周长友.“新三农”问题的演变与政策选择［J］. 中国农村经济，2017（10）：13-25.

[45] 张亦弛，代瑞熙. 农村基础设施对农业经济增长的影响：基于全国省级面板数据的实证分析［J］. 农业技术经济，2018（3）：90-99.

[46] 罗鸣忠. 以人才振兴推进乡村振兴［J］. 乡村振兴，2019（2）：48-51.

[47] 龚毓烨. 乡村振兴亟需哪些人才？［J］. 中国人才，2019（1）：42-44.

[48] 黄祖辉. 准确把握中国乡村振兴战略［J］. 中国农村经济，2018（4）：2-12.

[49] 向雪琪，林曾. 改革开放以来我国教育扶贫的发展趋向［J］. 中南民族大学学报（人文社会科学版），2018，38（3）：74-78.

[50] 曲秉春，金喜在. 农业大国怎能忽略农村人才［N］. 光明日报，2012-06-20（15）.

[51] 许冰凌. 城市人才要反哺农村［N］. 光明日报，2012-06-02（7）.

[52] 张小松. 四川达州：汇聚十类人才振兴乡村［N］. 中国组织人事报，2019-05-06.

[53] 杨秀彬. 2019四川乡村人才发展报告［M］. 成都：四川师范大学电子出版社，2019.

[54] 孔祥智等. 乡村振兴的九个维度［M］. 广州：广东人民出版社，2018.

[55] 2018四川特色村发展报告［M］. 成都：四川师范大学电子出版社，2018.

[56] 李铮铮. 2017四川百强名村发展报告［M］. 成都：四川师范大学电子出版社，2017.

[57] 约翰·梅尔. 农业经济发展学［M］. 何宝玉，王华，张进选，译. 北京：农村读物出版社，1988.

[58] 王建民，胡琪. 中国流动人口 [M]. 上海：上海财经出版社，1996.

[59] 蔡昉. 刘易斯转折点：中国经济发展新阶段 [M]. 北京：社会科学文献出版社，2008.

[60] 西奥多·W. 舒尔茨. 改造传统农业 [M]. 梁小民，译. 北京：商务印书馆，1999.

[61] 冯俊锋. 乡村振兴与中国乡村治理 [M]. 成都：西南财经大学出版社，2017.

[62] 杨秀彬. 四川农村改革 40 年 [M]. 成都：四川人民出版社，2018.

[63] 曾绍阳，唐晓腾. 社会变迁中的农民流动 [M]. 南昌：江西人民出版社，2004.

[64] W A LEWIS. Economic development with unlimited supplies of labor [J]. The Manchester School, 1954, 22 (2): 139-191.

[65] CHANG H, X DONG, F MACPHAIL. Labor migration and time use patterns of the left-behind children and elderly in rural China [J]. The World Development, 2011, 39 (12): 2199-2210.

附录：乡村人才相关政策

中央政策

中共中央、国务院《关于坚持农业农村优先发展做好“三农”工作的若干意见》（2019 年）

中共中央、国务院《关于建立健全城乡融合发展体制机制和政策体系的意见》（2019 年）

中共中央《中国共产党农村基层组织工作条例》（2018 年）

国务院《关于促进乡村产业振兴的指导意见》（2019 年）

中共中央办公厅《关于鼓励引导人才向艰苦边远地区和基层一线流动的意见》（2019 年）

国务院办公厅《关于完善支持政策促进农民持续增收的若干意见》（2016 年）

国务院办公厅《职业技能提升行动方案（2019—2021 年）》（2019 年）

中共中央、国务院《关于实施乡村兴战略的意见》（2018 年）

中共中央、国务院《乡村振兴战略规划（2018—2022 年）》（2018 年）

中共中央办公厅、国务院办公厅《关于进一步引导和鼓励高校毕业生到基层工作的意见》（2017 年）

中共中央办公厅《关于深化人才发展体制机制改革的意见》（2016 年）

国务院办公厅《关于支持返乡下乡人员创业创新促进农村一二三产业融合发展的意见》（2016 年）

中共中央办公厅《关于加强乡镇干部队伍建设的若干意见》（2014年）

中共中央《关于全面深化改革若干重大问题的决定》（2013年）

中共中央《关于进一步加强党管人才工作的意见》（2012年）

中共中央、国务院《国家中长期人才发展规划纲要（2010—2020年）》（2010年）

中共中央办公厅、国务院办公厅《关于加强农村实用人才队伍建设和农村人力资源开发的意见》（2007年）

中共中央、国务院《关于进一步加强人才工作的决定》（2003年）

国家部委政策

自然资源部党组《关于激励科技创新人才的若干措施》（2019年）

国家林业和草原局党组《关于实施激励科技创新人才若干措施的通知》（2019年）

中央农村工作领导小组办公室、农业农村部《关于做好2019年农业农村工作的实施意见》（2019年）

农业农村部办公厅《农业农村部2019年人才工作要点》（2019年）

农业农村部办公厅《关于做好2019年农民教育培训工作的通知》（2019年）

教育部《关于推动高校形成就业与招生计划人才培养联动机制的指导意见》（2017年）

农业部《“十三五”全国新型职业农民培育发展规划》（2017年）

农业部、教育部《关于深入推进高等院校和农业科研单位开展农业技术推广服务的意见》（2017年）

人力资源和社会保障部《人力资源社会保障部关于加强基层专业技术人才队伍建设的意见》（2016年）

农业部办公厅《关于举办新型职业农民和农村实用人才认定工作培训班的通知》（2015年）

教育部办公厅、农业部办公厅《中等职业学校新型职业农民培养方案试行》（2014年）

农业部办公厅《2013—2015年万名农技推广骨干人才培养计划指导意

见》(2013 年)

农业部办公厅《新型职业农民培育试点工作方案》(2012 年)

农业部办公厅《农业科研杰出人才培养计划实施办法》(2012 年)

农业部办公厅《万名农技推广骨干人才培养计划实施方案》(2012 年)

农业部、教育部、科学技术部、人力资源和社会保障部《现代农业人才支撑计划实施方案》(2011 年)

中共中央组织部、农业部、人力资源和社会保障部、教育部、科学技术部《农村实用人才和农业科技人才队伍建设中长期规划(2010—2020 年)》(2011 年)

科学部、教育部、财政部、劳动和社会保障部、税务总局、中国科协《关于加强农村实用科技人才培养的若干意见》(2007 年)

四川省委、省政府及相关职能部门的政策

中共四川省委、四川省人民政府《关于坚持农业农村优先发展 推动实施乡村振兴战略落地落实的意见》(2019 年)

中共四川省委、四川省人民政府《关于分类推进人才评价机制改革的实施意见》(2018 年)

四川省委办公厅《四川省鼓励引导人才向基层流动十条措施》(2019 年)

四川省委组织部《关于 2019 年从优秀村干部、优秀工人农民和服务基层项目人员中考试录用乡镇公务员的公告》(2019 年)

四川省科学技术厅《关于成立科技特派员服务团的通知》(2019 年)

四川省农业农村厅《四川省现代农户家庭农场培育行动方案(2019—2022 年)》(2019 年)

四川省农业农村厅《关于做好 2019 年新型职业农民培育工作的通知》(2019 年)

四川省农业科学院《人才引进培养二十条办法(试行)》(2019 年)

中共四川省委、四川省人民政府《四川省乡村振兴战略规划(2018—2022 年)》(2018 年)

中共四川省委、四川省人民政府《关于大力引进海外人才 加快建设高

端人才汇聚高地的实施意见》（2018 年）

中共四川省委、四川省人民政府《关于进一步加强和完善城乡社区治理的实施意见》（2018 年）

中共四川省委、四川省人民政府《关于实施乡村振兴战略开创新时代“三农”全面发展新局面的意见》（2018 年）

四川省人民政府办公厅《促进返乡下乡创业二十二条措施》（2018 年）

四川省人民政府办公厅《关于继续实施财政金融互动政策的通知》（2018 年）

四川省人民政府办公厅《关于加强农业职业经理人队伍建设的意见》（2018 年）

四川省委组织部等 13 部门《四川省“天府万人计划”实施办法》（2018 年）

四川省委组织部、省人社厅等 5 部门《四川省高校毕业生基层成长计划实施意见》（2018 年）

四川省科学技术厅《关于组织开展科技特派员对贫困村全覆盖工作的通知》（2018 年）

四川省农业农村厅《农业职业经理人评价管理办法》（2018 年）

四川省农业农村厅、四川省人力资源和社会保障厅《关于开展四川省职业农民职称资格评定试点工作的通知》（2018 年）

四川省委办公厅、四川省人民政府办公厅《关于进一步引导和鼓励高校毕业生到基层工作的实施意见》（2017 年）

四川省人民政府办公厅《关于进一步健全基层农技推广服务体系的意见》（2017 年）

四川省委办公厅、四川省人民政府办公厅《关于加强技能人才队伍建设大力培养高素质产业大军的意见》（2017 年）

四川省委办公厅、四川省人民政府办公厅《关于实施深度贫困县人才振兴工程的意见》（2017 年）

四川省人民政府办公厅《关于支持返乡下乡人员创业创新促进农村一二三产业融合发展的实施意见》（2017 年）

四川省委组织部、四川省人力资源和社会保障厅等 10 部门《四川省

引进海内外高层次人才“千人计划”实施办法》（2017 年）

四川省委组织部等 5 部门《四川省技能人才队伍建设“十三五”规划》（2017 年）

四川省委机构编制委员会《关于在部分行业实行岗位与编制适度分离管理的办法（试行）》（2017 年）

四川省农业农村厅《关于做好 2017 年四川省现代青年农场主计划调训工作的通知》（2017 年）

四川省住房和城乡建设厅《四川省农村建筑工匠管理办法》（2017 年）

四川省人民政府《四川省国民经济和社会发展第十三个五年规划纲要》（2016 年）

中共四川省委、四川省人民政府《关于深化人才发展体制机制改革 促进全面创新改革驱动转型发展的实施意见》（2016 年）

四川省委办公厅、四川省人民政府办公厅《四川省激励科技人员创新创业十六条政策》（2016 年）

四川省委组织部《四川省高层次人才特殊支持办法（试行）》（2016 年）

四川省委组织部、四川省财政厅、四川省人力资源和社会保障厅、四川省卫生和计划生育委员会《关于对高层次引进人才未就业家属实行医保优待政策的通知》（2016 年）

四川省农工委、四川省科技厅《关于进一步扩大农业科技体制改革试点激励科技人员创新创业的实施方案》（2016 年）

四川省人民政府办公厅《关于加快新型职业农民培育工作的意见》（2015 年）

四川省人民政府办公厅《关于培育和发展家庭农场的意见》（2015 年）

四川省委组织部《乡镇青年人才党支部工作法》（2015 年）

四川省委组织部《四川省干部挂职锻炼工作办法》（2012 年）

中共四川省委、四川省人民政府《四川中长期人才发展规划纲要（2010—2020 年）》（2010 年）

四川省委组织部《关于加强村党支部书记队伍建设的实施办法》

（2009 年）

四川省委组织部《关于明确干部挂职工作期间有关待遇的通知》（2008 年）

市（州）、县相关政策

成都市《2019 年农业职业经理人培训任务及补助标准》（2019 年）

巴中市《巴中市市本级人才公寓租住管理暂行办法》（2018 年）

眉山市《眉山市“眉州本土菁才”自助管理办法（试行）》（2019 年）

米易县《米易县本土优秀人才选拔培养计划》（2019 年）

资中县《2019 年新乡贤评选活动实施方案》（2019 年）

盐亭县《盐亭县培育和弘扬新乡贤文化助推乡村治理实施方案》（2019 年）

德阳市《罗江区关于加快人才聚集推进人才驱动发展的实施意见》（2018 年）

广汉市《广汉市人才引进和培养暂行实施办法》（2018 年）

巴中市《四川省高校毕业生基层成长计划实施意见》（2018 年）

巴中市《巴中市引进人才特设岗位管理办法》（2018 年）

巴中市《巴中籍“985”“211”“双一流”高校毕业生到巴中就业专项资助办法》（2018 年）

巴中市《优秀人才回引方案》（2018 年）

巴中市《巴中市实用人才开发计划实施细则》（2018 年）

巴中市《巴中市农业职业经理人认定管理办法》（2018 年）

巴中市《巴中市农业职业经理人扶持政策兑现办法》（2018 年）

汶川县《发挥援藏帮扶资源加强本土干部人才培养计划》（2018 年）

自贡市《“盐都百千万英才计划”实施办法》（2019 年）

眉山市《眉山市人才工作专项资金使用管理办法（试行）》（2018 年）

眉山市《“眉州田园名星”培育计划实施方案》（2018 年）

达州市《新乡贤引进激励机制（试点）方案》（2018 年）

甘孜州《甘孜州深度贫困县农村实用人才免费定向培养实施方案》

（2018 年）

成都市《进一步发挥都市现代农业“新型智库”专家作用责任分工》（2017 年）

德阳市《关于对获得社会工作者职业水平证书人员的奖励办法》（2017 年）

泸州市《泸州市纳溪区人才引进实施办法（试行）》（2017 年）

绵阳市《深化人才发展机制体制改革实施意见》（2017 年）

资中县《资中县人才公寓周转房管理服务办法（修订）》（2017 年）

四川省人才工作领导小组办公室《关于发放 2017 年度高层次人才岗位激励资金的通知》（2017 年）

成都市《关于进一步加强农业人才工作的意见》（2016 年）

成都市《优秀现代农业人才培养计划实施细则及专项资金管理细则（试行）》（2016 年）

成都市《成都市都市现代农业专家工作站实施办法（试行）》（2016 年）

成都市《现代农业专家工作站专项资金管理细则（试行）》（2016 年）

成都市《现代农业“新型智库”实施细则及专项资金管理细则（试行）》（2016 年）

泸州市《激励镇（街道）干部奋发有为十八条措施》（2016 年）

泸州市《激励村（社区）干部奋发有为十二条措施》（2016 年）

德阳市《村（社区）后备人才管理办法》（2015 年）

攀枝花市《“大地飘香”深化农业人才队伍培养工程方案》（2015 年）

广元市《关于大力开展新型职业农民和农业产业发展领军人培训的意见》（2015 年）

广元市《关于加强社会工作专业人才队伍建设的实施意见》（2014 年）

成都市《成都市农业职业经理人评价管理办法》（2014 年）

罗江县《罗江县名师帮带工程暂行办法》（2014 年）

罗江县《罗江县突出贡献人才评选奖励管理办法》（2012 年）

成都市《成都市现代农业人才支撑计划实施办法》（2012 年）